权威·前沿·原创

皮书系列为
"十二五""十三五"国家重点图书出版规划项目

BLUE BOOK

智库成果出版与传播平台

流动人口社会融合蓝皮书

BLUE BOOK OF
MIGRANT POPULATION'S SOCIAL
INTEGRATION

中国城市流动人口社会融合评估报告 No.2

THE REPORT ON URBAN MIGRANT POPULATION'S
SOCIAL INTEGRATION IN CHINA No.2

主　　编／肖子华
执行主编／徐水源
副 主 编／刘金伟

社会科学文献出版社
SOCIAL SCIENCES ACADEMIC PRESS (CHINA)

图书在版编目(CIP)数据

中国城市流动人口社会融合评估报告.No.2/肖子华主编.--北京:社会科学文献出版社,2021.1
(流动人口社会融合蓝皮书)
ISBN 978-7-5201-7707-8

Ⅰ.①中… Ⅱ.①肖… Ⅲ.①城市人口-流动人口-社会管理-研究报告-中国　Ⅳ.①D631.42

中国版本图书馆CIP数据核字(2020)第249030号

流动人口社会融合蓝皮书
中国城市流动人口社会融合评估报告No.2

主　　编/肖子华
执行主编/徐水源
副 主 编/刘金伟

出 版 人/王利民
责任编辑/陈晴钰
文稿编辑/何珊珊

出　　版/社会科学文献出版社·皮书出版分社 (010)59367127
　　　　　地址:北京市北三环中路甲29号院华龙大厦　邮编:100029
　　　　　网址:www.ssap.com.cn
发　　行/市场营销中心 (010)59367081　59367083
印　　装/天津千鹤文化传播有限公司
规　　格/开本:787mm×1092mm 1/16
　　　　　印张:18.25　字数:271千字
版　　次/2021年1月第1版　2021年1月第1次印刷
书　　号/ISBN 978-7-5201-7707-8
定　　价/128.00元

本书如有印装质量问题,请与读者服务中心(010-59367028)联系

▲ 版权所有 翻印必究

《中国城市流动人口社会融合评估报告》
（No.2）编委会及专家组成员

主　　编　肖子华

执行主编　徐水源

副 主 编　刘金伟

课 题 组

国家卫生健康委流动人口服务中心

肖子华　徐水源　刘金伟　成　前　李晓壮
李君甫　韩昱洁

中国人民大学人口与发展研究中心

杨菊华　宋月萍

中国社会科学院人口与劳动经济研究所

王智勇　杨　舸

中国人口与发展研究中心

黄匡时

专 家 组（按姓氏笔画顺序排序）

杨文庄　张车伟　陆杰华　贺　丹　童玉芬
翟振武

专家评语

本书选取了流动人口社会融合最核心的内容和方面——基本公共服务，从随迁子女教育、社会保障、卫生健康和住房保障四个维度构建了科学合理的量化评估体系，利用全国流动人口动态监测数据，对60个城市的流动人口公共服务融合情况进行了量化的评估，清晰地描绘出近年来流动人口社会融合的进度、水平和各个城市间的差距，形成了一幅全方位、多维度、有量化指标的流动人口公共服务融合状况全景图。

从四个维度构建的评估指标体系，既充分考虑了社会融合的维度和准确度，也考虑了指标体系所需数据的可获得性。所以，对60个城市所做的社会融合度量、分析与排名是科学、准确和有效的。评估的结果还提供了很多新的发现，比如随城市规模变化流动人口公共服务融合水平呈倒"U"形特征，随迁子女教育和卫生健康的融合状况显著好于社会保障和住房保障等，极具新意。最后，依据评估结果提出的推动流动人口加快社会融合的政策建议针对性、可操作性和有效性都很强，具有很大的政策参考价值。

这是一份数据翔实、分析深入、具有新意、让人耳目一新的优秀评估报告。

中国人口学会会长 翟振武

本书重点关注新时代中国城市流动人口社会融合现状及其实际效果，这一研究选题不仅具有重要的理论意义，还具有明显的应用价值。

总体上看，本书的主要创新点如下。一是主题鲜明，重点对新时代主要城市流动人口社会融合总体状况及其分项公共服务融合做了客观的量化评估，这是书稿的一大亮点。二是突出重点问题，本书对现阶段制约流动人口社会融合的随迁子女教育、卫生健康、社会保障、住房保障方面做了细致和深入的评估，与总报告内容相辅相成。三是该书还在分析城市流动人口社会融合面临的主要问题基础上，前瞻性地提出了政策框架，对于政策制定有重要参考价值。

  本书选题重要，研究思路清晰，数据资料翔实，分析方法客观。此外，逻辑性强，文字流畅，论点与论据相结合，体现了很高的学术水平。

北京大学社会学系教授 陆杰华
中国人口学会副会长

主编简介

肖子华 1963年生,湖南新田人,中共中央党校研究生,高级政工师。现任国家卫生健康委流动人口服务中心主任、党支部书记。曾任《湖南人口报》副总编辑、湖南省人口计生委办公室主任、《人口与计划生育》杂志执行主编、中国人口学会副秘书长等职务。研究方向:流动人口服务与管理。主编《人口与计划生育法规》《人口文化学》《生殖健康咨询师国家职业资格培训教程(基础知识)》等著作,在《中国领导科学》《人口与经济》《人口与社会》《人口研究》等期刊发表学术论文几十篇。

徐水源 1967年生,江西乐平人,经济学博士。现任国家卫生健康委流动人口服务中心党支部副书记兼纪检委员、副主任、研究员,兼任中国人口学会迁移流动与城镇化专委会副主任委员。曾任国家人口计生委政策法规司流动人口处副处长、流动人口司服务维权处处长、综合协调处处长,国家卫生计生委流动人口司综合处处长。研究方向:人口与经济社会发展、流动人口社会融合。出版学术专著1部,在《人口学刊》《民生周刊》《劳动经济与劳动关系》《人口与经济》《人口与发展》等期刊发表学术论文30余篇。

刘金伟 1973年生,山东枣庄人,管理学博士。现任国家卫生健康委流动人口服务中心调查评估服务处处长、研究员,兼任中国人口学会理事、中国劳动社会学专业委员会常务理事、中国社会建设专业委员会理事。研究方向:城市化与流动人口社会融合。出版学术专著2部,参与编写著作 20 多部，公开发表学术论文 50 多篇，主持国家级、省部级等各类项目 20 多项。2013 年入选"北京市青年拔尖人才"，研究成果获得教育部第七届高等学校科学研究优秀成果奖一等奖、第七届"钱学森城市学金奖"提名奖等。

摘　要

改革开放以来,中国流动人口的总量和构成发生了翻天覆地的变化,流动人口总规模从1982年的657万人增加到2018年的2.41亿人,占中国总人口的18%左右。从流动人口的构成来看,与改革开放初期的临时性进城务工人员不同,当前流动人口的构成以"80后"和"90后"新生代为主,他们在城市留居时间长、工作生活相对稳定,很大比例的流动人口从小就生活在城市,更加适应城市生活,融入城市的愿望强烈。除了进城务工人员,城市与城市之间人口流动比例上升,随父母进城的流动儿童数量增加,进城养老的流动老人数量不断增加。随着流动人口工作生活重心的转移,他们对城市住房、子女教育、医疗卫生、社会保障等公共服务提出更高需求。

2019年度流动人口社会融合评估,聚焦流动人口在城市基本公共服务上的获得,基本公共服务作为流动人口社会融合的核心内容,体现了流动人口在制度和权益上被接纳的程度。本报告充分吸收和借鉴国内外最新研究成果,从流动人口随迁子女教育、社会保障、卫生健康和住房保障四个维度构建了评估指标体系,主要利用中国流动人口动态监测调查数据构建了评估数据库对全国60个城市流动人口的公共服务融合情况进行了评估,在评估的基础上撰写了评估报告。

评估结果表明,近年来流动人口基本公共服务均等化工作虽然取得积极进展,但与本地居民相比仍存在一定差距,大部分城市仍然处于初级水平;从流动人口公共服务融合的不同维度来看,呈现随迁子女教育和卫生健康得分显著高于社会保障和住房保障的现象;流动人口公共服务融合得分在不同城市间差异较大,从城市规模维度上分析,随着城市规模的变化,流动人口公共服务融合得分呈倒"U"形特征;流动人口公共服务融合综合得分与经

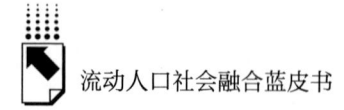

济发展水平呈现一定程度的正相关关系。未来，要在巩固公共服务的基础上，注重需求导向，提高服务的质量和水平；要在统筹城乡基本社会保障的基础上，根据流动人口的需求，建立优先级别不同的社会保障制度；要多措共举，逐渐解决流动人口在城市稳定生活的住房问题；要改革现行教育体制，破除制度障碍，合理配置资源，发挥学校、家庭、社会三大主体在流动人口随迁子女教育中的作用；不断完善流动人口健康服务政策，增加流动人口健康服务供给，加强流动人口健康教育，提升流动人口健康素养，增强自我健康管理的能力。

关键词： 流动人口　社会融合　基本公共服务

Abstract

Since the reform and opening up, the total number and composition of China's migrant population have changed dramatically. The total number of migrant population increased from 6.57 million in 1982 to 241 million in 2018, accounting for around 18% of China's total population. From the perspective of the composition of the migrant population, and different from the early stage of reform and opening up, the current composition of the migrant population is mainly the post – 80s generation. They have a long stay in the city, a relatively stable work and life, and a large proportion of the migrant population was born in the city since childhood. So they are more adapt to urban life, and strong desire to integrate into the city. In addition to migrant workers, the proportion of population flow between cities is increasing. The number of migrant children whose parents go to cities is increasing, the number of migrant old people who go to cities to provide for the aged is increasing. With the shift of work and life focus of the migrant population, they put forward higher demand for urban housing, children's education, health care, social security and other public services.

This social integration assessment of the migrant population in 2019 focuses on the access of the migrant population to basic public services in the city. As the core content of the social integration of the migrant population, the basic public services reflect the extent to which the migrant population is accepted in terms of system and rights and interests. This report fully absorbs and draws on the latest research results at home and abroad. An evaluation index system consisting of four dimensions of integration of children's education, social security, health and housing was formed. The research team use the database of CMDS to assess the public service integration of migrant population in 60 cities across the country, on the basis of the assessment, the assessment report is written.

The evaluation results show that although the integration of public services of the migrant population have made positive progress, there is still a certain gap compared with the local residents, and most cities are still at the primary level; from different dimensions of the integration of public services of migrant population, it shows that the scores of education of children with migration and health services are significantly higher than the scores of social security and housing; the integration of public services of the migrant population varies greatly among different cities. With the change of city scale, the integration of public services of the migrant population shows an inverted "U" shape feature; the comprehensive score of the integration of public services of the migrant population shows a certain degree of positive correlation with the level of economic development. In the future, on the basis of consolidating the public services, we should pay attention to demand orientation and improve the quality and level of services; on the basis of overall planning of urban and rural basic social security, we should establish social security systems with different priority levels according to the needs of the migrant population; we should take multiple measures to solve the housing problem of the migrant population step by step; we should reform the current education system, break the institutional barriers, rational allocation of resources, and play the role of school, family and society in the education of children of migrant population; we should improve the health service policy of the migrant population, increase the supply of health services for the migrant population, strengthen the health education of the migrant population, improve the healthcare of the migrant population, and enhance the ability of self-health management.

Keywords: Migrant Population; Social Integration; Basic Public Services

目　录

Ⅰ 总报告

B.1 2019年度中国城市流动人口社会融合排名 ………… 本书课题组 / 001
　　一　综合排名 ……………………………………………………… / 001
　　二　分项排名 ……………………………………………………… / 002

B.2 2019年度中国城市流动人口社会融合报告
　　　　………………………………… 肖子华　徐水源　刘金伟 / 005
　　一　引言：以基本公共服务均等化促进流动人口
　　　　社会融合 ………………………………………………………… / 005
　　二　现状与格局 …………………………………………………… / 008
　　三　问题与挑战 …………………………………………………… / 025
　　四　对策与建议 …………………………………………………… / 031

Ⅱ 分报告

B.3 大都市区城市公共服务与流动人口融入 ……… 王智勇　杨　舸 / 038
B.4 流动人口基本医疗及公共卫生服务状况
　　　——基于城市层面的考察 ………… 中国人民大学课题组 / 075

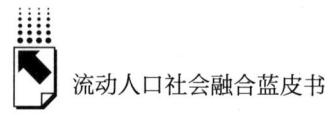

B.5 流动儿童异地中考问题评估报告·················· 韩昱洁 / 109

B.6 2018年中国城市流动人口社会保障评估报告
　　　　　　　　　　　　　　　　　　 中国人民大学课题组 / 147

B.7 中国城市流动人口住房保障评估研究报告······ 李君甫　饶曼莉 / 179

Ⅲ 实践报告

B.8 流动人口社区融合测量、影响因素及对策建议·········· 李晓壮 / 214

B.9 社会融合视野下国际反贫困的经验与启示
　　——以欧盟为例································· 黄匡时　贺　丹 / 243

Ⅳ 附录

B.10 评估指标体系··· / 258
B.11 评估对象··· / 262
B.12 评估数据来源··· / 265
B.13 计算方法··· / 266

CONTENTS

I General Reports

B.1 Social Integration Ranking of Urban Migrant Population

China in 2019 *Project Group of This Book* / 001

    1. Comprehensive Ranking / 001

    2. Sub Item Ranking / 002

B.2 Report of Social Integration of Urban Migrant Population

China in 2019 *Xiao Zihua, Xu Shuiyuan and Liu Jinwei* / 005

    1. Introduction: Promoting Social Integration of Migrant

       Population by Equalization of Public Services / 005

    2. Current Situation and Pattern / 008

    3. Problems and Challenges / 025

    4. Cuntermeasure and Suggestion / 031

II Sub-reports

B.3 Urban Public Service and Migrant Population Integration in

Metropolis Area *Wang Zhiyong, Yang Ge* / 038

B.4　Basic Medical and Public Health Services of Migrant Population—
　　 An Investigation Based on the City Level
　　　　　　　　　　　　　　　　　　Project Group of Renmin University of China / 075
B.5　Report of the Evaluation of Migrant Children's Senior High School
　　 Entrance Examination in Different Urbans　　　　　　*Han Yujie* / 109
B.6　Report of the Evaluation of Urban Migrant Population's Social Security
　　 in 2018
　　　　　　　　　　　　　　　　　　Project Group of Renmin University of China / 147
B.7　Report of Urban Migrant Population's Housing Security
　　　　　　　　　　　　　　　　　　　　　　　　Li Junfu, Rao Manli / 179

Ⅲ　Practice Reports

B.8　The Measurement, Influencing Factors and Countermeasures of
　　 Community Integration of Migrant Population　　*Li Xiaozhuang* / 214
B.9　The Experience and Enlightenment of International Anti-poverty
　　 from the Perspective of Social Integration: Take the EU as
　　 an Example　　　　　　　　　　　　　　　*Huang Kuangshi, He Dan* / 243

Ⅳ　Appendices

B.10　Evaluation Index System　　　　　　　　　　　　　　　　　/ 258
B.11　Object of Assessment　　　　　　　　　　　　　　　　　　 / 262
B.12　Source of Evaluation Data　　　　　　　　　　　　　　　　/ 265
B.13　Computing Method　　　　　　　　　　　　　　　　　　　 / 266

总 报 告

General Reports

B.1 2019年度中国城市流动人口社会融合排名

本书课题组

一 综合排名

2019年度中国城市流动人口社会融合排名情况如下（见表1）。

表1 2019年度中国城市流动人口社会融合排名

单位：分

城市	综合得分	排名	城市	综合得分	排名
济南	72.25	1	鄂尔多斯	68.49	8
重庆	71.04	2	惠州	68.09	9
珠海	70.64	3	大连	67.90	10
厦门	69.25	4	中山	67.60	11
青岛	68.98	5	苏州	67.29	12
合肥	68.85	6	武汉	66.33	13
成都	68.59	7	东莞	65.35	14

续表

城市	综合得分	排名	城市	综合得分	排名
南宁	64.85	15	唐山	58.09	38
无锡	64.69	16	福州	58.04	39
长沙	64.01	17	呼和浩特	57.82	40
烟台	63.73	18	天津	57.76	41
威海	63.02	19	杭州	57.23	42
肇庆	62.59	20	宁波	57.23	43
大庆	62.59	21	廊坊	57.02	44
泉州	62.49	22	南昌	56.36	45
贵阳	62.08	23	石家庄	55.83	46
柳州	62.01	24	佛山	55.34	47
哈尔滨	61.95	25	广州	55.34	48
沈阳	61.82	26	西安	54.87	49
咸阳	61.35	27	北京	54.79	50
深圳	61.34	28	三亚	54.01	51
郑州	60.69	29	绍兴	53.72	52
江门	60.56	30	兰州	51.48	53
常州	60.07	31	榆林	51.46	54
保定	59.82	32	乌鲁木齐	50.80	55
南京	59.78	33	嘉兴	50.80	56
长春	59.64	34	昆明	48.59	57
海口	58.56	35	金华	47.41	58
太原	58.38	36	温州	44.82	59
上海	58.19	37	台州	40.90	60

二 分项排名

2019年度中国城市流动人口公共服务融合分项排名情况如下（见表2）。

表2 2019年度中国城市流动人口公共服务融合分项排名

单位：分

城市	随迁子女教育得分（25%）	排名	卫生健康得分（25%）	排名	社会保障得分（25%）	排名	住房保障得分（25%）	排名
济南	82.01	23	87.41	12	55.84	11	63.75	2
重庆	89.39	6	80.42	19	54.66	12	59.66	5
珠海	69.09	47	82.61	15	90.91	1	39.96	37
厦门	72.94	40	85.26	14	84.22	3	34.57	43

续表

城市	随迁子女教育得分(25%)	排名	卫生健康得分(25%)	排名	社会保障得分(25%)	排名	住房保障得分(25%)	排名
青岛	84.08	19	88.94	11	52.51	15	50.40	13
合肥	88.51	9	74.53	33	44.86	28	67.51	1
成都	92.27	4	91.86	5	47.67	21	42.54	30
鄂尔多斯	83.93	20	89.36	9	39.36	36	61.30	4
惠州	70.90	45	88.97	10	60.79	9	51.71	11
大连	91.18	5	72.32	39	46.51	26	61.58	3
中山	73.34	38	73.42	37	76.55	5	47.10	22
苏州	69.02	48	71.00	41	69.55	8	59.61	6
武汉	92.56	3	90.63	6	33.44	47	48.69	15
东莞	64.47	56	73.63	35	89.08	2	34.25	45
南宁	86.22	14	77.60	25	47.63	22	47.95	18
无锡	77.03	30	82.43	16	51.35	16	47.93	19
长沙	73.18	39	92.75	3	41.80	31	48.32	17
烟台	76.44	34	75.13	32	53.86	13	49.50	14
威海	78.06	28	81.83	17	45.10	27	47.11	21
肇庆	68.09	51	93.39	2	48.48	20	40.41	36
大庆	88.84	7	78.12	24	31.14	48	52.27	10
泉州	93.50	1	90.20	8	35.22	44	31.03	51
贵阳	77.57	29	92.03	4	36.10	41	42.60	29
柳州	85.46	15	80.02	21	37.97	38	44.59	25
哈尔滨	88.35	10	94.16	1	21.80	58	43.51	28
沈阳	87.00	11	68.62	49	36.71	40	54.95	7
咸阳	77.00	31	90.55	7	40.58	33	37.27	38
深圳	65.27	53	79.30	22	73.71	6	27.08	55
郑州	86.57	13	87.02	13	27.49	53	41.67	33
江门	76.93	32	80.19	20	51.34	17	33.78	47
常州	70.30	46	69.86	44	47.42	23	52.68	9
保定	85.17	16	72.79	38	35.23	43	46.09	23
南京	71.15	44	68.44	50	57.69	10	41.85	32
长春	84.90	17	76.81	28	28.36	51	48.50	16
海口	67.85	52	68.83	48	53.38	14	44.19	27
太原	74.77	35	76.46	29	37.49	39	44.79	24
上海	49.79	59	65.06	52	73.48	7	44.42	26
唐山	88.80	8	69.63	45	38.63	37	35.29	41

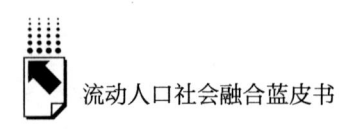

续表

城市	随迁子女教育得分(25%)	排名	卫生健康得分(25%)	排名	社会保障得分(25%)	排名	住房保障得分(25%)	排名
福州	93.26	2	77.17	27	35.31	42	26.42	56
呼和浩特	81.36	24	71.58	40	27.50	52	50.84	12
天津	53.04	58	75.51	31	48.73	19	53.75	8
杭州	82.45	22	73.45	36	47.38	24	25.65	58
宁波	86.62	12	74.37	34	41.85	30	26.07	57
廊坊	81.05	25	63.81	55	41.59	32	41.64	34
南昌	84.53	18	81.12	18	24.96	55	34.82	42
石家庄	76.63	33	69.43	46	35.21	45	42.04	31
佛山	64.66	55	78.59	23	43.58	29	34.54	44
广州	64.78	54	75.56	30	50.43	18	30.59	52
西安	74.23	37	77.42	26	33.81	46	34.03	46
北京	28.59	60	70.44	42	78.71	4	41.40	35
三亚	68.09	50	68.88	47	46.74	25	32.34	49
绍兴	72.81	41	70.16	43	40.21	34	31.70	50
兰州	83.69	21	62.22	56	24.21	57	35.79	40
榆林	80.04	26	57.95	59	30.98	50	36.86	39
乌鲁木齐	61.05	57	63.96	53	31.06	49	47.14	20
嘉兴	68.86	49	61.71	58	39.96	35	32.67	48
昆明	74.58	36	66.09	51	26.39	54	27.28	54
金华	78.11	27	63.91	54	20.01	60	27.62	53
温州	71.66	43	61.95	57	24.92	56	20.74	59
台州	72.68	42	52.44	60	20.91	59	17.57	60

B.2
2019年度中国城市流动人口社会融合报告

肖子华 徐水源 刘金伟*

摘 要： 本年度评估结果表明，近年来流动人口基本公共服务均等化工作虽然取得积极进展，但总体水平和质量与本地居民相比仍存在一定差距。建议在完善现有基本公共服务的基础上，注重需求导向，提高服务的质量；合理配置教育资源，发挥学校、家庭、社会三大主体在流动人口随迁子女教育中的作用；不断完善流动人口健康服务政策，增加流动人口健康服务供给，提升流动人口健康素养，增强自我健康管理的能力；根据流动人口的需求，建立优先级别不同的社会保障制度；多措共举，逐渐解决流动人口在城市稳定生活的住房问题。

关键词： 流动人口 公共服务融合 社会融合

一 引言：以基本公共服务均等化促进流动人口社会融合

改革开放以来，中国流动人口的总量和构成发生了翻天覆地的变化，流

---

* 肖子华，国家卫生健康委流动人口服务中心主任，高级政工师，主要研究方向为流动人口服务与管理；徐水源，国家卫生健康委流动人口服务中心副主任、研究员，经济学博士，主要研究方向为人口与经济社会发展、流动人口社会融合；刘金伟，国家卫生健康委流动人口服务中心研究员，主要研究方向为城市化与流动人口社会融合。

动人口总规模从1982年的657万人增加到2019年的2.36亿人，占中国总人口的17%左右。改革开放以来，随着中国工业化和城镇化的快速推进，大约有6亿农村人口转移到城市，比欧盟28个成员国人口总规模还要大。大规模的人口流动加快了中国城镇化和现代化进程，我国城镇常住人口从1978年的1.7亿人快速增至2019年的8.48亿人，城市化率从17.9%提升至60.60%，平均每年提高1.07个百分点。从流动人口的构成来看，与改革开放初期的临时性进城务工人员不同，当前流动人口的构成以"80后"和"90后"新生代为主，他们在城市留居时间长、工作生活相对稳定，很大比例的流动人口从小就生活在城市，更加适应城市生活，融入城市的愿望强烈。除了进城务工人员，城市与城市之间人口流动比例上升，随父母进城的流动儿童数量增加，进城养老的流动老人数量也在不断增加。

中国流动人口构成的变化，改变了原来流动人口工作在城市、消费生活在农村的局面，他们逐渐成为城市新居民，在生活方式上更加向城市居民靠拢。随着流动人口工作生活重心的转移，他们对随迁子女教育、卫生健康、社会保障、住房保障等基本公共服务提出更高需求。但是我国城市基本公共服务的供给体制主要按照户籍人口进行规划和配给，具有很强的属地化特征。特别是由于部分城市和地区人口流入规模比较大，当地政府和社会提供的公共服务设施、资源和保障有限，流动人口服务渠道比较窄，服务资源比较单一，服务能力和水平起点比较低，加上医疗、教育、社保等的转移接续政策滞后，流动人口在城市难以享受与户籍人口同等的基本公共服务。这不仅削弱了流动人口融入城市社会的现实基础，也加剧了流动人口与城市居民之间的矛盾。

进入21世纪，特别是党的十八大以来，党中央、国务院高度重视流动人口基本公共服务获得问题，制定了一系列保障流动人口基本公共服务权益和提高流动人口基本公共服务质量的政策措施。2017年1月23日，国务院印发了《"十三五"推进基本公共服务均等化规划》，明确指出享有基本公共服务是公民的基本权利，保障人人享有基本公共服务是政府的重要职责。推进基本公共服务均等化，是全面建成小康社会的应有之义。习近平总书记在作《关于〈中共中央关于制定国民经济和社会发展第十三个五年规划的建议〉的说明》时指出，7.5 亿城镇常住人口中包括 2.5 亿以农民工为主体的外来常住人口，他们在城镇还不能平等享受教育、就业、社会保障、医疗、保障性住房等方面的基本公共服务，带来一些复杂的经济社会问题。他强调，对 2 亿多在城镇务工的农民工，要让他们逐步公平享受当地基本公共服务。党的十九大报告进一步提出，要坚持在发展中保障和改善民生，在幼有所育、学有所教、劳有所得、病有所医、老有所养、住有所居、弱有所扶上不断取得新进展，保证全体人民在共建共享发展中有更多获得感。

当前中国特色社会主义进入新时代，我国社会主要矛盾已经转化为人民日益增长的美好生活需要和不平衡不充分的发展之间的矛盾，以人民为中心提供便捷、优质、高效的基本公共服务已经成为国家治理体系的重要组成部分和衡量政府治理能力的重要标准。流动人口享受与城市居民同等的基本公共服务是社会融合的核心内容，当前流动人口在城市居留意愿不断增强，对基本公共服务的需求不断增长，需要的层次提高，呈现多元化和个体化的趋势。流动人口不断增长的基本公共服务需求与当前政府供给不平衡、不充分的矛盾突出。特别是在随迁子女教育、卫生健康、社会保障、住房保障等基本公共服务领域，总体不足和结构不平衡的现象均存在，一些问题引发了不少社会矛盾和纠纷。2020 年是中国全面建成小康社会的关键时期，解决好这些问题，直接关系到维护社会公平正义、保持社会和谐稳定。

2019 年度城市流动人口社会融合评估，聚焦流动人口在城市基本公共服务上的获得，基本公共服务作为流动人口社会融合的核心内容，体现了流动人口在制度和权益上被接纳的程度。根据《"十三五"推进基本公共服务均等化规划》，基本公共服务包括基本公共教育、基本劳动就业创业、基本社会保险、基本医疗卫生、基本社会服务、基本住房保障、基本公共文化体育、残疾人基本公共服务等 8 个领域的 81 个服务项目。本研究依据 2018 年度中国城市流动人口社会融合评估确定的指标体系框架，结合当前流动人口对基本公共服务的需求情况，从随迁子女教育、卫生健康、社会保障和住房保障四个维度构建了评估指标体系。利用中国城市流动人口社会融合评估数

据库,对60个城市流动人口社会融合状况进行了评估。评估结果为了解流动人口基本公共服务均等化程度、工作中存在的问题,以及如何进一步提高流动人口基本公共服务均等化水平,提供了科学依据。

二 现状与格局

(一) 总体状况

1. 流动人口基本公共服务均等化工作取得积极进展,但与本地居民相比仍存在一定差距,大部分城市仍然处于初级水平

近年来,国家非常重视流动人口基本公共服务均等化工作,为推进这项工作,国家在"十二五"和"十三五"期间均制定了推进基本公共服务均等化规划,把流动人口纳入当地常住人口的范围。2014年11月国家卫生计生委、中央综治办、国务院农民工办、民政部、财政部联合下发了《关于做好流动人口基本公共卫生计生服务的指导意见》,在全国选取了40个城市进行试点。2014年新一轮户籍制度改革启动以来,全国各地以户籍制度改革为契机,在一定程度上消除了户籍制度对流动人口获得基本公共服务的制度性障碍,流动人口在城市获得的基本公共服务总量不断增加、质量不断提升,但是与本地居民相比还存在一定差距。从2019年中国城市流动人口公共服务融合评估结果来看,被评估的60个城市公共服务融合综合得分为60.87分,最小值为42.01分,最大值为73.65分,标准差为6.53,如果以100分作为理想化的标准,目前的水平与理想化的状态还存在一定差距(见图1)。

我们根据被评估城市流动人口公共服务融合综合得分对60个城市进行排名,可以把城市分成五类:Ⅰ类城市(得分≥70)为流动人口公共服务融合状况最好的城市,Ⅱ类城市(65≤得分<70)为流动人口公共服务融合状况比较好的城市,Ⅲ类城市(60≤得分<65)为一般的城市,Ⅳ类城市(55≤得分<60)为比较差的城市,Ⅴ类城市(得分<55)为最差的城市。结果显示,Ⅰ类城市有3个,占比为5.0%;Ⅱ类城市有11个,占比

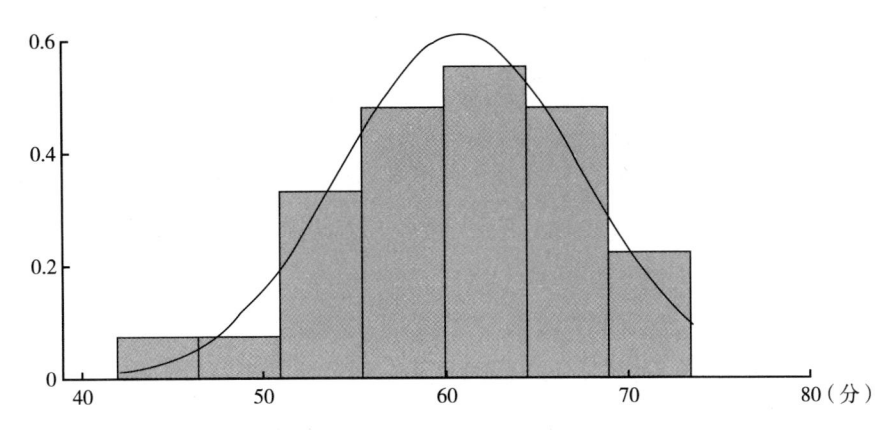

图1 流动人口公共服务融合综合得分分布

资料来源：2019年中国城市流动人口社会融合评估数据库。

为18.3%；Ⅰ类城市和Ⅱ类城市合计14个，占比为23.3%；Ⅲ类城市有17个，占比为28.3%；Ⅳ类城市17个，占比为28.3%；Ⅴ类城市有12个，占比为20.0%，Ⅳ类城市和Ⅴ类城市合计29个，占比为48.3%（见图2）。这说明被评估城市流动人口公共服务融合度偏低是一种普遍现象。

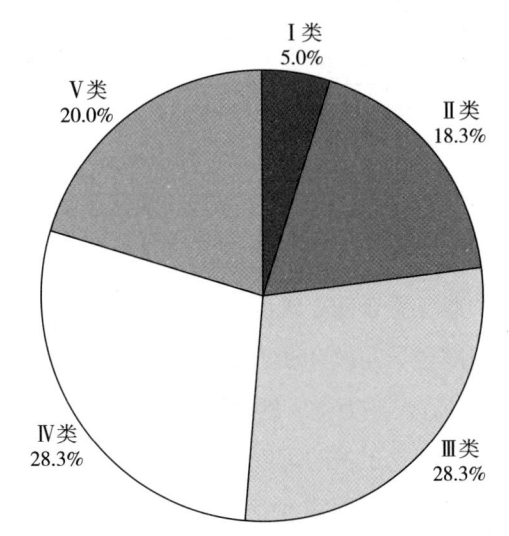

图2 流动人口公共服务融合被评估城市类别占比

资料来源：2019年中国城市流动人口社会融合评估数据库。

2019年中国城市流动人口公共服务融合综合得分排名前十的城市分别是济南、重庆、珠海、厦门、青岛、合肥、成都、鄂尔多斯、惠州、大连；排名后十的城市分别是三亚、绍兴、兰州、榆林、乌鲁木齐、嘉兴、昆明、金华、温州、台州。其中仅有济南、重庆和珠海综合得分高于70分，排名最高的济南流动人口公共服务融合综合得分（72.25分）约是排名最低的台州（40.90分）的1.77倍（见表1）。

表1 流动人口公共服务融合综合得分排名前十的城市和后十的城市

单位：分

城市	综合分数	排名	城市	综合分数	排名
济南	72.25	1	三亚	54.01	51
重庆	71.04	2	绍兴	53.72	52
珠海	70.64	3	兰州	51.48	53
厦门	69.25	4	榆林	51.46	54
青岛	68.98	5	乌鲁木齐	50.80	55
合肥	68.85	6	嘉兴	50.80	56
成都	68.59	7	昆明	48.59	57
鄂尔多斯	68.49	8	金华	47.41	58
惠州	68.09	9	温州	44.82	59
大连	67.90	10	台州	40.90	60

资料来源：2019年中国城市流动人口社会融合评估数据库。

2. 从流动人口公共服务融合不同维度来看，随迁子女教育和卫生健康得分显著高于社会保障和住房保障

从流动人口公共服务融合四个维度的比较来看，不同维度之间呈现明显的差距。在流动人口随迁子女教育和卫生健康方面，由于近年来国家义务教育阶段"两为主"（以流入地为主、以公办学校为主）方针的确定以及对卫生健康基本公共服务均等化工作的重视，基本上解决了流动人口随迁子女义务教育阶段上学问题以及在城市基本卫生健康公共服务的获得问题。从测算的分数来看，随迁子女教育和卫生健康得分分别为76.74分和76.32分。相对于随迁子女教育和卫生健康，流动人口在获得城市社会保障和住房保障方

面的得分比较低，分别为45.21分和45.17分。社会保障的整体参保水平比较低，住房主要靠个人和家庭来保障，还没有完全纳入城市体系，这是流动人口公共服务融合综合得分偏低的主要原因（见图3）。

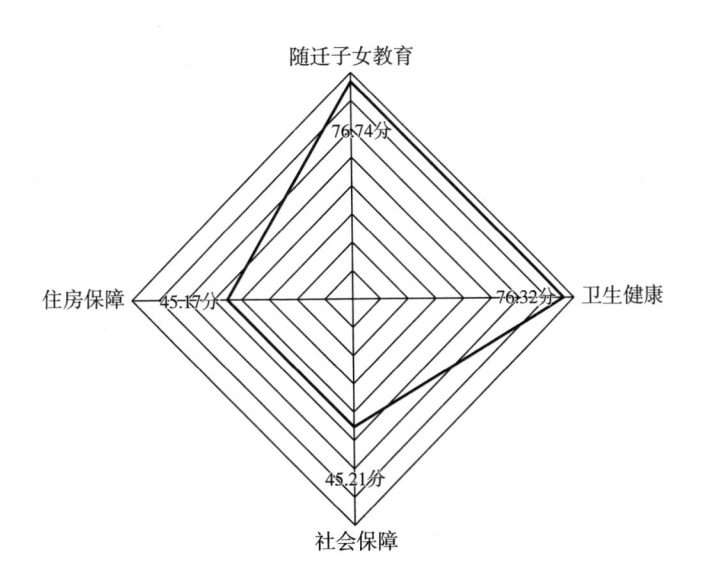

图3 流动人口公共服务融合四个维度得分雷达图

资料来源：2019年中国城市流动人口社会融合评估数据库。

3. 流动人口公共服务融合在不同城市间差异较大，随着城市规模的变化，流动人口公共服务融合综合得分呈倒"U"形特征

从不同类型城市流动人口公共服务融合综合得分情况来看，按照城市规模划分，流动人口公共服务融合程度随着城市规模变化呈倒"U"形特征，超大城市流动人口公共服务融合平均得分为59.50分，特大城市平均得分为60.60分，大城市最高，为61.61分，中等城市为59.13分，小城市为59.06分。按照城市行政级别划分，计划单列市具有明显的比较优势，其流动人口公共服务融合平均得分为63.29分；其次为省会或首府，平均得分为60.90分，其他地级市平均得分为60.72分，直辖市平均得分为59.17分。从城市所在区域来看，中部地区流动人口公共服务融合优势明显，平均得分为63.84分，其次为东北地区，平均得分为63.53分；西部地区平均得分为

60.46分，最差的是东部地区，平均得分为60.14分。从数据结果来看，超大城市和小城市均存在流动人口公共服务提供不足的现象，计划单列市具有明显的比较优势，东部地区和西部地区城市在流动人口公共服务融合上需要进一步加强工作（见表2）。

表2　不同类型城市流动人口公共服务融合综合得分情况

单位：分

类型	平均得分	标准差	最小值	最大值
城市规模				
超大城市	59.50	7.94	52.70	70.69
特大城市	60.60	6.45	54.62	69.66
大城市	61.61	5.84	46.21	73.65
中等城市	59.13	9.73	42.01	69.91
小城市	59.06	7.33	52.10	67.99
城市行政级别				
直辖市	59.17	7.98	52.70	70.69
计划单列市	63.29	5.37	58.30	69.51
省会或首府	60.90	5.80	50.50	73.65
其他地级市	60.72	7.28	42.01	69.91
城市所在区域				
东部地区	60.14	6.97	42.01	73.65
中部地区	63.84	4.32	58.11	68.81
西部地区	60.46	7.09	50.50	70.69
东北地区	63.53	1.61	62.00	66.02

资料来源：2019年中国城市流动人口社会融合评估数据库。

4. 流动人口公共服务融合综合得分与经济发展水平呈现一定程度的正相关关系

一般来说，经济发展是社会融合的基础。选择人均GDP代表城市经济发展水平，对2019年流动人口公共服务融合综合得分与经济发展水平进行相关分析，结果表明经济发展水平的提升，在一定程度上可以提高流动人口公共服务融合综合得分。但经济发展水平的提升并不意味着流动人口公共服务融合综合得分的自然提高，也存在一些城市流动人口公共服务融合综合得分与其经济发展水平不相适应,而有些城市在经济发展水平不高的情况下,公共服务融合综合得分较高(见图4)。

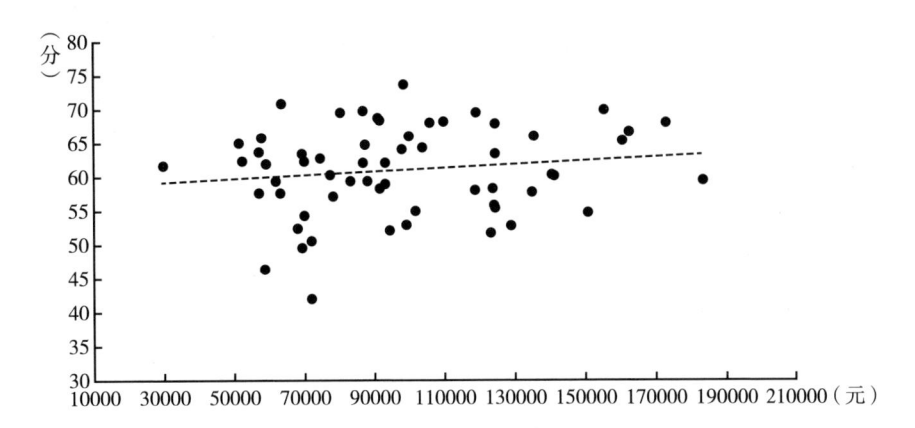

图4　2019年流动人口公共服务融合综合得分与经济发展水平相关关系

资料来源:2019年中国城市流动人口社会融合评估数据库。

(二)分项状况

1. 流动人口规模越大、占比越高的城市,流动人口随迁子女获得公平教育的难度越大,义务教育阶段入学门槛和异地中考政策的限制是主要制约因素

教育的首要功能是个体发展,既包括教育的个体社会化功能,也包括教育的个体个性化功能。当前流动人口随迁子女规模庞大,其教育问题不仅关系到流动人口及其子女人力资本积累,更关系到教育公平和社会公正、稳定与和谐。党的十九大明确指出,必须把教育事业放在优先位置,办好人民满意的教育。落实立德树人根本任务,发展素质教育,推进教育公平,培养德智体美全面发展的社会主义建设者和接班人。推动城乡义务教育一体化发展,高度重视农村义务教育,办好学前教育、特殊教育和网络教育,普及高中阶段教育,努力让每个孩子都能享有公平而有质量的教育。健全学生资助制度,使绝大多数城乡新增劳动力接受高中阶段教育,更多地接受高等教育。

2019年流动人口随迁子女教育平均得分为76.74分，最小值为28.59分，最大值为93.50分，标准差为11.62。其中，得分排名前十的城市分别是泉州、福州、武汉、成都、大连、重庆、大庆、唐山、合肥、哈尔滨；排名后十的城市分别是肇庆、海口、深圳、广州、佛山、东莞、乌鲁木齐、天津、上海、北京。其中，排名最高的泉州流动人口随迁子女教育评估得分（93.50分）约是排名最低的北京（28.59分）的3.27倍（见表3）。

表3　流动人口随迁子女教育评估得分排名前十的城市和后十的城市

单位：分

城市	得分	排名	城市	得分	排名
泉州	93.50	1	肇庆	68.09	51
福州	93.26	2	海口	67.85	52
武汉	92.56	3	深圳	65.27	53
成都	92.27	4	广州	64.78	54
大连	91.18	5	佛山	64.66	55
重庆	89.39	6	东莞	64.47	56
大庆	88.84	7	乌鲁木齐	61.05	57
唐山	88.80	8	天津	53.04	58
合肥	88.51	9	上海	49.79	59
哈尔滨	88.35	10	北京	28.59	60

资料来源：2019年中国城市流动人口社会融合评估数据库。

从60个被评估城市来看，流动人口随迁子女教育平均得分为76.74分，其中，幼儿入园平均得分较高，为80.93分；其次是异地高考，为76.69分；再次是异地中考，为76.25分；最后是义务教育阶段入学，仅为68.11分。义务教育阶段入学和异地中考平均得分远低于流动人口随迁子女教育平均得分，这说明义务教育阶段入学门槛和异地中考政策是影响流动人口随迁子女获得公平教育的关键因素。因此，在流动人口随迁子女教育方面，应重点打破义务教育阶段入学门槛和异地中考政策的限制，不仅要让流动人口随迁子女获得基本的教育，更要让他们获得相对高质量的公平教育（见表4）。

表 4 被评估城市流动人口随迁子女教育得分情况

单位：分

项目	平均得分	标准差	最小值	最大值
幼儿入园	80.93	10.67	40.64	96.60
义务教育阶段入学	68.11	25.78	22.50	100.00
异地中考	76.25	19.50	6.91	100.00
异地高考	76.69	15.58	8.76	97.70

资料来源：2019年中国城市流动人口社会融合评估数据库。

从不同类型城市流动人口随迁子女教育得分情况来看，按照城市规模划分，超大城市流动人口随迁子女教育平均得分为58.26分；特大城市平均得分为70.31分；大城市平均得分为79.88分；中等城市平均得分为74.28分；小城市平均得分为75.88分。按照城市行政级别划分，直辖市流动人口随迁子女教育平均得分最低，仅为55.20分；其次为其他地级市，平均得分为75.97分；省会或首府的平均得分为80.39分；平均得分最高的是计划单列市，为81.79分。从城市所在区域来看，东北地区城市流动人口随迁子女教育优势明显，平均得分为88.05分；其次是中部地区，平均得分为83.35分；西部地区平均得分为80.52分；最差的是东部地区，平均得分为72.71分。因此，直辖市、超大城市流动人口随迁子女获得公平教育机会的难度较大，中部地区的难度小于东、西部地区，东北地区的难度最小（见表5）。

表 5 不同类型城市流动人口随迁子女教育得分情况

单位：分

类型	平均得分	标准差
城市规模		
超大城市	58.26	25.63
特大城市	70.31	16.45
大城市	79.88	8.71
中等城市	74.28	4.30
小城市	75.88	6.71

续表

类型	平均得分	标准差
城市行政级别		
直辖市	55.20	25.24
计划单列市	81.79	11.40
省会或首府	80.39	8.83
其他地级市	75.97	7.64
城市所在区域		
东部地区	72.71	12.18
中部地区	83.35	7.75
西部地区	80.52	8.02
东北地区	88.05	2.32

资料来源：2019年中国城市流动人口社会融合评估数据库。

2.流动人口卫生健康服务获得性总体较好，城市间差异较小，除流动人口健康档案建立外，流动人口健康教育、流动儿童健康管理、流动育龄妇女健康服务平均得分均较高

健康是人的基本权利，当前健康中国已上升为国家战略。《"健康中国2030"规划纲要》提出，健康是促进人的全面发展的必然要求，是经济社会发展的基础条件。实现国民健康长寿是国家富强、民族振兴的重要标志，也是全国各族人民的共同愿望。"共建共享、全民健康"是建设健康中国的战略主题，核心是以人民健康为中心，坚持政府主导与调动社会、个人的积极性相结合，推动人人参与、人人尽力、人人享有，实现全民健康。在我国，每6个人中就有1个是流动人口，关注流动人口健康问题，对于健康中国的实现具有重要意义。《"健康中国2030"规划纲要》也强调，要关注流动人口健康问题，深入实施健康扶贫工程。国家在政策上也十分注重流动人口基本卫生健康公共服务的获得问题，较早发布了均等化服务政策，基本公共卫生健康项目按照常住人口支付费用，城乡居民标准统一，取得了较好效果。

2019年流动人口卫生健康平均得分为76.32分，最小值为52.44分，最大值为94.16分，标准差为9.87。卫生健康得分排名前十的城市分别是

哈尔滨、肇庆、长沙、贵阳、成都、武汉、咸阳、泉州、鄂尔多斯、惠州；排名后十的城市分别是昆明、上海、乌鲁木齐、金华、廊坊、兰州、温州、嘉兴、榆林、台州。其中，排名最高的哈尔滨流动人口卫生健康得分（94.16分）约是排名最低的台州（52.44分）的1.8倍（见表6）。

表6　流动人口卫生健康得分排名前十的城市和后十的城市

单位：分

城市	得分	排名	城市	得分	排名
哈尔滨	94.16	1	昆明	66.09	51
肇庆	93.39	2	上海	65.06	52
长沙	92.75	3	乌鲁木齐	63.96	53
贵阳	92.03	4	金华	63.91	54
成都	91.86	5	廊坊	63.81	55
武汉	90.63	6	兰州	62.22	56
咸阳	90.55	7	温州	61.95	57
泉州	90.20	8	嘉兴	61.71	58
鄂尔多斯	89.36	9	榆林	57.95	59
惠州	88.97	10	台州	52.44	60

资料来源：2019年中国城市流动人口社会融合评估数据库。

从卫生健康的不同类型来看，流动人口健康教育和流动儿童健康管理平均得分较高，分别为87.64分和86.88分；其次是流动育龄妇女健康服务，平均得分为75.68分；工作进展缓慢的是流动人口健康档案建立，平均得分仅为43.73分（见表7）。

表7　被评估城市流动人口卫生健康得分情况

单位：分

类型	平均得分	标准差	最小值	最大值
流动人口健康档案建立	43.73	25.57	3.98	92.14
流动人口健康教育	87.64	9.12	62.88	100.00
流动儿童健康管理	86.88	6.24	67.75	98.44
流动育龄妇女健康服务	75.68	10.30	45.82	92.54

资料来源：2019年中国城市流动人口社会融合评估数据库。

从被评估城市流动儿童健康管理情况来看，预防接种和儿童计划免疫比例最高，均接近99.00%；其次是儿童保健手册，比例在87.00%以上；比例最低的为免费健康检查，为63.14%。从流动育龄妇女健康服务情况来看，计划生育比例最高，为91.39%；其次是孕产妇服务，为81.46%；免费孕优比例最低，为54.20%（见图5）。

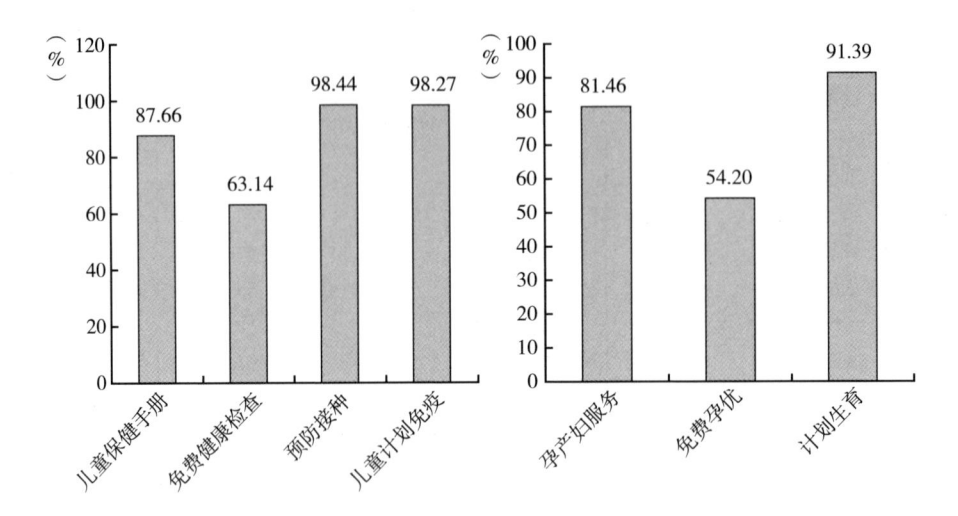

图5 流动儿童健康管理和流动育龄妇女健康服务情况

资料来源：2019年中国城市流动人口社会融合评估数据库。

从不同类型城市流动人口卫生健康得分情况来看，按照城市规模划分，超大城市流动人口卫生健康平均得分为73.81分；特大城市平均得分为77.84分；大城市平均得分为77.25分；中等城市平均得分为77.85分；小城市平均得分为69.19分。按照城市行政级别划分，直辖市平均得分最低，为72.86分；其次是其他地级市，平均得分为75.28分；省会或首府的平均得分为77.71分；平均得分最高的是计划单列市，为78.73分。从城市所在区域来看，中部地区流动人口卫生健康平均得分最高，为83.75分；其次是东北地区，平均得分为78.01分；西部地区平均得分为77.00分；最差的是东部地区，平均得分仅为74.60分（见表8）。

表 8　不同类型城市流动人口卫生健康得分情况

单位：分

类型	平均得分	标准差	最小值	最大值
城市规模				
超大城市	73.81	7.34	65.06	80.42
特大城市	77.84	9.93	68.44	91.86
大城市	77.25	8.85	61.95	94.16
中等城市	77.85	14.64	52.44	93.39
小城市	69.19	11.28	57.95	89.36
城市行政级别				
直辖市	72.86	6.61	65.06	80.42
计划单列市	78.73	7.41	72.32	88.94
省会或首府	77.71	9.81	62.22	94.16
其他地级市	75.28	10.69	52.44	93.39
城市所在区域				
东部地区	74.60	9.13	52.44	93.39
中部地区	83.75	7.54	74.53	92.75
西部地区	77.00	11.92	57.95	92.03
东北地区	78.01	9.78	68.62	94.16

资料来源：2019 年中国城市流动人口社会融合评估数据库。

3. 流动人口社会保障水平总体不高，除养老保险外，其余四类社会保险参保率均较低

社会保障对于保障劳动者及其家属在城市维持基本生活水平，维系劳动力再生产和保障社会再生产的正常进行具有重要作用。我国流动人口社会保障是伴随农村剩余劳动力转移而逐渐产生的，2019 年中国流动人口总规模达 2.36 亿人，规模庞大的流动人口，填补了经济快速发展带来的劳动力空缺，推动了我国经济持续增长，然而，由于社会保障制度的缺位，流动人口不能在城市扎根，导致工作在城市、消费生活在农村的现象。基于此，政府一直致力于解决流动人口在城市如何获得社会保障的问题，制定了一系列政策文件，争取把流动人口纳入城市社会保障体系。但由于配套政策有所欠缺以及政策的执行力度不够，当前大部分流动人口游离于城

市社会保障体系之外。

2019年流动人口社会保障平均得分为45.21分,最小值为20.01分,最大值为90.91分,标准差为16.88。其中,得分排名前十的城市分别是珠海、东莞、厦门、北京、中山、深圳、上海、苏州、惠州、南京;排名后十的城市分别是长春、呼和浩特、郑州、昆明、南昌、温州、兰州、哈尔滨、台州、金华。其中,排名最高的珠海流动人口社会保障得分(90.91)约是排名最低的金华(20.01)的4.54倍(见表9)。

表9 流动人口社会保障得分排名前十的城市和后十的城市

单位:分

城市	得分	排名	城市	得分	排名
珠海	90.91	1	长春	28.36	51
东莞	89.08	2	呼和浩特	27.50	52
厦门	84.22	3	郑州	27.49	53
北京	78.71	4	昆明	26.39	54
中山	76.55	5	南昌	24.96	55
深圳	73.71	6	温州	24.92	56
上海	73.48	7	兰州	24.21	57
苏州	69.55	8	哈尔滨	21.80	58
惠州	60.79	9	台州	20.91	59
南京	57.69	10	金华	20.01	60

资料来源:2019年中国城市流动人口社会融合评估数据库。

从不同社会保障类型来看,60个被评估城市社会保险参保率整体上比较低,尤其体现在生育保险、失业保险、医疗保险和工伤保险四个方面,平均得分分别仅为20.72分、22.67分、23.52分和25.69分,只有养老保险表现较好,平均得分为52.64分(见表10)。社会保障的缺失给流动人口在城市稳定工作生活带来了风险,例如在我国职业病患病群体中,80%以上集中在流动人口,而工伤保险是保证患病群体获得医疗保障的基本条件,当前大部分患病群体缺少工伤保险,给他们个人和家庭带来极大负担。

表10 被评估城市流动人口社会保障得分情况

单位：分

类型	平均得分	标准差	最小值	最大值
养老保险	52.64	12.51	25.89	82.20
医疗保险	23.52	11.47	2.13	60.36
生育保险	20.72	13.85	2.24	57.86
失业保险	22.67	14.64	3.75	63.00
工伤保险	25.69	14.13	4.90	68.78

资料来源：2019年中国城市流动人口社会融合评估数据库。

从不同类型城市流动人口社会保障得分情况来看，按照城市规模分类，超大城市流动人口社会保障平均得分为70.14分；特大城市流动人口社会保障平均得分为51.13分；大城市平均得分为41.92分；中等城市平均得分为45.33分；小城市平均得分为45.86分。在某种程度上，城市规模越大，流动人口社会保障得分越高。按照城市行政级别分类，直辖市具有明显的比较优势，平均得分为63.90分；其次是计划单列市，平均得分为53.64分；其他地级市平均得分为47.70分；得分最低的是省会或首府，平均得分仅为37.77分。从城市所在区域来看，东部地区流动人口社会保障优势明显，平均得分为51.66分；其次是西部地区，平均得分为36.76分；中部地区平均得分为35.01分；最差的是东北地区，平均得分仅为32.90分（见表11）。

表11 不同类型城市流动人口社会保障得分情况

单位：分

类型	平均得分	标准差	最小值	最大值
城市规模				
超大城市	70.14	10.60	54.66	78.71
特大城市	51.13	4.52	47.67	57.69
大城市	41.92	15.15	21.80	89.08
中等城市	45.33	23.75	20.01	90.91
小城市	45.86	15.87	30.98	76.55

续表

类型	平均得分	标准差	最小值	最大值
城市行政级别				
直辖市	63.90	14.45	48.73	78.71
计划单列市	53.64	14.07	41.85	73.71
省会或首府	37.77	10.65	21.80	57.69
其他地级市	47.70	19.05	20.01	90.91
城市所在区域				
东部地区	51.66	18.00	20.01	90.91
中部地区	35.01	7.86	24.96	44.86
西部地区	36.76	9.16	24.21	54.66
东北地区	32.90	9.31	21.80	46.51

资料来源：2019年中国城市流动人口社会融合评估数据库。

4.住房保障方面，流动人口在流入地仍然以租房居住为主，城市规模越大，流动人口获得住房的难度越大

住房问题是流动人口融入城市的重要问题之一，中国人在思想观念上重视家的概念，《汉书·元帝纪》言："安土重迁，黎民之性；骨肉相附，人情所愿也。"《资治通鉴》言："富者有弥望之田，贫者无立锥之地。"对于中国人而言，有了房子，生活就有了最基本的保障，房子是家的前提，是幸福的源泉，是社会融合的关键，是社会稳定和发展的基础，对于流动人口而言更是如此。住房问题也是基本的民生问题，习近平总书记在党的十九大报告中指出，坚持"房子是用来住的，不是用来炒的"定位，这明确了住房的性质。很多城市积极探索把流动人口纳入当地住房保障的政策范围。

流动人口住房保障水平既体现了流动人口在当地获得政策性保障的水平，也反映了流动人口在当地获得住房的难易程度。2019年流动人口住房保障平均得分为45.17分，标准差为11.00。其中，住房保障得分排名前十的城市分别是济南、合肥、鄂尔多斯、重庆、长春、大庆、惠州、呼和浩特、苏州、沈阳；排名后十的城市分别是北京、上海、宁波、福州、厦门、

广州、杭州、温州、台州、深圳。其中,排名最高的济南流动人口住房保障得分(69.35分)约是排名最低的深圳(19.05分)的3.64倍(见表12)。

表12 住房保障得分排名前十的城市和后十的城市

城市	得分	排名	城市	得分	排名
济南	69.35	1	北京	33.06	51
合肥	67.34	2	上海	32.73	52
鄂尔多斯	59.04	3	宁波	30.37	53
重庆	58.27	4	福州	30.35	54
长春	57.92	5	厦门	30.30	55
大庆	57.39	6	广州	27.70	56
惠州	57.14	7	杭州	27.36	57
呼和浩特	56.99	8	温州	26.30	58
苏州	56.52	9	台州	22.00	59
沈阳	56.51	10	深圳	19.05	60

资料来源:2019年中国城市流动人口社会融合评估数据库。

从流动人口住房性质来看,流动人口以个人租住私人住房为主,获得公共性住房的比例较低,即2019年租住单位/雇主房、政府提供廉租房和单位/雇主提供免费住房的比例合计仅为14.03%,80.00%以上的流动人口靠个人获得住房;从流动人口购房的情况来看,城市购房的比例为23.41%;从流动人口的购房意愿来看,也仅有22.46%的流动人口打算将来在流入地购房(见表13)。

表13 被评估城市流动人口住房保障情况

单位:%

项目	占比	标准差
获得公共性住房	14.03	11.19
城市购房	23.41	14.34
购房意愿	22.46	9.24
房租收入比	26.42	9.06

资料来源:2019年中国城市流动人口社会融合评估数据库。

由于流动人口大部分在流入地租房居住，房租收入比反映了其在流入地获得稳定住房的难易程度。从60个城市的综合数据来看，流动人口每月房租支出占个人月收入比例的平均值为26.42%，超过了月收入的1/4。从不同规模的城市来看，超大城市流动人口租房的难度最大，房租收入比达到了43.06%，特大城市接近30%，租房最容易的是中等城市，房租收入比为19.40%（见表14）。

表14 不同规模城市房租收入比情况

单位：%

城市规模	比例	标准差
超大城市	43.06	14.10
特大城市	29.99	6.27
大城市	26.01	6.81
中等城市	19.40	5.03
小城市	23.78	11.54

资料来源：2019年中国城市流动人口社会融合评估数据库。

从不同类型城市流动人口住房保障得分情况来看，按照城市规模分类，超大城市流动人口住房保障平均得分为35.78分；特大城市平均得分为43.13分；大城市平均得分为47.42分；中等城市平均得分为39.06分；小城市平均得分为45.31分。按照城市行政级别分类，计划单列市住房保障程度最低，平均得分为39.00分；其次为其他地级市，平均得分为43.91分；直辖市平均得分为44.72分；省会或首府平均得分为47.74分。从城市所在区域来看，东部地区流动人口住房保障表现最差，平均得分仅为41.57分；其次是西部地区，平均得分为47.56分；中部地区平均得分为53.24分；表现最好的是东北地区，平均得分为55.16分。因此，在流动人口住房保障方面，超大城市、东部地区表现较差（见表15）。

表 15 不同类型城市流动人口住房保障得分情况

单位：分

类型	平均得分	标准差	最小值	最大值
城市规模				
超大城市	35.78	16.35	19.05	58.27
特大城市	43.13	11.38	27.70	54.82
大城市	47.42	10.47	26.30	69.35
中等城市	39.06	9.18	22.00	49.76
小城市	45.31	9.32	33.33	59.04
城市行政级别				
直辖市	44.72	13.73	32.73	58.27
计划单列市	39.00	17.14	19.05	54.05
省会或首府	47.74	10.92	27.36	69.35
其他地级市	43.91	9.78	22.00	59.04
城市所在区域				
东部地区	41.57	11.43	19.05	69.35
中部地区	53.24	8.71	41.83	67.34
西部地区	47.56	7.64	34.93	59.04
东北地区	55.16	3.28	49.93	57.92

资料来源：2019年中国城市流动人口社会融合评估数据库。

三 问题与挑战

（一）流动人口与城市居民享受基本公共服务的差距不断缩小，但高质量服务差距逐渐拉大

长期以来，户籍制度造成了流动人口与城市居民享受基本公共服务的差距，为了破除制度约束，2014年国家出台《关于进一步推进户籍制度改革的意见》，2019年出台《关于促进劳动力和人才社会性流动体制机制改革的意见》，2020年进一步出台《关于构建更加完善的要素市场化配置体制机制的意见》，指出要深化户籍制度改革，放开放宽除个别超大城市外的城市落户限制，探索实行城市群内户口通迁、居住证互认制度。在不断加快户籍制度改革的同时，政府持续增加民生领域投入，加强以民生为重点的社会建

设,提高基本公共服务供给能力,推动公共资源由按城市行政级别配置向按实际服务管理人口规模配置转变。2003年我国用于民生的财政支出仅占30%,到2016年各级财政安排的民生支出占一般公共预算支出的70%以上,特别是与老百姓密切相关的社保就业、医疗卫生、住房保障等支出的比重约为40%。随着投入的大幅度增加,政府基本公共服务供给不断增加,目前流动人口只要在城市具有稳定的就业和住房,基本上能够享受流入地城市的基本公共服务。

但是随着我国经济发展水平的提高和社会主要矛盾的变化,流动人口对基本公共服务的需求层次不断提高,对基本公共服务的追求从低质量基本公共服务向高质量公共服务转变,而流入地城市政府提供优质基本公共服务的能力有限,且资源的分布不均衡。在高质量基本公共服务整体供给不足的情况下,流动人口享受高质量基本公共服务的机会与城市居民相比存在较大差距。近年来,我国农民工"义务教育阶段随迁子女在校率"始终保持在98.7%~98.9%,基本解决了流动人口随迁子女在流入地就学问题。但结构性供需矛盾仍然存在,受教育资源存量的影响,部分地区通过扩大班额等办法缓解上学压力,"大班额"现象普遍存在。流动人口随迁子女就读学校的选择受住房、户口等条件的限制,进入拥有优质教育资源的学校就读的机会与城市居民相比存在较大差距。在卫生健康服务方面,当前尽管流动人口基本医疗参保率很高,但流动人口的医疗保障体系还在农村,流动人口生病后主要在社区医疗点、民营医疗机构和工作单位医疗室等获得医疗服务,服务水平相对较低。流动人口在城市的住房保障还不完善,自购保障房、租赁公租房或廉价房的比例较低,等等。这些都需要在巩固原有基本公共服务的基础上不断增加服务内容、提高服务质量。

(二)流动人口随迁子女教育存在区域性资源供给不足、结构性矛盾突出以及政策门槛过高的问题

随着流动人口收入水平和家庭化迁移水平的提高,越来越多的家庭对于子女教育问题给予了更多的关注和投入,教育逐渐成为人口迁移一个重要的驱动力。当前农村大量适龄儿童或者跟随父母到就业所在地城市接受教育或者为追求高质量教育专门搬迁到户籍所在地城市居住。由于我国人口主要是从中西部农村地区流向东部沿海地区的城市，特别是珠三角、长三角以及京津冀地区流动人口的聚集度比较高，而教育资源的提供需要一个长期的过程，这导致部分城市在总量上不能满足需求，导致"大班额"、设立比较高的入学门槛、不达标的"农民工子弟"学校等问题。即使在同一个城市内，教育资源的分布也不均衡，由于流动人口大多居住在城乡接合部，这些地区往往是教育资源配置相对薄弱的地区，流动人口对教育资源特别是优质教育资源的可及性比较低。2001年国家提出"两为主"的政策，即义务教育阶段入学坚持"以流入地政府管理为主，以全日制公办学校为主"，但在珠三角等流动人口占比高的地区，实现这个政策目标仍然存在较大难度。

除了义务教育阶段的入学问题，流动人口随迁子女在流入地中考的问题逐渐成为影响教育公平的重要因素。根据教育部的一项报告，2018年全国普通初中随迁子女毕业人数为127.1万人，但只有不到34.03万人在流入地就读普通高中。2012年，国务院办公厅转发了教育部等部门《关于做好进城务工人员随迁子女接受义务教育后在当地参加升学考试工作的意见》（国办发〔2012〕46号），明确规定"各省、自治区、直辖市有关随迁子女升学考试的方案原则上应于2012年年底前出台"。从被评估的城市来看，各地均结合自身实际制定了随迁子女异地中考的相关政策。除了个别城市，在本地就读的流动人口随迁子女如果在本地参加中考，继续高中阶段的学习，均有一定的政策门槛，比较严格的城市，例如北京规定在本地参加中考只能报考职业高中，而不能报考普通高中，使大量在北京就读初中的外地户籍学生只能转到附近的天津、河北或者回户籍所在地参加中考。

（三）流动人口面临的健康风险高，存在健康素养平均水平较低、基本卫生健康保障不足的问题

流动人口是全面建成小康社会的一支生力军，其健康权益理应得到有效保障。但是由于各种原因，流动人口当前仍然是面临健康风险最高的群体之一。一方面，受自身受教育水平所限，流动人口就业多集中于第二产业，工作时间长，劳动强度大，健康耗损效应明显；生活、工作环境差，是传染病、感染病的高发人群；自身健康意识较低，自我保健意识缺失，职业病情况严重。另一方面，从外部条件来看，流动人口健康服务也受到政策和管理机制的影响，政策不到位、管理机制不健全，服务供给质量不高。这两方面因素叠加在一起，造成流动人口身心健康问题。

截至2018年底，我国累计报告职业病97.5万例，其中，职业性尘肺病87.3万例，约占报告职业病病例总数的90%，在职业性尘肺病的患病群体中，大部分是农民工，占到80%以上。根据《2018年中国流动人口发展报告》，2017年26.04%的流动人口出现过腹泻、发热、皮疹、结膜红肿及黄疸中至少一种传染性疾病症状。但流动人口接受传染性疾病健康教育的比例比较低，近六成的流动人口从未在流入地接受过性病、艾滋病或结核病防治健康教育，流动人口中接受职业病防治健康教育的比例仅为33.37%。流动人口对疾病防治的认识不足，导致服务利用较低。例如以上传染性疾病症状发生后，平均40%的流动人口认为"去医院看病麻烦，不如自己买药方便"而不去就诊。从流动人口健康素养来看，根据全国居民健康素养监测数据，2014~2016年流动人口总体健康素养平均水平分别为13.64%、14.42%和16.52%，呈逐渐上升趋势，但低于同年度全国城市居民健康素养平均水平（14.86%、15.71%和16.56%）。

从国家基本公共卫生健康项目在流动人口中落实的效果来看，流动人口也远远低于当地户籍人口。例如2017年流动人口档案建档率为30.01%，远低于当地户籍人口的60.49%。2019年，国家卫生健康委基层卫生健康司在《关于做好2019年基本公共卫生服务项目工作的通知》中明确提出，应以高血压、糖尿病等慢性病为突破口促进医防融合，推动"上下分开"。通过逐步推行新型慢性病防治方式，促进慢性病工作中心从疾病治疗转向健康管理。数据显示，在流动人口中，患有高血压或糖尿病的人口占比为5.45%，另外，仍有2.26%的流动人口未就诊。为加强慢性病管理，本地社区卫生服务中心（站）和乡镇卫生院应对患有高血压或糖尿病的流动人口提供免费的随访评估和健康体检,然而从调查结果来看,在过去一年,接受过该类服务的流动人口仅占36.41%,该类服务仍有较大的提升空间。

(四)流动人口参加社会保险的比例偏低,统筹层次低,跨区域接续服务存在一定障碍

基本的社会保障是流动人口在城市就业、生活的保护伞,近年来国家不断完善相关制度,提高整体参保水平,统筹城乡社会保障制度,把流动人口纳入统一的保障体系。但从实际情况来看,流动人口参加各种社会保险的整体比例仍然偏低。以农民工为例,2018年农民工参加养老保险的人数为6221万人,失业保险为4853万人,工伤保险为8085万人,占比分别为21.6%、16.8%和28.0%。近八成的农民工不享有基本的社会保险支持,造成的后果是农民工工作到一定年龄就需要返回农村养老,打断了其融入城市的进程。失业保险和工伤保险参保比例低导致农民工面临经济波动和职业伤害时,得不到有效的保护。当前我国正处于经济转型的过程,处于职业病的高发期,流动人口由于其面临的职业风险比较高,成为职业病的高发群体。一旦患病而没有工伤保险承担高昂的治疗费用,不仅会给其本人而且给其家人带来巨大伤害。

在各种社会保险中,参保比例较高的是医疗保险,但大部分流动人口在老家参加当地的"新农合",存在参保地点与工作地点不一致的现象。根据2017年中国流动人口动态监测调查数据,2017年中国流动人口约有2.45亿人,其中约有69.9%(约1.7亿)的流动人口医疗保险的参保地点与居住地点不一致。① 当前我国基本医疗保险基本上以地级市为统筹单位,各地区经济发展水平不一致,缴费和报销的标准也不一致。当参保地点和服务地点不一致时,不仅看病费用通过保险报销的比例比较低,而且各种程序也比较复杂,往往需要在参保地和就诊地之间反复沟通,在一定程度上影响了流动人口对医疗服务的利用。

---

① 孟颖颖、韩俊强:《医保制度与流动人口卫生服务利用》,《中国人口报》2020年1月6日,第3版。

（五）流动人口住房存在居住条件差、支出压力重、制度保障不足和改善困难四大问题

2018年全国流动人口动态监测数据显示，流动人口家庭月均总支出约为4461元，家庭月均住房支出约为1008元，住房支出占家庭总支出的22.6%。全部样本中，住房支出占总支出三成以上的个体占28.6%，且城市规模越大流动人口住房支出占比越高。住房支出比例过高，必然会影响其在城市生活的其他费用支出，影响个人和家庭整体生活质量。城市流动人口住房条件普遍较差，大多居住在城乡接合部，居住区位偏远，治安状况较差；而且人均住房面积比较小，住房配套设施不齐全，等等。同时，流动人口住房以租赁为主，相比自购住房、单位或雇主提供免费住房和租住单位或雇主房等形式，租住私房占比高达58.26%（见表16）。在当前的环境下，流动人口通过自身努力改善住房的困难比较大，一方面是受制于现实制度因素，开发商作为供给主体之一偏爱高端商品房的开发；另一方面是政府提供的保障房又常常将流动人口排除在外或难以申请，市场供给不足和住房保障制度不完善两个因素共同作用，使流动人口在城市拥有自己的住房难度较大。

表16 流动人口住房形式分布情况

单位：人，%

住房形式	频数	占比
租住单位或雇主房	5698	3.37
租住私房	98452	58.26
政府提供廉价房	254	0.15
政府提供公租房	1117	0.66
单位或雇主提供免费住房（不包括就业场所）	13036	7.71
自购住房	39516	23.38
借住房	2918	1.73
就业场所	2901	1.72
自建房	4755	2.81
其他非正规居所	353	0.21

资料来源：2019年中国城市流动人口社会融合评估数据库。

除了政策性住房供给，住房公积金制度作为住房保障制度的重要补充，是一种个人与企业间住房成本分担机制，能缓解城市居民购买住房的经济压力。但是这项制度在政府、事业单位和国有企业执行较好，大量流动人口并没有进入住房公积金体系。根据全国流动人口监测数据，仅有10.2%的流动人口参加了住房公积金。在城市长期就业、居住、生活的流动人口以及他们的家庭成员具有很强的购房需求，但是通过住房公积金制度获得部分资金支持和较低的购房贷款利率比较困难，进一步增加了购房的难度。

四 对策与建议

（一）在巩固基本公共服务的基础上，注重需求导向，提高公共服务的质量和水平

新时代，带有计划经济烙印的户籍制度已经成为经济社会发展的束缚，阻碍了人口流动，制约了新型城镇化发展。目前，随着国家户籍制度改革的深入，流动人口在基本公共服务的获得上已经有了很大进步，但与城市居民相比仍然存在较大差距。今后要进一步破除制度壁垒，加强普惠性、基础性、兜底性民生建设，着力解决掣肘流动人口获得城镇基本公共服务的机会和权利问题，在面源上推动流动人口获得城镇基本公共服务的政策措施不断完善，不断扩大覆盖范围，不断提升保障水平，稳步提高均等化程度，使流动人口及其家庭在城市能够幼有所育、学有所教、劳有所得、病有所医、老有所养、住有所居、弱有所扶，切实保障流动人口基本生活。

在注重落实覆盖面的同时，要贯彻落实党的十九大精神，深化为流动人口服务供给侧结构性改革，建立以需求为导向的为流动人口服务供给模式，为流动人口提供广覆盖、多层次、差异化、高质量的长效服务。要改变政府一元供给格局，建构以政府为主导、多元主体共同参与的流动人口服务供给机制，提升社会化供给质量水平。要加强调查研究，全面、准确、科学地反映流动人口需求意愿，完善需求表达机制，充分对位决策机制，使为流动人

口服务尽可能达到供需平衡，让有限的资源实现最优化运用。将提供有质量的基本公共服务摆在更突出的位置，逐步提升与流动人口及其随迁子女切身利益最相关、最紧迫、最需要的重点领域的基本公共服务质量水平，使改革发展成果更多、更公平地惠及全体人民。

最后，推动流动人口公平获得城镇基本公共服务的机会和权利，还要注意我国广泛存在的地区差异，要循序渐进、抓住重点、逐步推进。本研究结论显示，流动人口公共服务融合在不同城市间差异较大：按照城市规模分类，流动人口公共服务融合在特大城市、大城市表现较好；按照城市行政级别分类，计划单列市、省会或首府具有明显的比较优势；从城市所在区域来看，中部地区流动人口公共服务融合优势明显。这提示我们，一方面，推动流动人口公平获得城镇基本公共服务的机会和权利应该从特大城市和大城市、计划单列市和省会或首府、中部地区入手；另一方面，超大城市、中等城市和小城市，其他地级市和直辖市，东部地区和西部地区在流动人口公共服务融合上需要进一步加强工作。

（二）破除制度性障碍，合理配置资源，发挥学校、家庭、社会三大主体在流动人口随迁子女教育中的作用

首先要提高义务教育的统筹层次。当前，我国义务教育以县为主进行管理，地区间、城乡间统筹层次不高，教育发展差异较大。要促进流动人口随迁子女教育公平，就要改变城乡间管理上的双轨制，在完善以县为主的管理体制基础上，因地制宜，分类指导，分步实施，按照县、市、省、国家的顺序逐步提高统筹程度，缩小地区间、城乡间的教育质量差距。在完善管理体制的基础上明确中央和地方、流入地和流出地对流动人口随迁子女教育责任的划分，坚持以流入地政府管理为主、以全日制公办中小学为主；实行"义务教育登记卡"制度，流出地政府为流出学生在户籍地注册学籍，办理义务教育登记卡，当人口流动时，登记卡一起流动。完善义务教育经费分段机制，在加大政府财政投入的基础上，实施"钱随人走"的"教育券"制度，由流入地接收学校享受义务教育经费。中央可考虑设立流动人口子女教

育专项资金，以流入地流动人口随迁子女的规模为依据进行补贴，缓解流入地教育经费压力。流入地政府要将解决流动人口随迁子女教育问题纳入地区发展规划，分阶段制定切实可行的发展目标，逐步解决流动人口随迁子女教育问题。①

其次要破除流动人口随迁子女在流入地就学的制度障碍。当前流动人口随迁子女在流入地接受义务教育阶段的教育已经取得很大进展。但在九年义务教育阶段后的中考问题上，各个地方还存在政策门槛。未来国家要从政策上进一步对流动人口随迁子女在流入地参加中考的条件做出具体规定，符合规定的流动人口随迁子女可以在本地参加中考，接受普通高中阶段的学习教育。同时，在不断增加学前教育资源供给的基础上，把流动人口随迁子女的学前教育纳入政府公办幼儿教育机构的覆盖范围。

最后要构建学校、家庭、社会三结合的社会化教育体系，发挥各自的教育优势，形成教育合力。建立流动人口随迁子女教育家庭环境、社会环境、制度环境三者之间的协调机制，充分利用社会资源，形成教育合力；注重流动人口的继续教育，提高其文化素质和生存能力，改善生活条件，优化家庭教育氛围；加强对流动人口家庭教育的知识培训和引导，建构多元化的家庭教育工作格局；关注流动人口的生活环境和生存条件，缓解巨大的生存竞争压力，培养流动人口家庭成员的健康心态；优化流动人口生活的社区环境，大力开展社区服务，建设社区图书室等青少年文化活动场所，开展各种文化体育活动，丰富流动儿童的业余文化生活；规范和鼓励民间办学，弥补公共教育资源的缺口；加快制度完善的步伐，从根本上保证流动人口随迁子女的教育权利。②

（三）完善流动人口健康服务政策，增加流动人口健康服务供给，加强流动人口健康教育，提升流动人口健康素养等

习近平总书记在全国卫生与健康大会上强调，要"重视重点人群健康，

---

① 王涤：《关于流动人口子女教育问题的调查》，《中国人口科学》2004年第4期，第60~66页。
② 王冬云：《流动人口子女教育问题与对策研究》，《人口学刊》2008年第4期，第31~34页。

关注流动人口健康问题"。首先，完善流动人口健康服务政策，增加流动人口健康服务供给。中央层面，要将流动人口健康工作纳入国家经济社会发展规划，地方层面，要将流动人口健康工作纳入地方经济社会发展规划。尤其是要发挥流入地政府的作用，针对流动人口健康工作，制定详细的工作目标，按照"大卫生、大健康"的理念要求，加大政策体系支撑力度，推进流动人口健康服务均等化，优化医疗卫生资源配置，保证流动人口公平享有健康服务。具体来看，可以从以下四个方面入手。一是在增加流动人口健康服务公共财政支出的基础上，完善财政转移支付制度，健全卫生经费管理。由国家统筹跨省流动人口卫生经费管理，省统筹省内流动人口卫生经费管理，实行省级统筹，市、区、乡分层落实卫生经费的办法。二是针对流动人口健康服务，制定专门政策法规，明确相关部门责任，明确流动人口健康服务的权利与义务。三是建立部门联动机制，由卫生健康部门牵头，加强同人社、民政、教育等部门的联系和协作，推动部门间形成流动人口健康服务的合作机制，确保流动人口健康服务落到实处。四是持续开展流动人口健康监测，建立科学评估体系，加强流动人口健康政策研究，为政府制定政策提供支撑。

其次，加强流动人口健康教育，提升流动人口健康素养。教育对个体健康素养的提升作用明显，因此，要积极开展健康教育工作，针对不同特征流动人口展开不同的健康教育。例如，对流动妇女而言，一方面其健康素养需求较高，另一方面其健康教育具有性别特性。因此，要在流动妇女集中的场所，通过讲座、发放材料、现场教学等形式，着重从健康生活方式和健康技能两个维度出发，围绕诸如医疗服务、传染病、妇幼保健、慢性病、心理健康等问题开展教育。此外，健康素养的提升不仅是健康教育的问题，还要从普遍的教育入手，从学校教育、社会教育全方面入手，将健康知识贯穿在终生教育中，通过教育提升健康素养。

最后，要以基本公共卫生服务为重点，提高流动人口对服务的可及性。要在一些薄弱环节，例如流动人口健康档案建设、职业健康素养的提升、慢性病管理等方面加大工作力度，提高普及率。要针对重点人群的问题，例如青少年近视预防、过度肥胖问题，在职流动人口的心理健康问题、职业病问题，流动妇女的生殖健康问题，流动老人慢性病防治问题等开展工作。要加强对城乡接合部等流动人口集中居住地卫生资源的配置，使他们能够获得及时、有效的基本公共卫生服务。

（四）要在统筹城乡基本社会保障的基础上，根据流动人口的需求，建立优先级别不同的社会保障制度

建立城乡一体化的社会保障制度是社会主义现代化的必然趋势，也是我们的终极目标。但由于流动人口问题的复杂性和我国现阶段的经济发展水平的限制，流动人口的社会保障不可能在短时间内实现与城市社保体系完全接轨，必须针对流动人口的现实需求，分类分步，循序渐进地推进。从发展趋势上看，流动人口目前已分化成基本城市化的流动人口和半城市化的流动人口。基本城市化的流动人口在城市生活多年，职业和收入都相对稳定，其面临的风险结构和社会保障的需求与城市居民趋同。对于流动性较强的半城市化的流动人口，由于其收入不稳定，应遵循救助优先的原则，根据流动人口的现实需求，优先解决最紧迫的社会保障问题。

现实中，由于流动人口平均受教育程度不高，他们的就业领域受到限制，主要集中在技术含量低、职业风险高的劳动密集型行业，例如建筑、采矿、加工制造、交通运输等。这些行业通常工作环境差、劳动强度大，职业风险也普遍较高。因此，工伤保险和医疗保险问题是流动人口最需要优先解决的。流动人口流动性强，就业不稳定性，使得他们经常面临失业困境，失业的流动人口不仅使自己陷入生活困境，而且有可能为社会的稳定带来隐患。因此，建立失业保险是继工伤保险和医疗保险之后第二个亟待解决的问题。关于养老保险，对于在城镇有固定工作和住所的，且有意愿在城镇生活的基本城市化的流动人口，应让他们逐步加入城镇基本养老保险，管理和缴费实现衔接；对于半城市化的流动人口，即往往最后选择返乡的农民工，选择让他们加入农村养老保险。

（五）多措共举，逐渐解决流动人口在城市稳定生活的住房问题

首先，要从政策上将流动人口纳入当地住房保障体系。当前虽然许多城市已陆续出台政策，将常住流动人口纳入城镇住房保障范围，但由于历史原因，我国现有住房保障种类繁多，各体系的保障对象的申请标准互有交叉，住房优惠也有相互覆盖的情况。因此，应当首先对地区性住房保障制度的实施标准进行统一划定、重新整合，避免重复的情况，在申请对象上应当把有条件的流动人口考虑在内。

其次，要将流动人口纳入住房公积金覆盖范围，提供住房资金补贴。按自愿的原则，将有劳动合同的流动人口统一纳入住房公积金覆盖范围，借此提高流动人口的购房能力。拓宽住房公积金的使用区域，尤其应当鼓励公积金的使用从大城市转向小城镇。住房公积金有助于减轻流动人口在买房时的负担，但其额度与企业的资金能力以及流动人口本身的工资有关。流动人口本身受文化程度的影响，一般从事低工资、高强度的工作，因此其住房公积金的额度也不会很高，对需要买房的流动人口来说，这部分住房公积金并不能从根本上解决他们的买房难题。因此，建议针对流动人口的实际情况，对需要买房的流动人口提供部分资金补贴。

最后，要规范房屋租赁市场，改善流动人口居住条件。作为"过渡型"住房模式，租房是能够解决大批流动人口和本地住房困难户住房问题的措施之一，要把流动人口纳入当地政府公租房的保障范围，申请条件要与当地居民一致。对于达不到条件的流动人口，政府应规范房屋租赁市场，避免租房价格的大幅度上涨，同时通过政策、资金补贴等手段鼓励当地企业为职工建设集体宿舍并改善集体宿舍的居住条件。

参考文献

车小曼：《现阶段我国农民工社会保障政策研究》，硕士学位论文，山东大学，2017。

成前：《流动人口健康现状与对策研究》，《中国人口报》2020年6月22日，第3版。

胡秀锦：《农民工随迁子女高考升学政策思考——基于上海的研究》，《教育发展研究》2011年第3期。

《决胜全面建成小康社会 夺取新时代中国特色社会主义伟大胜利 中国共产党第十九次全国代表大会在京开幕 习近平代表第十八届中央委员会向大会作报告》，《中国人大》2017年第20期。

刘悦：《新型城镇化背景下苏州外来农民工居住问题研究》，硕士学位论文，苏州科技大学，2017。

卢曾娟：《重庆市流动人口子女教育的现状与对策》，《教育评论》2009年第2期。

孟颖颖、韩俊强：《医疗保险制度对流动人口卫生服务利用的影响》，《中国人口科学》2019年第5期。

王冬云：《流动人口子女教育问题与对策研究》，《人口学刊》2008年第4期。

王智勇：《基础教育与人口集聚——基于地级市面板数据的分析》，《人口与发展》2017年第6期。

谢建社、牛喜霞、谢宇：《流动农民工随迁子女教育问题研究——以珠三角城镇地区为例》，《中国人口科学》2011年第1期。

杨颖秀：《随迁子女异地升学政策的冲突与建议》，《东北师大学报》（哲学社会科学版）2013年第2期。

《中共中央国务院关于新时代加快完善社会主义市场经济体制的意见》，《当代兵团》2020年第10期。

分报告
Sub-reports

B.3 大都市区城市公共服务与流动人口融入

王智勇 杨舸[*]

摘 要： 本研究利用流动人口动态监测调查数据进行分析认为，经济基础是大都市区流动人口社会融合的基础，城市充裕的公共服务以及流动人口相对较多的获得是他们愿意融入城市的一个重要保障。在推进新型城镇化建设、保证大都市区市民化过程中，更应当重视城市公共服务的提供，尤其是对流动人口随迁子女基础教育资源的放开，以促进流动人口长期居留于大都市区。

关键词： 大都市区 公共服务 流动人口 城市融入

---

[*] 王智勇，博士，中国社会科学院人口与劳动经济研究所研究员，主要研究方向为城镇化与区域经济增长、人口空间分布；杨舸，博士，中国社会科学院人口与劳动经济研究所副研究员，主要研究方向为人口统计学、人口迁移与流动。

随着全球化进程的深入和城乡一体化的加速，城市的组织形态和空间形式也在变化。依据资源配置最优和环境功能整合的原则，大城市的发展在客观上构成了由中心大城市及周边城镇紧密接合的都市圈模式，成为现代城市发展的一种新型空间形态。当代大城市的竞争是以中心城市为核心的城市区域或城市集团的竞争，而都市区也是全球化分工、合作以及竞争过程中的基本单元。换言之，城市化发展已进入更高的发展阶段——大都市区发展阶段，而这一阶段更加强调城乡融合发展和地域功能分工。从历史的角度来看，第二次世界大战以来，随着世界范围内工业化与城市化的快速推进和相互作用，以及不同层次、不同地域大中小城市产业结构的重塑和空间结构的优化，以大城市为主导的城市圈或城市群已逐渐发展成为各国和各地区经济发展的核心载体。综观全球，几乎所有特大城市的空间形式都发生了根本性变化，突出的一个表现是传统单中心城市结构趋向于消解，在更大的地域空间内逐步演变为多中心结构的都市区。在全球化的背景下，城市不再以个体的形式单独发展，而是以都市圈、大都市区和城市群这样综合发展的统一体的形式出现，参与到区域竞争中。在城市化发展的新阶段，都市圈、大都市区和城市群在整个国家有着举足轻重的地位。中国城市化与区域一体化的发展，特别是自2000年以来城市化的加速，促进了都市圈、大都市区和城市群的发展。现今都市圈、大都市区和城市群已成为全新的国家参与全球竞争与国际分工的基本地域单元，它们的发展深刻影响着国家的国际竞争力，对国家经济持续稳定发展具有重大意义。经济全球化与区域经济一体化必然要求重视和加强都市圈、大都市区和城市群的发展。

在国家战略层面上，党的十九大报告明确指出，"以城市群为主体构建大中小城市和小城镇协调发展的城镇格局，加快农业转移人口市民化。以疏解北京非首都功能为'牛鼻子'推动京津冀协同发展，高起点规划、高标准建设雄安新区"。由此，都市圈、大都市区和城市群的规划和建设问题就被提上重要的议程。实际上，自2015年以来，国家发改委就已经明确了京津冀城市群、长江中游城市群、长三角城市群、海西城市群等诸多城市群规划,全国主要的特大城市均已经纳入各个城市群,并且作为核心城市驱动着都市圈、大都市区和城市群的发展。因此,都市圈、大都市区和城市群成为未来中国城镇化的主要形式,这种形式的变化也势必会影响到流动人口的城市融入。当前,囿于公共服务和社会保障尚未一体化,我国潜在的以特大城市为核心的都市圈、大都市区和城市群范围内人口跨地区流动仍然不够充分[1]。故而当前研究都市圈、大都市区和城市群流动人口的融入问题具有较强的现实针对性。

本报告的安排如下:首先阐述特大城市与都市圈、大都市区和城市群的联系;其次运用国际通行的划分方法对中国的都市区加以划分,构建中国基本的都市圈、大都市区和城市群;再次重点阐述以北上广深等9个特大城市为核心的大都市区城市公共服务与流动人口融入之间的关系;最后立足于城市群和都市区理念和规划,进一步阐述大都市区城市公共服务提供应突破行政边界,遵循城乡一体化发展规律,重点在于依据实有人口而不是户籍人口来配置城市公共服务。在此基础上,还提出了促进流动人口城市融入的政策建议。

一 特大城市与城市群的内涵

都市圈、大都市区和城市群与城市密切相关,它们以中心城市为基础,尤其是以特大城市为核心,从某种程度上可以说是城市发展的高级形态。都市圈、大都市区和城市群的几乎所有问题都围绕城市本身来展开,一切与城市有关的问题也必然会体现在都市圈、大都市区和城市群之中。城市群是新型城镇化的主体形态,在城镇化格局中具有"纲举目张"的独特作用。因此在城市群规划中,要科学划定城市群范围,合理确定城市群及各城市的定位。城市和城市群的研究离不开最基本的定义,从另一个角度来看,这实际上也就是城乡划分问题。只有明确了城市的定义,才有可能进一步划分出城

---

[1] 陆铭:《让城市群成为经济发展的新动能》,《光明日报》2018年8月14日,第11版。

市的核心区域和外围区域，构建都市圈和大都市区，并在此基础上分析城市的影响范围和内部的人员、货物与资金的流向，从而逐步构建城市群。

对城镇化不同的理解和判断显然会带来不同的政策主张。在现今的社会经济发展形势下，城市并非单一独立的区域，往往都会与周边区域存在密切往来，包括人流、物流、资金流和信息流等，在劳动力市场城乡一体化的推进过程中，双方的密切往来尤其突出。中心城市与周边区域密切关联而形成的区域常常被称为都市圈，它是工业化与城市化发展到一定阶段的产物。国际上对都市圈的划分标准通常主要包括美国的统计标准、日本的通勤标准和英国的劳动力市场标准等。值得注意的是西方大都市区界定中都有通勤人口这一项指标。国内学术界对大都市区的认识有相当一部分强调了它是一种城市功能地域，由具有一定人口规模的中心城市和周边与之有密切联系的城市、城镇或县区组成，并强调了中心和外围之间双向互动的经济联系。都市圈在城市管理、城市规划等方面具有重大价值，但中国官方尚未加以明确界定。国内许多学者对都市圈进行了广泛的研究，并借鉴国际划分标准对中国的都市圈进行了相应的界定，得出不同数量和不同范围的都市圈。然而，国内现有研究偏重于大都市区的核心城市研究，而较少关注大都市区的纵深区域，这实际上是忽略了大都市区的外围区域，尤其是没有采用国际可比较标准进行大都市区界定。并且，多数研究关注于一个中心城市对周边的影响，而现实中普遍存在的情形往往是多个中心城市交织在一起对周边区域共同作用，形成城市群，这种情形无论是在京津冀、长三角还是珠三角，都很典型。因此，系统地研究大都市区和城市群，是当前中国城镇化发展的必然要求。

大城市尤其是特大城市在信息经济时代具有明显的优势。一方面，要求工业化时代的各种产业经济要素向外扩散；另一方面，要求信息化时代的各种高层次经济要素向中心城市集聚，以推动城市结构的更新和重塑，从而加快了大都市区的演变进程。城市群这种区域性集中发展模式已被全球各国广泛采用，以克服国内区域经济发展中的各种障碍，尤其是在经济发达国家，例如美国、日本、英国、法国等，城市集群化发展已成为区域经济发展的指导性战略。在后工业化时代，城市经济以服务业为主导，而服务业的发展必然会促使中心城市功能的有序扩散，从而带动中心城市周边城镇经济的发展，为大都市区经济空间的形成奠定产业基石。日本城市群产业在城市群中呈现圈层化的逆序分布形态。以东京城市群为例，城市群核心主要是第三产业，中间环状地带主要是第二产业，外圈层则主要是第一产业。未来全球范围内国家和国家之间的竞争，本质上是少数大城市及城市群之间的竞争，科技和现代服务业将成为其核心竞争力。正因如此，在全球范围内，人口仍在进一步向城市群或者大都市区集中①。

二 中国都市区和城市群划分

早在2014年发布的《国家新型城镇化规划（2014—2020）》就提出要建设若干城市群，旨在持续推动地区经济增长，不过规划中并未明确城市群的具体构成。目前，已知城市群的划分标准主要来源于《全国主体功能区规划》，但城市群到底应该包括哪些城市和区域，这一问题始终没有得到深入的研究，而国家针对城市群发展的若干政策已经陆续出台。国家发改委自2015年起也批复了包括长江中游城市群发展规划、哈长城市群规划和成渝城市群规划等多个城市群规划，然而这些城市群之间是否真的已经形成紧密联系尚缺乏学理的解释。都市圈、大都市区和城市群在促进经济增长，带动地区实现产业升级和产业集聚等方面具有至关重要的意义，科学合理的都市圈、大都市区和城市群政策也势必将有效推动经济发展。城市群规划的实施将有助于打破行政区划限制，在城镇功能定位和产业发展方面实现合作共赢、在公共服务和基础设施建设方面实现共建共享、在资源开发和生态环境建设方面实现统筹协调。

城市化的过程通常被定义为城市人口相对于农村人口不断增长的过程，即城市人口在总人口中的比重不断提高的过程。但实际上，准确地定义城市

---

① 陆铭：《让城市群成为经济发展的新动能》，《光明日报》2018年8月14日，第11版。

和农村并非易事，因为城市与农村之间的界线往往并不明晰，现实中，城市内部也存在人口稀少的区域，城市与农村的犬牙交错更是使得情形复杂起来。特别是要准确地定义城市边界，往往需要借助复杂的手段，比如在发达国家采用遥感卫星影像来准确测算城市边界。在许多发展中国家，特别是中等收入国家，在界定城市的过程中，除了采用人口密度这一常用指标以外，还采用从事非农产业人口的比例等辅助指标来加以界定。因此，不同的国家在考虑城乡划分时标准不一，这就使得国家之间城市化的比较难以进行。即使按照单一的人口密度指标来测量，城市化在世界范围内差异仍然非常显著，因为各国城市和农村的人口密度标准显然不同。纵使在一个国家内部，由于城市区域往往会突破行政边界，但数据的统计却基于行政边界，使得城市的比较依旧困难。

基于这样的一种现实考虑，在欧盟的支持下，经合组织（OECD）推出了城市功能区（Functional Urban Area, FUA）的概念，旨在提供一套标准化的城市测量方法，以便可以在国家和区域之间比较城市相关问题。这种方法强调了城市的实际经济联系，而不是基于行政边界，因为影响城市之间相互作用的主要因素包括距离、网络、引力以及活动偏好。考虑到国家和区域之间的现实差异性，OECD的城市功能区在不同国家之间有不同的临界值，但在其他方面基本相同，从而使得国家之间的比较成为现实。城市功能区主要考虑人口密度、人口规模和通勤模式，因而它关注的重点是城乡劳动力市场的一体化，即城市的中心区域与周边区域之间是否存在密切的经济往来，这种经济往来通常可以借助通勤流来加以测量。

OECD提出的城市功能区划分有三个关键步骤，归结起来如下。

第一步，确定核心区。通过格网（Grid）人口数据来确定城市核心区，主要的依据是格网人口密度。高密度聚集区构成城市核心区。高密度聚集区定义为由人口密度至少为每平方公里1500人（美国和加拿大由于地广人稀，这一标准降为每平方公里1000人）且总人口至少为50000人（日本、韩国和墨西哥由于人口密集，这一标准提高为100000人）的相邻公里格网组成。城市核心区由相邻的市镇构成，这些市镇至少50%的人口生活在高密度聚集区。

第二步，合并核心区。在通勤数据的基础上，把不相邻的核心区纳入相同的城市功能区。若两个城市核心区中任意一个核心区的劳动人口超过15%在另一个核心区工作，则可以认为这两个核心区是一体化的，可以归入同一个都市区（多中心城市也纳入考虑范围）。城市功能区的划分恰恰认可了多中心城市－区域的组织形态。

第三步，确定城市外围区。在核心区以外，城市劳动力市场的"劳动力来源区"由那些把15%及以上劳动力输送到核心区就业的市镇组成。将围绕某个单一城市功能区的市镇纳入考虑范畴，而那些不相邻的市镇则加以舍弃。

可见，城市功能区是由核心区和外围区构成的，而外围区很可能会突破行政边界。这种方法也使得确定一个城市功能区是单一中心还是多中心成为可能，也有助于确定城市集中的程度。正是由于能够更好地测量城市化的进程并方便进行国际比较，一些研究逐渐转向中国的城市功能区划分。不过，对于城市区域的划分标准仍旧是一个难点，尤其是如何根据通勤数据确定核心区和外围区，主要的障碍在于中国并没有现成的通勤数据可用，公里格网人口数也难以获得（尽管通过拟合的方式可以近似地获得，但并不准确）。

城市，尤其是大中型城市与其周边区域的密切联系是中国经济发展和城市发展中一个不争的事实。这种现象也充分体现了当代城市体系的基本特征，即城市与城市之间存在人员、货物、资金和数据的密切往来。大都市区和都市圈是一个具有综合功能的特大城市，以其强大的扩散辐射功能带动周边大中小城市发展，从而形成具有一体化特征的城市功能区。综合国际经验来看，通勤区背后所蕴含的城乡一体化劳动市场才是大都市区和都市圈的本质所在。然而，人们的居住地与工作地的距离不可能无限地拉长，因为通勤的成本制约着这一距离，此外，诸如语言、习俗等文化因素也同样影响着人们外出就业的地域范围，绝大多数劳动力都会选择距离自己家乡相对较近的区域作为外出就业的地域。换言之，即使没有通勤数据，仍旧可以依据人口密度、交通条件和地形地貌特征来测算出一个合理的通勤距离，从而估算出每个城市的通勤区域，对中国而言，这也是目前情形下的一种次优选择。

考虑到西部地区人口密度低，甚至一些县级市的人口密度仍旧很低，过低的人口密度和过小的人口规模不利于产业的积聚和市场的扩大，从而不利于城市的发展。因此，本报告把人口规模不足20万人和人口密度低于每平方公里20人的区域从已经划分好的城市功能区清单中剔除，剩余所有纳入城市功能区的县区人口密度都在这一门槛值之上。最终，我们得到376个城市功能区。

2010年人口规模在1000万人以上的超级都市区的核心半径和影响半径都比较大（见表1）。这些超级都市区的中心城市都具有相当大的区域影响力，自身人口规模大和人口密度高，从而能够吸引更大范围的人口向其集聚。

表1 中国超级都市区基本情况

核心城市	包括区、县、市数量（个）	面积（平方公里）	核心半径（公里）	影响半径（公里）	2000年人口（人）	2010年人口（人）
上海	32	15181	40.70	98.89	23164855	34008393
广州	26	23415	37.39	78.71	19239731	24968152
北京	29	25854	42.93	93.20	18329870	24907487
深圳	11	9445	27.57	64.76	17053367	23262393
武汉	30	25567	35.95	71.37	18182442	18950178
成都	25	18525	26.57	59.40	15983708	18102318
重庆	22	26966	53.60	88.44	16765301	17005085
天津	24	16457	47.11	96.97	12019913	15434304
杭州	17	12633	31.88	63.15	10588022	13440108
西安	21	16067	34.03	65.84	11608993	12914383
常州	15	12979	24.12	46.77	10878781	12365775
汕头	13	9422	28.44	57.34	10632305	12019818
南京	22	14698	39.78	72.42	9695047	11653584
济南	15	13986	25.61	49.70	9810696	10990801
哈尔滨	13	29819	20.62	45.81	8907572	10526546

资料来源：作者基于第五次和第六次全国人口普查数据计算。

从中国各类城市功能区的平均核心半径和平均影响半径来看，城市功能区人口规模越大，其平均核心半径和平均影响半径也越大（见表2）。

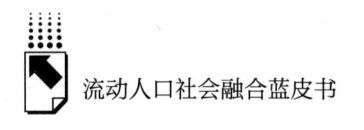

表 2　中国各类城市功能区半径比较

单位：公里

城市功能区	平均核心半径	平均影响半径
超级都市区[1000万人,)	32.06	64.80
巨大都市区[500万人,1000万人)	18.33	37.39
大都市区[150万人,500万人)	16.79	30.42
都市区[50万人,150万人)	11.29	20.28
中等城市区[20万人,50万人)	9.05	16.50

资料来源：笔者计算。

此外，城市功能区的分布在空间上呈现非常不均衡的格局，华北、东北、山东、江苏、广东等区域的城市功能区很密集，广阔的西北地区则较少有城市功能区。东北三省过去作为中国的重工业基地，在发展重工业的同时，由于铁路和公路网的修建与完善，人口的集聚促成了大量城市的兴起和发展，使得东北三省成为中国城市最为密集的区域。东部城市功能区带动经济增长的效应已经在过去30多年间得到充分体现，而西部地区缺少城市功能区，这可能是其经济发展缓慢的一个主要原因，与东部地区差距日益扩大的特征也同样在过去30多年间得到印证。由此可见，城市和城市功能区在促进地区经济增长中的作用非常显著。目前国家制定的城市群和城市带规划（京津冀城市群、长江中游城市群、成渝城市群、长三角城市群和珠三角城市群）全部位于城市功能区中，但已有的规划显然没有把全部城市功能区包括在内，例如，新疆和云南等地区的城市功能区都没有纳入国家城市群的规划，这意味着在已有规划之外，还应制定适当的政策来促进城市功能区的发展壮大，进而推动区域经济增长。

明确中国的城市功能区在很大程度上相当于明确了中国的都市圈和城市群，这使得中国的新型城镇化建设有了更加清晰的抓手。经济全球化大背景下，城市群已成为一个国家和地区经济发展中最具活力和潜力的增长点，是国家和地区参与全球竞争和承接产业转移的核心地域单元。在当前全球经济处于低迷的环境下，在贸易保护主义盛行的趋势下，在中国处于中等收入阶段之际，通过城镇化建设来推动区域经济发展是当前中国经济社会发展的一项重大决策。明确并制定合理的城市群发展战略是其中一项重要内容，而城市功能区的划分，则给决策参考提供了坚实而可靠的理论支撑和数据基础，尤其是为城市群的确定提供了理论支撑。

城镇化非常重要的格局是大中小城市和小城镇要协调发展，形成合理的城市体系，而以城市群为主体构建大中小城市和小城镇协调发展的城镇格局，有利于促进区域协调发展。城市群是城市发展的高级形态，但城市群绝不是城市的简单相加，而是通过城乡一体化加深而产生的集聚效应。根据国家统计局数据，2015 年，京津冀、长三角、珠三角三大城市群以 5.2% 的国土面积集聚了 23.0% 的人口，创造了 39.4% 的国内生产总值，成为带动中国经济快速增长的火车头，也是参与国际经济合作与竞争的主要平台。即使在中西部地区，城市群也同样发挥着重要的集聚功能，数据显示，截至 2018 年，长株潭城市群以全省 1/7 的面积、1/3 的人口，实现四成以上的全省 GDP，成为湖南发展的火车头[①]。

三　主要大都市区及其构成

大都市区是城市群的基础，每一个城市群都由多个大都市区构成，因此，研究城市群人口融入问题的核心在于研究大都市区。根据前述的划分，全国一共有 376 个城市功能区。然而，考虑到其规模及影响，尤其是考虑到流动人口融入的现实问题，有选择、有重点地研究大都市区流动人口的融入更具有现实针对性。研究表明，大都市区或者都市圈模式才是中国最优的城市化模式。我们选择了核心城市人口规模在千万以上的 9 个大都市区，包括以北上广深一线城市为核心的超级都市区。

每一个大都市区都由一个影响力极大的核心城市及其外围区域构成，因

---

① 《长株潭城市群一体化建设十年成中部崛起新高地》，中国经济网，2018 年 4 月 7 日，http://www.ce.cn/cysc/newmain/yc/jsxw/201804/07/t20180407_28731336.shtml。

此，大都市区充分体现了城乡一体化进程，由于中心城区房租和房价高昂，流动人口往往聚集于城市和大都市区的外围区域，以北京市为例，根据2010年人口普查数据，一半以上的人口分布于北京的五环外，随着房租和房价的急速上升，势必有越来越多的人口流向外围区域。

研究大都市区流动人口的融入问题，首先要明确大都市区的范围。以下我们具体说明北京、上海、广州、深圳、天津、杭州、武汉、重庆和成都九大都市区的构成。

北京大都市区不仅包括北京市的行政边界，而且包括河北省和天津市的一部分县市。

同样地，上海大都市区边界也不仅限于上海市行政边界，而且包括了江苏省和浙江省的一部分县市。具体而言，上海大都市区包括了上海市全境县区，江苏省的常熟市、太仓市、昆山市，苏州市的相城区、虎丘区、金阊区、平江区、沧浪区、吴中区、吴江区，浙江省的嘉善县，嘉兴市的秀洲区和南湖区。

而广州大都市区和深圳大都市区同样突破了各自的行政边界，而且两个大都市区紧密地联系在一起。具体而言，广州大都市区包括了广州市全境县区市，佛山市的禅城区、南海区、顺德区、三水区、高明区，江门市的蓬江区、江海区、新会区、鹤山市，肇庆市的端州区、鼎湖区、高要区、四会市，清远市的清城区。

深圳大都市区包括了深圳市全境区、珠海市全区、中山市和东莞市。

天津大都市区包括了天津市除蓟州区以外的全境县区，河北沧州市的新华区、运河区、沧县、青县、黄骅市，廊坊市的文安县和霸州市。可见，天津大都市区显然不仅仅限于天津市。

杭州大都市区包括了杭州市全部市辖区，嘉兴市的海宁市、桐乡市，湖州市的吴兴区、南浔区、德清县，绍兴市的越城区、柯桥区和诸暨市。

武汉大都市区包括了武汉市全部县、区、市，黄石市的黄石港区、西塞山区、下陆、铁山区、大冶市，鄂州市的梁子湖区、华容区、鄂城区，孝感市的孝南区、云梦县、应城市、安陆市、汉川市，黄冈市的黄州区、麻城市，咸宁市的咸安区、仙桃市。

重庆大都市区包括了綦江区、铜梁区、大足区、荣昌区以及璧山区等。重庆大都市区并未包括全部的县、区、市，有些离市辖区太远，人口密度不足，因而未能与重庆市辖区形成密切的往来关系。

成都大都市区包括了成都市全部县、区、市和德阳市的旌阳区、罗江区、广汉市、什邡市、绵竹市，眉山市的东坡区、彭山区，资阳市的雁江区和简阳市。

为了进一步分析大都市区人口与产业结构变化之间的关系，我们以北上广深四个一线大都市区为例来加以说明。

截至 2010 年，在以一线城市为核心的四大都市区中，广州、北京和深圳三大都市区的常住人口规模基本相当，而上海大都市区常住人口规模明显大于其他三个大都市区。从面积来看，北京大都市区最大，深圳大都市区最小，因而导致它们的人口密度显著不同。人口密度最大的是深圳大都市区，其次是上海大都市区，而北京大都市区人口密度最小（见表3）。

表3 北上广深大都市区面积与人口比较

大都市区	涵盖县区数量（个）	面积（平方公里）	户籍人口（万人） 2000年	户籍人口（万人） 2010年	常住人口（万人） 2000年	常住人口（万人） 2010年	人口密度（人/平方公里） 2000年	人口密度（人/平方公里） 2010年	人口增长（%） 户籍	人口增长（%） 常住
上海大都市区	32	15181	1895.30	2366.00	2316.50	3401.00	1526	2240	24.80	46.80
广州大都市区	26	23415	1414.40	1595.40	1924.00	2496.80	822	1066	12.80	29.80
北京大都市区	29	25854	1585.30	1772.60	1833.00	2490.70	709	963	11.80	35.90
深圳大都市区	11	9445	486.30	691.60	1705.30	2326.20	1805	2463	42.20	36.40

资料来源：作者根据划分结果和"五普""六普"数据计算。

人口的变化在不同的大都市区之间既存在相似的特征，也有明显的差异。2000~2010 年，四大都市区人口年增长率基本相同，约为 1.40%（见

表4)。然而,从大都市区人口增长的结构来看,又有明显差异。北京和上海大都市区的人口增长以核心城市明显快于外围区域为特征,而广州和深圳大都市区的人口增长呈现核心城市与外围区域趋同增长态势。此外,2010年以来,北京和上海人口增长的态势明显趋缓,特别是自2016年以来,人口增长非常有限。根据2018年各大城市统计公报,2017年末,北京常住人口为2170.7万人,比上年末减少2.2万人,下降0.10%,为2000年以来首次出现负增长。2017年末上海常住人口为2418.33万人,比上年末减少1.37万人。而广州和深圳人口增长的趋势则略有提升。这种差异在很大程度上源于产业发展变化所引导的人口变化。

表4 北上广深大都市区人口年增长率变化比较

单位:%

城市/都市区	2000~2010年人口年增长率	2010~2017年人口年增长率
北京	3.70	1.40
上海	2.80	1.26
广州	1.39	1.46
深圳	1.47	1.54
北京大都市区	1.43	
上海大都市区	1.47	
广州大都市区	1.40	
深圳大都市区	1.43	

资料来源:作者根据"五普""六普"数据和各大城市统计公报计算。

以"十二五"期间一线城市第二、三产业增长率情况来看,广州和深圳的发展明显快于北京和上海(见图1),产业的增长带动了人口的增长,这也就是广州和深圳人口增长快于北京和上海的重要原因。不仅如此,广州和深圳作为大都市区的核心城市,其产业转型升级较周边区域快,而周边区域仍在大力发展第二产业,相比之下,第二产业的发展更能够促进人口的增长,因而对外来人口会有更强的吸引力。

同样位于珠三角地区,广州和深圳人口的变化情况却存在明显差异,这种差异可以说与产业结构的变化有着密切关系。

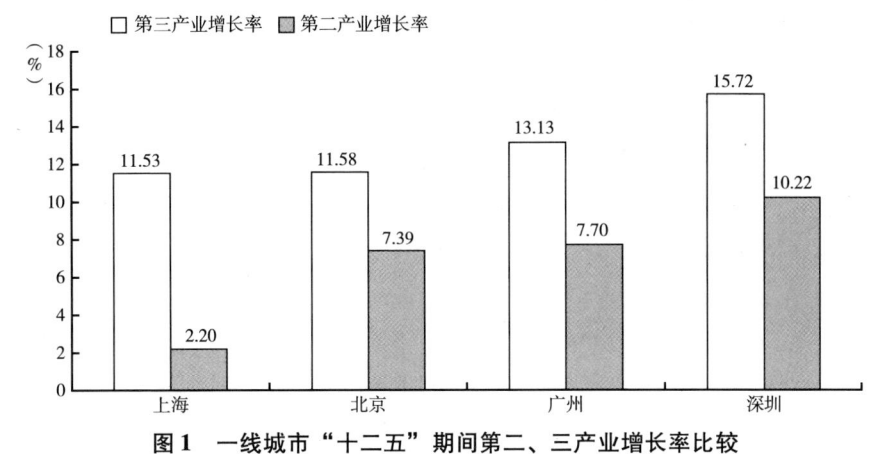

图1 一线城市"十二五"期间第二、三产业增长率比较

资料来源：各大城市统计年鉴。

从"七五"时期到"九五"时期，深圳常住人口增长迅速，年增长率远在广州之上，相反，广州常住人口增长率从"七五"时期以来就保持了平稳的态势，虽然在"八五"时期也有相对较快的增长阶段，但总体上呈现递减的趋势（见表5）。

表5 广州和深圳常住人口年增长率比较

单位：%

时期	常住人口年增长率	
	深圳	广州
"六五"时期	21.50	—
"七五"时期	13.70	1.47
"八五"时期	21.80	1.49
"九五"时期	9.30	1.44
"十五"时期	3.40	1.42
"十一五"时期	4.60	1.44
"十二五"时期	1.90	1.38

资料来源：历年广州统计年鉴和深圳统计年鉴。

人口增长率的差异同样可以从产业发展的差异中得到解释。可以看到，深圳年末常住人口快速增长时期正好是第二产业迅速发展和扩张时期，自

2005年起，深圳第二产业所占比例呈现下降趋势，而年末常住人口增长速度也随之明显下降（见图2）。

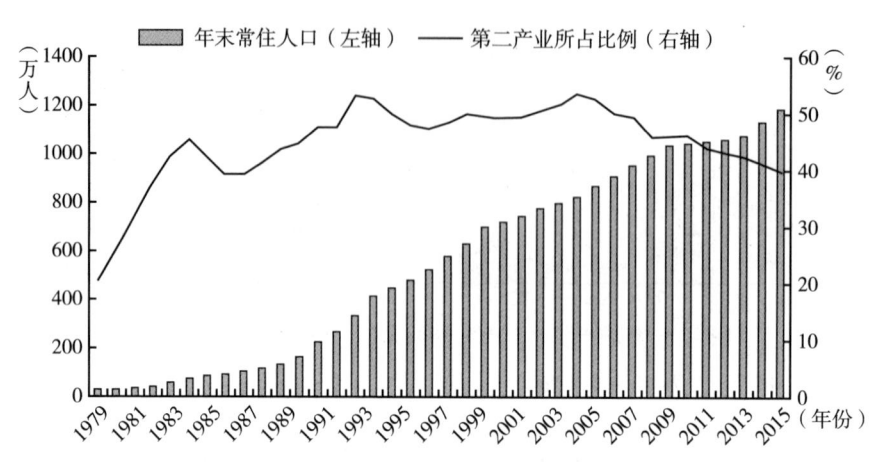

图2 深圳第二产业所占比例变化与年末常住人口增长

资料来源：历年深圳统计年鉴。

相比之下，广州第二产业所占比例自20世纪70年代末以来就呈现总体持续下降的趋势，故而其人口增长速度在一定程度上呈下降趋势（见图3）。

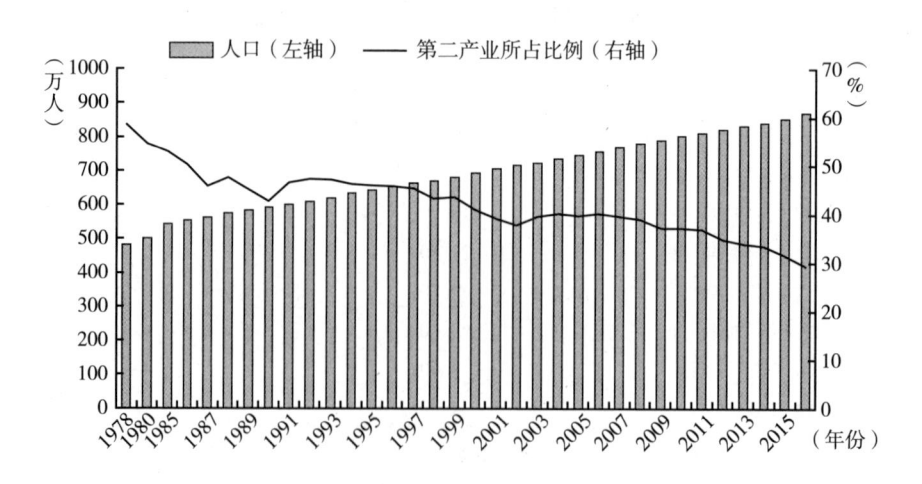

图3 广州第二产业所占比例变化与人口增长

资料来源：历年广州统计年鉴。

由此，我们看到，北上广深等一线城市人口的增长已经达到顶峰，未来也不太可能会有人口的急剧增长，人口只会缓慢增长，甚至有可能转为负增长，人口规模趋于稳定。正是从这个角度来说，对一线城市人口调控的必要性实际上正逐渐丧失。但以一线城市为核心的大都市区人口的增长仍有可能保持较快态势，特别是广州和深圳大都市区，其周边县市仍以第二产业为主导产业，故而在产业发展的过程中仍会吸引一定规模的外来人口。从另一个角度来看，正是由于周边县市的发展，核心城市人口疏解的渠道得以建立，即通过加强公共交通，特别是轨道交通来引导人口向外围区域转移。

四　大都市区城市公共服务与流动人口社会融合

一般而言，城市政府提供公共服务的目的在于解决安全、健康、环境保护等相关问题。城市公共服务主要包括教育、医疗、养老和住房等方面。从迁移收入的角度来看，工资和城市公共服务的获得可以增加移民的福利，使他们获得更高的城市融入感。而城市公共服务的提供显然与城市的规模和等级以及经济发展水平密切相关，这一点可以从迁移人口的城市偏好看出。移民的城市定居意愿具有显著大城市偏好和省内偏好，其中省会城市比其他城市更有吸引力，具体而言，省内流动者、女性、"70后"、学历较高者等群体的大城市偏好更为明显。与中小城市相比，大城市往往拥有更多经济、教育、文化、医疗资源，尽管中小城市的物价与房价更加便宜，但为了获得更多公共资源，流动人口在考虑定居地时，依然倾向于大城市而非中小城市。很显然，除了为获得更多的就业机会、更高的工资和未来发展机会而迁移，劳动力还会为了好的公共服务而流动。从全国来看，各种优质的教育、医疗、科技、交通资源等都集中在北京、上海、广州等少数区域性中心城市，据统计，全国三甲医院共770余家，其中北京35家、上海28家、天津29家，而安徽只有10家。公共服务水平的提高会增加本地的户籍人口[①]。研究发现，公共服务水平越高的地方，移民的迁移意愿越大[②]。城市公共服务对流动人口具有吸引力，获得公共服务的流动人口更容易保持生活稳定。可以看出，公共服务水平是影响流动人口迁移和融入城市的重要因素。

然而由于城市快速增长的人口以及财力的制约，城市政府不能满足所有人口对公共服务的需求，优先提供最能反映城市需求的服务变得尤为重要。此外，大都市区内的政治分散化（Political Fragmentation）使得公共服务平等有效地分配变得困难。与国外城市公共服务均等化研究相比，国内对城市公共服务均等化的研究尚处于起步阶段。本研究表明，广州城市公共服务以及社区资源配置的社会分异特征显著，呈现比较典型的社会空间分异状况。不仅如此，上海、北京、南京、武汉、西安、兰州等城市已普遍出现社会空间分异的格局。

依据流动人口城市公共服务的层次，我们从就业权益、住房、社会保障、医疗、子女教育等方面出发，比较分析北京、天津、上海、杭州、广州、深圳、武汉、重庆和成都九大都市区的流动人口接受公共服务的状况，最后看在不同公共服务的影响下，九大都市区的流动人口融入本地社会的状况。

（一）经济融合

就业是流动人口社会融合的经济基础，虽然就业并非政府直接提供的公共服务，但政府的产业政策、就业扶持政策、就业权益保护政策间接影响了流动人口的就业状况。

1. 流动人口就业状况良好，有利于其融入城市

就业率是反映劳动力就业程度的指标，指在业人员占在业人员与待业

[①] 付文林：《人口流动的结构性障碍：基于公共支出竞争的经验分析》，《世界经济》2007年第12期。

[②] 夏怡然、陆铭：《城市间的"孟母三迁"——公共服务影响劳动力流向的经验研究》，《管理世界》2015年第10期。

人员之和的百分比。它反映全部可能参与社会劳动的劳动力中，实际被利用的人员比重。就业率是就业人口占经济活动人口的比例，而经济活动人口是总人口减去非经济活动人口。非经济活动人口（Economically Inactive Populations）包括：婴幼儿和学龄前儿童；在校大、中、小学生；从事无报酬的家务劳动者；退休工人；食利者；丧失劳动能力的病残人员和其他闲散人口。本报告的经济活动人口指调查所得的15周岁及以上流动人口减去由于某些原因（包括学习培训、料理家务或带孩子、怀孕或哺乳、生病、退休、丧失劳动能力）而未工作的流动人口。

流动人口的就业率相当高，不论是九大都市区还是其他地区，流动人口的就业率大约为95.00%，但重庆大都市区、天津大都市区的就业率略低，分别为92.59%和93.91%。参与就业是流动人口流入的目标，也是其能融入当地社会的基础（见图4）。

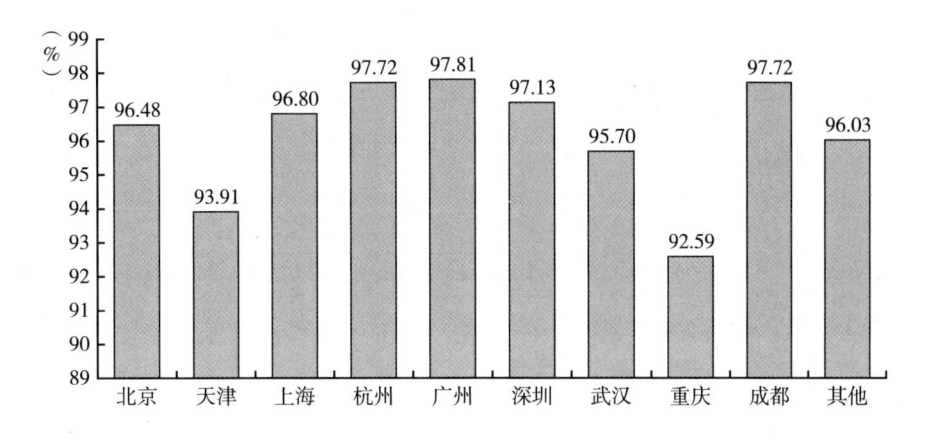

图4 九大都市区和其他地区流动人口就业率

资料来源：作者根据2017年流动人口动态监测调查数据计算。

2. 发达都市区的流动人口就业和中西部地区的差异

九大都市区的流动人口就业人员差异较大，根据各地区的产业结构呈现不同的特点。北京大都市区流动人口中专业技术人员比例较高，是九大都市区中最高的，商业、服务业人员的比例也较高，达到60.30%，生产、运输设备操作人员及有关人员的比例较低（9.30%）。这是由于北京服务业比较发达，制造业相对较不发达。上海大都市区流动人口中专业技术人员也较多，仅次于北京大都市区，不同的是，生产、运输设备操作人员及有关人员的比例较高（32.70%），仅次于杭州大都市区。深圳大都市区、广州大都市区的产业转型非常成功，流动人口中专业技术人员的比例虽然不及北京大都市区和上海大都市区，但赶超了武汉大都市区、成都大都市区；生产、运输设备操作人员及有关人员的比例则处于中游水平，低于长三角的杭州大都市区和上海大都市区。在中西部地区的大都市区中，武汉大都市区、成都大都市区流动人口中专业技术人员的比例较低，武汉大都市区流动人口中商业、服务业人员的比例较高，成都大都市区和重庆大都市区流动人口中生产、运输设备操作人员及有关人员比例较高，意味着成渝地区的制造业发展较快（见表6）。

表6　九大都市区和其他地区流动人口职业构成

单位：%

分类	北京	天津	上海	杭州	广州	深圳	武汉	重庆	成都	其他
国家机关、党群组织、企事业单位负责人	1.10	0.30	0.60	0.10	0.30	0.40	0.40	0.50	0.40	0.50
专业技术人员	20.10	9.40	14.40	8.60	11.00	12.30	5.20	9.90	6.70	7.90
公务员、办事人员和有关人员	3.10	1.00	1.90	1.50	1.20	1.40	0.60	3.20	2.00	1.40
商业、服务业人员	60.30	57.80	43.70	43.90	54.30	46.50	77.40	57.90	67.10	52.20
农林牧渔、水利生产人员	1.20	1.30	1.60	0.50	0.10	0.10	2.60	0.30	0.20	1.10
生产、运输设备操作人员及有关人员	9.30	25.60	32.70	42.60	27.90	31.80	8.50	23.90	20.70	32.20
无固定职业	0.90	1.80	1.10	1.20	1.00	1.40	1.90	2.30	1.30	2.10
其他	4.10	2.60	4.00	1.50	4.10	6.30	3.10	1.90	1.50	2.70
合计	100.00	100.00	100.00	100.00	100.00	100.00	100.00	100.00	100.00	100.00

资料来源：作者根据2017年流动人口动态监测调查数据计算。

九大都市区流动人口就业单位也呈现明显的地域特色。北京大都市区流动人口在机关、事业单位，国有及国有控股企业、集体企业的就业比例在九大都市区中最高，即通常所说的体制内单位就业比例较高。流动人口在私营企业就业比例较高的分别是杭州大都市区、深圳大都市区、重庆大都市区、北京大都市区和上海大都市区。流动人口在港澳台独资企业或外商独资、中外合资企业就业比例较高的是深圳大都市区和上海大都市区。流动人口中个体工商户的比例最高的是武汉大都市区，其次是成都大都市区和天津大都市区（见表7）。

表7 九大都市区和其他地区流动人口就业单位类型构成

单位：%

分类	北京	天津	上海	杭州	广州	深圳	武汉	重庆	成都	其他
机关、事业单位	4.20	2.80	1.60	0.70	2.50	1.70	1.90	3.90	2.70	2.30
国有及国有控股企业、集体企业	9.50	6.20	5.80	3.60	2.40	3.30	3.10	6.00	3.40	4.60
股份、联营企业	7.60	2.90	5.20	4.30	2.90	4.20	2.70	5.40	4.00	3.90
个体工商户	27.70	36.40	22.50	29.10	34.60	30.60	57.70	33.50	39.20	38.00
私营企业	37.80	33.30	37.60	44.10	35.80	38.20	19.60	37.90	34.30	32.90
港澳台独资企业或外商独资、中外合资企业	5.00	4.00	15.50	2.60	7.70	15.30	1.00	2.70	3.30	5.20
其他	2.10	3.20	1.50	2.00	1.90	2.20	2.20	1.70	2.80	2.20
无单位	6.20	11.20	10.30	13.60	12.00	4.30	11.60	8.80	10.30	11.00
合计	100.00	100.00	100.00	100.00	100.00	100.00	100.00	100.00	100.00	100.00

资料来源：作者根据2017年流动人口动态监测调查数据计算。

3. 越发达的都市区流动人口劳动权益保护越好

流动人口就业身份和签订合同的状况既反映工作的稳定程度，也反映劳动权益保护的状况，对流动人口社会融合有重要意义。九大都市区中，北京大都市区、上海大都市区、深圳大都市区和重庆大都市区流动人口是有固定雇主的雇员比例最高，武汉大都市区流动人口是自营劳动者比例最高，远高于其他大都市区。北京大都市区、上海大都市区、深圳大都市区流动人口的劳动合同签订率最高，均超过八成，这是一类地区；其次是广州大都市区、成都大都市区、天津大都市区和重庆大都市区流动人口，大约为七成，为二类地区；武汉大都市区、杭州大都市区和其他地区是三类地区。由此可知，越发达地区的劳动合同签订率越高，劳动权益保护越好（见表8）。

表8 九大都市区和其他地区流动人口就业身份和签订合同状况构成

单位：%

分类	北京	天津	上海	杭州	广州	深圳	武汉	重庆	成都	其他
有固定雇主的雇员	67.20	54.30	68.20	63.50	57.60	66.10	30.90	64.40	58.40	54.90
无固定雇主的雇员	4.80	5.80	4.80	8.30	4.90	4.30	6.70	8.90	5.10	8.10
雇主	6.40	4.40	6.20	5.90	7.50	8.00	9.00	4.40	4.40	5.60
自营劳动者	20.30	33.70	20.20	21.60	29.20	20.50	51.40	21.40	31.00	29.80
其他	1.30	1.80	0.70	0.60	0.70	1.00	1.90	0.80	1.00	1.70
合计	100.00	100.00	100.00	100.00	100.00	100.00	100.00	100.00	100.00	100.00
签订劳动合同	81.24	68.59	81.79	58.57	71.90	82.88	63.64	67.31	69.67	61.47
其中:无固定期限劳动合同	13.63	11.00	9.36	7.24	10.70	11.47	15.06	9.71	7.29	10.55
未签订劳动合同	16.18	27.78	15.87	37.76	24.55	14.66	31.25	29.18	27.12	34.21
其他情况	2.57	3.63	2.34	3.67	3.55	2.46	5.11	3.51	3.22	4.32

资料来源：作者根据2017年流动人口动态监测调查数据计算。

另外，无固定期限劳动合同签订状况更是直接反映工作稳定程度。为了保护劳动者的权益，防止一些用人单位只使用"黄金年龄期"的劳动力，我国劳动法第三章第20条规定，"劳动者在同一用人单位连续工作满十年以上，当事人双方同意续延劳动合同的，如果劳动者提出订立无固定期限的劳动合同，应当订立无固定期限的劳动合同"。流动人口中签订无固定期限劳动合同比例最高的是武汉大都市区，其次是北京大都市区、深圳大都市区、天津大都市区和广州大都市区。

4. 一线城市都市区的流动人口住房压力较大，支付能力也较强

对流动人口融入而言，住房是一个重要的考虑因素，因为在中国的传统观念里，安居才能乐业，因此，住房问题也是流动人口首先会关注的一个现实问题。因此，在研究城市公共服务对流动人口的影响时，住房是一个重要的因素。

流动人口以租房为主，租房比例最高的是杭州大都市区、广州大都市区和深圳大都市区，超过七成；自购房比例最高的是重庆大都市区、武汉大都市区和上海大都市区。由此可知，房价高并不是流动人口不买房的唯一原因。北京大都市区、上海大都市区和深圳大都市区是全国房价最高的地区，但自购房比例不算最低，租房比例也不是最高。流动人口的购买能力高低和对城市的归属感高低也决定了他们是否会买房。大多数地区的政府无法把保障房的供给覆盖到流动人口群体，因此流动人口租住公租房和自购保障性住房的比例均不高，但重庆大都市区是个例外，重庆大都市区流动人口租住公租房的比例达到9.70%，加上自购保障性住房（1.80%）的人，共有11.50%的流动人口享受政府提供的住房保障（见表9）。

表9　九大都市区和其他地区流动人口的住房状况

单位：%

分类	北京	天津	上海	杭州	广州	深圳	武汉	重庆	成都	其他
自购房	21.20	22.80	31.10	6.20	11.20	12.00	33.00	36.60	26.20	19.30
租房	60.10	54.90	57.90	74.20	72.70	71.10	55.20	52.80	51.50	61.70
租/购保障房	2.10	1.20	1.00	0.90	1.00	0.00	0.80	11.50	0.90	1.40
单位/雇主房	12.10	18.80	7.10	15.90	11.40	14.00	2.10	5.80	15.30	12.20
租住公租房	0.80	0.30	0.20	0.90	1.00	0.00	0.20	9.70	0.10	0.60
自购商品房	19.60	20.10	29.20	6.10	10.50	9.80	29.40	33.50	22.80	16.10
自购保障性住房	1.30	0.90	0.80	0.10	0.00	0.00	0.60	1.80	0.00	0.80
自购小产权住房	0.30	1.80	1.10	0.00	0.70	2.20	3.00	1.30	2.60	2.40
借住房	2.60	1.30	0.90	0.80	0.60	1.00	1.20	0.70	1.30	1.10
就业场所	1.70	1.50	1.20	2.60	2.10	0.90	5.20	2.70	3.00	2.60
自建房	1.80	0.40	1.00	0.10	1.60	1.00	1.60	1.40	2.60	2.60

续表

分类	北京	天津	上海	杭州	广州	深圳	武汉	重庆	成都	其他
其他非正规居所	0.50	0.30	0.80	0.10	0.30	0.10	1.70	0.10	0.30	0.60
租住私房—整租	46.00	48.20	41.70	59.00	60.70	57.50	49.50	35.20	41.20	49.50
租住私房—合租	13.30	6.40	16.00	14.40	11.00	13.60	5.50	7.90	10.20	11.60

资料来源：作者根据2017年流动人口动态监测调查数据计算。

不同城市居住成本也有明显差异，相比之下，九大都市区流动人口家庭人均月住房支出普遍要高于其他地区，其中北京大都市区最高，其次是上海大都市区。不过，广州大都市区的人均月住房支出比其他地区低（见图5）。然而，住房支出与家庭收入水平密切相关，只有把两者结合起来才能更好地把握居住成本。

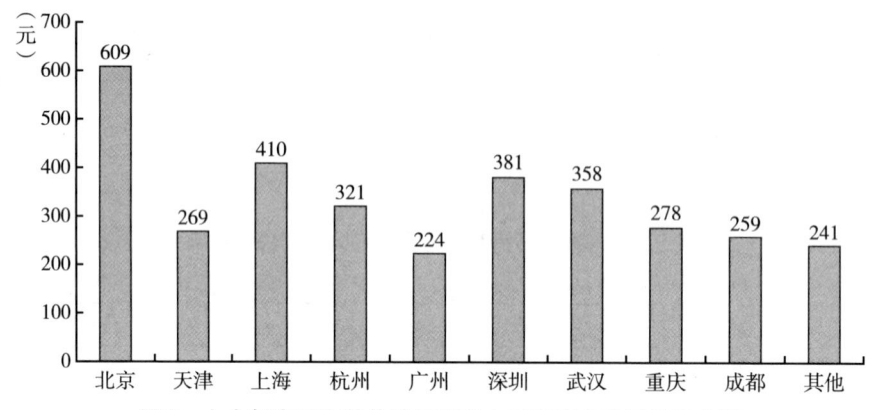

图5　九大都市区和其他地区流动人口家庭人均月住房支出

资料来源：2016年流动人口动态监测调查数据。

尽管北京大都市区和上海大都市区流动人口家庭人均月住房支出较高，但家庭住房支出占家庭收入的比例相比于其他城市来说，并不高出很多，而武汉大都市区的这一比例却最高。无论是从家庭住房支出占家庭收入的比例还是从家庭住房支出占家庭全部支出的比例来看，广州大都市区都是最低的，由此可见，广州大都市区在住房成本方面拥有很明显的优势，便于流动人口居留（见表10）。

表 10　九大都市区和其他地区流动人口家庭住房支出情况

单位：%

指标	北京	天津	上海	杭州	广州	深圳	武汉	重庆	成都	其他
家庭住房支出占家庭收入的比例	14.33	14.24	12.07	10.30	9.80	13.97	15.73	12.81	11.66	10.18
家庭住房支出占家庭全部支出的比例	25.90	23.89	23.65	19.95	18.10	23.28	26.28	22.82	20.90	18.18

资料来源：作者根据2017年流动人口动态监测调查数据计算。

住房公积金是由用人单位和个人以各五成的比例共同缴纳的，住房公积金不仅可以提取用于购房首付款、房屋贷款月供、租房和装修，而且贷款利率低，可以有效减轻流动人口的租房和购房负担。

流动人口在本地参加住房公积金比例最高的是北京大都市区、上海大都市区和深圳大都市区，其次是天津大都市区、广州大都市区、重庆大都市区和杭州大都市区，最低的是武汉大都市区和成都大都市区。这与签订劳动合同的状况类似，反映在劳动者权益保护方面，越是发达的都市区做得越好（见表11）。

表 11　九大都市区和其他地区流动人口参加住房公积金状况

单位：%

分类	北京	天津	上海	杭州	广州	深圳	武汉	重庆	成都	其他
在本地参加住房公积金	24.18	11.57	24.39	8.09	10.82	20.81	3.58	9.17	5.82	8.16
在户籍地参加住房公积金	1.23	0.59	0.82	0.24	0.18	0.68	0.42	0.70	0.55	0.62
在其他地参加住房公积金	0.20	1.14	0.34	0.24	0.28	0.22	0.50	1.95	0.55	0.39
没有参加住房公积金	73.16	86.20	72.86	88.30	87.83	72.93	95.34	87.89	92.52	90.18
不清楚	1.23	0.55	1.59	3.13	0.88	5.37	0.17	0.26	0.55	0.65

资料来源：作者根据2016年流动人口动态监测调查数据计算。

（二）公共服务融合

1. 北京、上海、深圳三大都市区流动人口的社会保障参与程度最高

流动人口参加社会保险有利于社会安全感的建立，在何处参加社会保险能影响流动人口对于所在城市的归属感。九大都市区流动人口参加养老保险、工伤保险、失业保险和生育保险的区域特征存在一定的共性。不论何种保险，武汉大都市区流动人口参加社会保险的情况最差，一半以上没有参加养老保险，约九成没有参加工伤保险、失业保险和生育保险，比例远高于其他大都市区。其次是广州大都市区、天津大都市区、杭州大都市区和成都大都市区，属于二类地区。流动人口参加社会保险状况最好的是深圳大都市区、北京大都市区和上海大都市区，特别是深圳大都市区。除了养老保险，深圳大都市区流动人口参加另外三项社会保险的比例是最高的，而且在本地参加的比例也最高。由此，从社会保障的角度来说，深圳大都市区流动人口的安全感最高（见表12）。

表12　九大都市区和其他地区流动人口参加社会保险状况

单位：%

分类	北京	天津	上海	杭州	广州	深圳	武汉	重庆	成都	其他
在本地参加养老保险	44.89	24.86	45.67	27.27	28.13	57.77	15.39	30.39	30.00	20.40
在户籍地参加养老保险	28.87	27.41	15.31	19.03	16.78	13.98	29.62	21.64	21.42	30.66
在其他地参加养老保险	0.48	1.37	0.48	0.81	0.88	0.52	1.25	3.71	0.93	0.79
没有参加养老保险	24.80	45.31	37.77	49.59	52.45	25.84	52.91	44.04	46.96	47.00
在本地参加失业保险	43.26	19.90	39.46	23.69	26.93	51.23	8.49	26.49	20.87	17.42
在户籍地参加失业保险	2.39	1.05	1.41	1.30	0.88	1.35	0.50	1.31	1.40	1.03
在其他地参加失业保险	0.26	1.23	0.47	0.47	0.84	0.50	0.75	3.42	0.64	0.60

续表

分类	北京	天津	上海	杭州	广州	深圳	武汉	重庆	成都	其他
没有参加失业保险	53.04	76.82	57.15	70.85	70.27	43.83	90.10	68.49	76.16	80.18
在本地参加工伤保险	44.15	26.18	42.62	25.34	29.12	57.13	9.32	27.23	22.86	21.98
在户籍地参加工伤保险	2.38	1.46	1.46	1.01	0.84	1.29	0.50	1.41	1.23	1.10
在其他地参加工伤保险	0.28	1.32	0.51	0.51	0.86	0.55	0.75	3.42	0.59	0.64
没有参加工伤保险	52.11	69.90	53.97	69.45	68.07	38.36	89.27	67.69	73.95	75.45
在本地参加生育保险	40.72	16.58	31.86	20.66	26.12	44.15	7.82	25.15	20.14	15.48
在户籍地参加生育保险	2.15	1.14	1.16	0.98	0.84	1.51	0.58	1.12	1.44	0.90
在其他地参加生育保险	0.25	1.18	0.40	0.46	0.76	0.50	0.75	3.32	0.64	0.51
没有参加生育保险	55.73	80.19	64.24	73.60	71.03	47.85	90.77	70.12	75.35	82.10

资料来源：作者根据2016年流动人口动态监测调查数据计算。

2. 深圳、上海、重庆和北京四大都市区流动人口参加本地医疗保险比例高，但广州、深圳、武汉、重庆和成都五大都市区的社区卫生服务佳

我国在医疗保险领域取得不错的成绩，人群覆盖率和保障水平都不断提高。人们参加医疗保险的形式是多种多样的，包括新型农村合作医疗保险、城乡居民合作医疗保险、城镇居民医疗保险、城镇职工医疗保险和公费医疗。以下把上述五种医疗保险综合起来测算。不论是九大都市区，还是其他地区流动人口，没有任何医疗保险的比例都是比较低的，不足10.00%，其中天津大都市区和深圳大都市区最高。在本地参加医疗保险有利于流动人口融入本地，深圳大都市区、上海大都市区、重庆大都市区和北京大都市区的流动人口在本地参加医疗保险的比例最高，分别为47.60%、44.70%、

44.40%和43.10%；其次是成都大都市区、广州大都市区和杭州大都市区，最后是天津大都市区和武汉大都市区（见表13）。

表13 九大都市区和其他地区流动人口参加医疗保险的比例

单位：%

分类	北京	天津	上海	杭州	广州	深圳	武汉	重庆	成都	其他
本地医疗保险	43.10	26.60	44.70	29.30	31.90	47.60	25.50	44.40	32.00	24.80
户籍地医疗保险	57.40	65.60	56.90	69.90	68.60	53.60	68.90	52.60	66.00	73.20
其他地区医疗保险	0.50	0.50	0.80	0.70	0.80	0.60	1.00	1.30	0.90	1.00
没有医疗保险	5.70	9.40	6.80	6.40	6.90	9.00	5.80	4.20	4.50	5.90

资料来源：作者根据2017年流动人口动态监测调查数据计算。

社区卫生服务能否覆盖到流动人口群体是政府公共服务供给是否到位的体现。以下提供了九大都市区流动人口的"国家基本公共卫生服务项目"知晓率、"居民健康档案"建档率、"15分钟到达医疗卫生机构"比例和高血压、糖尿病患者的社区随访/服务比例。综合来看，广州大都市区、深圳大都市区、武汉大都市区、重庆大都市区、成都大都市区的社区卫生服务供给表现不错，而北京大都市区、上海大都市区则表现欠佳（见表14）。

表14 九大都市区和其他地区流动人口接受社区卫生服务的状况

单位：%

分类	北京	天津	上海	杭州	广州	深圳	武汉	重庆	成都	其他
"国家基本公共卫生服务项目"知晓率	48.00	50.10	43.40	34.10	60.70	54.70	59.30	67.50	72.30	61.60
"居民健康档案"建档率	12.30	20.80	11.50	11.00	36.10	29.50	38.60	27.20	43.40	32.20
"15分钟到达医疗卫生机构"比例	83.60	84.90	81.40	92.80	84.00	86.90	84.60	84.30	86.10	84.50
高血压、糖尿病患者的社区随访/服务比例	17.00	27.60	23.20	16.20	34.20	41.40	44.60	43.50	37.20	36.10

资料来源：作者根据2017年流动人口动态监测调查数据计算。

3. 子女是否随迁与流动人口居留意愿直接相关，但流动人口在城市的子女教育仍然存在较大困难

在经济转型和发展的过程中，教育在个人的收入决定方面发挥着越来越大的作用，这一点实际上也被越来越多的人们所意识到。随着收入水平的提高，越来越多的家庭对子女教育问题给予了更多的关注和投入，其中教育迁移就是一项重要的举措，即为了让子女获得更好的受教育条件而举家迁移到教育资源丰富、资质良好的地区。通常来说，这些地区主要位于经济较发达区域。只要从农村迁移到城镇，教育条件就会有明显的改善。

随着人们收入水平的提高，随着人们对子女教育重视程度的日益提高，随着城乡教育资源差距的扩大，为教育而迁移越来越成为人口迁移一个重要的驱动力，因而教育迁移也日益成为人口集聚的内在动力。《中国农村教育发展报告2017》显示，2016年，进城务工人员随迁子女数量增加，公办学校就读率达八成。2016年，全国进城务工人员义务教育阶段随迁子女有1394.8万人，占在校生总数的10.00%。其中，小学有1036.7万人，初中有358.1万人。进城务工人员随迁子女进入公办学校就读的比例达到79.50%，其中小学为78.80%，初中为81.50%。报告还显示，2012~2016年，农村留守儿童数总体呈减少趋势，5年间减少544.78万人，减幅达23.99%。数据的"一增一减"表明教育迁移的特征已经日趋明显。为教育而迁移并不是中国特有的现象，在世界各地都存在这一现象，即教育与迁移存在正相关关系[1]。针对埃及省际迁移现象的研究表明，迁入地的人均受教育水平每上升1.00%，迁入人数就增加0.64%。

许多研究都证实，城镇地区教育回报率已经达到或高于10.00%，而农村地区教育回报率则显著低于同时期城镇地区教育回报率。因而，较高的教育回报率会促进人口从农村向城镇迁移。

经过30多年的发展，举家迁移已经越来越成为一个突出的迁移现象，

---

[1] Axel Borsch-Supan, "The Double-edged Impact of Education and Mobility," *Economics of Education Review* 16 (4) (1990): 377-380.

2016年北京大都市区流动人口全部未成年子女随迁的比例高达62.1%，一些地区的比例更高，例如武汉大都市区高达84.3%，流动人口用实际行动表达了他们希望子女接受更好的基础教育的强烈愿望。但是，也有一些流动人口随迁子女比例较低，这意味着他们的子女留守在老家，例如杭州大都市区流动人口全部未成年子女留守的比例高达51.1%（见表15）。

表15 九大都市区和其他地区流动人口子女随迁状况

单位：%

分类	北京	天津	上海	杭州	广州	深圳	武汉	重庆	成都	其他
全部未成年子女随迁	62.1	54.4	54.9	42.6	55.3	65.4	84.3	50.4	58.1	62.1
部分未成年子女随迁	3.3	5.0	5.2	6.3	8.2	6.1	2.9	3.8	3.2	5.1
全部未成年子女留守	34.6	40.6	39.9	51.1	36.4	28.5	12.7	45.8	38.6	32.8
合计	100.0	100.0	100.0	100.0	100.0	100.0	100.0	100.0	100.0	100.0

资料来源：作者基于2016年流动人口动态监测调查数据计算。

随着教育部"两为主"政策的落地和落实，流动人口子女在流入地接受义务教育的情况已经得到很大改善。但是，流动人口子女在流入地参加中考、高考还面临较大的挑战。九大都市区中，武汉大都市区流动人口认为在本地存在子女教育方面困难的比例最高，其次是广州大都市区、深圳大都市区和天津大都市区（见图6）。

可以看出，未成年子女随迁比例越高，流动人口越愿意居留于所在城市（见图7）。换言之，当流动人口未成年随迁子女越能够获得城市基础教育资源时，流动人口越容易融入城市。这也意味着一个城市的基础教育资源越是放开，就越容易吸引外来人口。

还值得引起关注的是，住房成本对流动人口居留意愿的影响力远不如随迁子女在城市中获得基础教育资源的影响力，换言之，随着流动人口对子女教育的日益重视，他们往往把希望寄托在子女身上，把自己的居留意愿直接

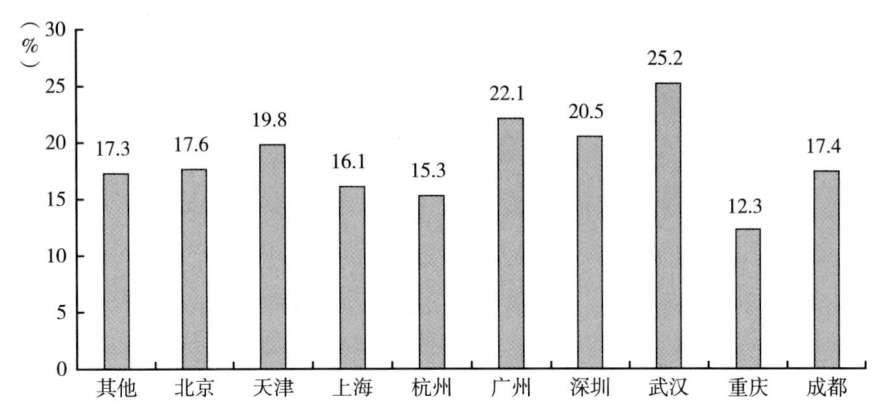

图6 九大都市区和其他地区流动人口认为在本地存在子女教育方面困难的比例

资料来源：作者根据2016年流动人口动态监测调查数据计算。

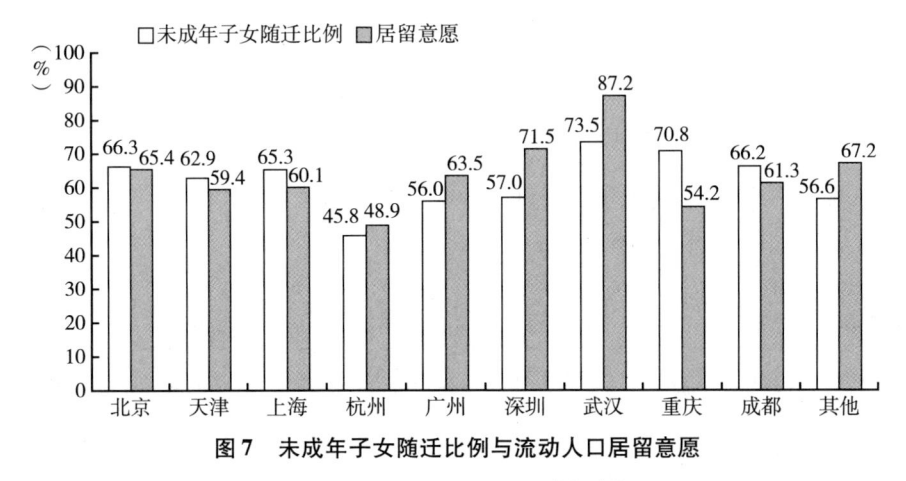

图7 未成年子女随迁比例与流动人口居留意愿

资料来源：作者根据2016年流动人口动态监测调查数据计算。

与子女能否获得城市教育资源密切关联起来。以此类推，流动人口若能够在医疗及其他城市公共服务上获得更多的使用权益，那么他们的居留意愿也就会越来越强烈，即使住房成本较高。

（三）心理融合

1. 中西部都市区的流动人口心理认同程度更高

流动人口社会融合的心理标志是对这个城市的认同感，觉得自己就是本地人。从心理层面来看（见表16），九大都市区中流动人口认为"我喜欢我现在居住的城市"比例最高的是重庆大都市区和成都大都市区，其次是北京大都市区，比例最低的是杭州大都市区；九大都市区中流动人口融入意愿最强的是北京大都市区和重庆大都市区，杭州大都市区的融入意愿最弱；九大都市区中流动人口最容易感觉到本地人看不起外地人的是杭州大都市区和上海大都市区，最没有这种感觉的是重庆大都市区和成都大都市区；九大都市区中流动人口认为"我觉得我已经是本地人了"比例最高的是重庆大都市区，最低的是深圳大都市区。心理认同受到多方面因素的影响，如经济状况、就业层次、本地文化环境等。重庆和成都历来属于宜居城市、美食之都、休闲之都，物价不高，加上本地的流动人口比例较高，心理认同程度显著高于其他地区。而杭州大都市区的制造业发达，制造业工人较多，流动人口大多来自中西部省份，且长三角沿海城市房价和物价普遍较高，流动人口难以产生心理认同。

表16 九大都市区和其他地区流动人口的心理认同情况

分类	北京	天津	上海	杭州	广州	深圳	武汉	重庆	成都	其他
我喜欢我现在居住的城市	1.45	1.38	1.38	1.23	1.32	1.30	1.36	1.50	1.48	1.33
我很愿意融入本地	1.44	1.28	1.27	0.98	1.13	1.12	1.34	1.42	1.32	1.15
我感觉本地人看不起外地人	-0.83	-0.69	-0.68	-0.57	-0.83	-0.80	-0.70	-1.14	-0.98	-0.87
我觉得我已经是本地人了	0.46	0.63	0.41	0.15	0.22	0.12	0.82	1.14	0.70	0.55

注：作者依据2017年流动人口动态监测调查数据计算，根据被调查者的回答进行赋值："完全同意"=2；"基本同意"=1；"基本不同意"=-1；"完全不同意"=-2。然后分都市区求均值。

2. 流动人口最愿意定居的大都市区依次为武汉、北京、上海和重庆，子女教育、收入和发展空间是长期居留三大决定因素

流动人口在不同都市区居留意愿也明显不同。从三个层次来看九大都市

区流动人口居留意愿。第一个层次是"近期继续居留",所有地区流动人口的这一比例均超过八成,其中北京大都市区、上海大都市区、武汉大都市区最高。一般来说,如果就业和收入相对稳定,或对在本地生活的预期较好,都会选择继续留在本地。第二个层次是"愿意落户",九大都市区流动人口的这一比例差异很大,北京大都市区是流动人口最想落户的地区,其次是上海大都市区和天津大都市区。户口的含金量与高考政策息息相关,前述的三大都市区也是全国高考录取率最高的地区。第三个层次是"打算定居",打算定居比例最高的是武汉大都市区(52.60%),其次是北京大都市区、上海大都市区和重庆大都市区(大约四成)(见表17)。从理论上推测,流动人口越容易获得城市公共服务,越容易被吸引,换言之,流动人口的定居意愿也就越强烈。

表17 九大都市区和其他地区流动人口居留意愿构成

单位:%

分类	北京	天津	上海	杭州	广州	深圳	武汉	重庆	成都	其他
近期继续居留比例	89.60	84.60	88.30	81.90	81.90	82.20	88.30	85.10	86.40	81.50
愿意落户比例	77.20	54.20	62.40	36.80	42.40	46.00	44.90	34.60	37.40	32.60
打算定居比例	40.40	36.60	41.40	18.70	23.10	22.10	52.60	42.80	32.90	28.50

资料来源:作者根据2017年流动人口动态监测调查数据计算。

子女教育、收入和发展空间是流动人口决定长期居留的三大因素,但优先次序在九大都市区略有差异。北京大都市区流动人口把"个人发展空间大"作为最主要的决定因素,同样的情况还有广州大都市区和深圳大都市区。上海大都市区流动人口把"收入水平高"作为最主要的决定因素,同样的情况还有杭州大都市区。天津大都市区流动人口把"子女有更好的教育机会"作为最主要的决定因素,同样的情况还有武汉大都市区和成都大都市区。重庆大都市区流动人口把"城市交通发达、生活方便"作为最主要的决定因素,这与其他大都市区和其他地区均不同(见表18)。

表18　九大都市区和其他地区流动人口长期居留原因构成

单位：%

分类	北京	天津	上海	杭州	广州	深圳	武汉	重庆	成都	其他
收入水平高	22.50	26.90	26.90	32.30	16.00	13.70	8.80	13.30	13.00	19.00
个人发展空间大	26.30	17.40	18.90	20.90	22.90	26.00	17.40	16.80	17.10	17.90
积累工作经验	4.20	5.70	5.00	6.10	9.30	10.20	3.00	6.10	7.90	7.90
城市交通发达、生活方便	5.20	4.80	7.30	8.30	12.00	11.40	10.70	17.00	18.00	9.50
子女有更好的教育机会	16.50	27.10	19.30	15.30	21.60	21.70	38.00	16.40	20.80	21.20
医疗技术好	2.10	0.70	1.00	0.60	0.30	0.30	1.10	1.10	1.00	0.50
与本地人结婚	7.60	4.20	4.80	0.00	2.50	0.50	3.70	8.00	2.30	2.60
社会关系网都在本地	4.00	2.90	2.90	2.90	3.50	2.20	4.70	3.40	2.80	3.90
政府管理规范	0.90	0.30	1.10	0.70	0.00	0.80	0.20	0.50	0.30	0.50
家人习惯本地生活	6.60	5.90	8.50	6.20	6.90	8.10	9.60	13.40	12.10	10.80
其他	4.00	4.20	4.30	6.00	4.80	5.30	2.70	4.10	4.70	6.10

五　结论与建议

城市公共服务的提供与获得是流动人口居留于城市的重要考虑。对以特大城市为核心的大都市区而言，由于流动人口规模庞大，城市公共服务对他们而言更加重要。利用流动人口动态监测调查数据，我们的分析表明，城市基础教育资源对流动人口的放开能够在很大程度上促使他们长期居留于该城市，促进流动人口市民化。大都市区核心城市由于均为特大城市，在城市基础教育资源、医疗资源等各个方面都拥有远高于一般城市的质量且规模更大，因此对流动人口而言具有极强的吸引力。我们的研究证实，现阶段流动人口对于城市公共服务的渴求远高于其他，获得城市公共服务也是他们居留于大都市区的重要决定因素。因此，大力推动城市公共服务的放开，也势必会促进流动人口的城市融入。

当前我国正在大力推进新型城镇化建设，要进一步推进城镇化，推动流动人口积极转化成市民，则需要加大力度对流动人口放开城市公共服务。以教育资源为例，应加强城市基础教育资源配置，积极吸纳农村适龄儿童进城接受教育，推动流动人口的市民化进程。具体而言，可以从以下几个方面加以考虑。

首先，应加大力度放开城市基础教育资源，面向非本地户籍迁移人口，解决随迁子女的教育问题。中国经济的发展离不开农民的贡献。20世纪八九十年代进城的农民工在自己多年的打工经历中深刻体会到了教育不足带来的诸多问题，因此他们对自己的子女抱有较高的期望，对子女的教育问题较为重视，为他们提供尽可能好的教育资源也是他们的一个共识。这也是在流动人口迁移中举家迁移比例越来越高的一个基本动因。在很大程度上，流动人口子女留守的一个重要原因在于其无法在城市接受基础教育。因此，如果放开城市基础教育资源，就会有更多的流动人口子女随迁到城市，接受更好的教育，从而为他们的未来奠定良好的基础，也可以最大限度地避免农村留守儿童问题。

其次，应加快异地高考进程，促进更多学生考取大学，为经济发展积累更多的人力资本。现阶段，我国的制度安排使得很多农村劳动力只有通过高等教育途径才能在城市立足，因此，必须放开异地高考，才能使得这些原本在城市里接受教育的非本省/地户籍学生通过高考来实现自己融入城市的梦想。而且，这一举措对于大量在城市接受基础教育的非本省/地户籍学生而言，更重要的意义还在于延续了他们一贯的学习努力，促使他们能够更大程度地发挥自身潜能，无论是对他们个体而言，还是对整个社会而言，这都是一种资源配置效率的提高。

最后，应合理配置城市基础教育资源，确保教育资源的公平配置。基础教育资源配置问题始终是城市基础教育的一个重要议题，由于教育资源分布不均衡，拥有优质教育资源的学校（以下简称优质学校）成为家长和考生们的首选，因此，学区房也就愈演愈烈，不仅推高了房价，更是扩大了教育的不平等。由于优质学校主要针对本地户籍人口，对于随迁子女而言，他们很难有机会到优质学校接受教育,特别是中学阶段的教育。应采取切实有效的措施,使城市基础教育资源实现均衡化、公平化,从而促使更多的随迁子女能够在城市接受更公平的基础教育。研究表明,城市人口的增长在很大程度上与基础教育资源的放开密切相关,因此,依托城市基础教育资源来吸引人口是各城市更切实有效的发展举措。

参考文献

崔功豪:《都市区规划——地域空间规划的新趋势》,《国外城市规划》2001年第5期。

王超深、靳来勇:《1990年代以来我国大都市区空间规划研究综述》,《北京工业大学学报》(社会科学版)2018年第4期。

韦亚平、赵民:《都市区空间结构与绩效——多中心网络结构的解释与应用分析》,《城市规划》2006年第4期。

林先扬、陈忠暖、蔡国田:《国内外城市群研究的回顾与展望》,《热带地理》2003年第1期。

张京祥、邹军、吴启焰、陈小卉:《论都市圈地域空间的组织》,《城市规划》2001年第5期。

孙娟:《都市圈空间界定方法研究——以南京都市圈为例》,《城市规划汇刊》2003年第4期。

张善余:《世界大都市圈的人口发展及特征分析》,《城市规划》2003年第3期。

孟晓晨、马亮:《"都市区"概念辨析》,《城市发展研究》2010年第9期。

周一星:《城市地理学》,商务印书馆,1999。

宁越敏:《国外大都市区规划体系评述》,《世界地理研究》2003年第1期。

陈田:《我国城市经济影响区域系统的初步分析》,《地理学报》1987年第4期。

顾朝林:《中国城市经济区划分的初步研究》,《地理学报》1991年第2期。

孙胤社:《大都市区的形成机制及其定界——以北京为例》,《地理学报》1992年第6期。

胡序威、周一星、顾朝林等:《中国沿海城镇密集地区空间集聚与扩散研究》,科学出版社,2000。

王德、刘锴、耿慧志:《沪宁杭地区城市一日交流圈的划分与研究》,《城市规划汇刊》2001年第5期。

王国霞、蔡建明:《都市区空间范围的划分方法》,《经济地理》2008年第2期。

张欣炜、宁越敏：《中国大都市区的界定和发展研究——基于第六次人口普查数据的研究》，《地理科学》2015 年第 6 期。

唐路、薛德升、许学强：《1990 年代以来国内大都市区研究回顾与展望》，《城市规划》2006 年第 1 期。

曹传新：《国外大都市圈规划调控实践及空间发展趋势——对我国大都市圈发展规划的借鉴与启示》，《规划师》2002 年第 6 期。

王鹏、张秀生：《国外城市群的发展及其对我国的启示》，《国外社会科学》2016 年第 4 期。

刘贵清：《日本城市群产业空间演化对中国城市群发展的借鉴》，《当代经济研究》2006 年第 5 期。

国务院发展研究中心"中国特色城镇化的战略和政策研究"课题组：《城乡空间边界划分的国际经验及启示》，《中国发展观察》2010 年第 7 期。

王智勇：《基础教育与人口集聚——基于地级市面板数据的分析》，《人口与发展》2017 年第 6 期。

谢守红：《都市区、都市圈和都市带的概念界定与比较分析》，《城市问题》2008 年第 6 期。

方创琳：《城市群空间范围识别标准的研究进展与基本判断》，《城市规划学刊》2009 年第 4 期。

王小鲁：《中国城市化路径与城市规模的经济学分析》，《经济研究》2010 年第 10 期。

陆铭、高虹、佐藤宏：《城市规模与包容性就业》，《中国社会科学》2012 年第 10 期。

孙中伟：《农民工大城市定居偏好与新型城镇化的推进路径研究》，《人口研究》2015 年第 5 期。

侯慧丽：《城市公共服务的供给差异及其对人口流动的影响》，《中国人口科学》2016 年第 1 期。

高军波、周春山、江海燕、叶昌东：《广州城市公共服务设施供给空间分异研究》，《人文地理》2010 年第 3 期。

高军波、余斌、江海燕：《城市公共服务设施空间分布分异调查：以广州市为例》，《城市问题》2011 年第 8 期。

高军波、周春山：《转型期城市社区资源配置的社会分异研究：基于广州的实证》，《现代城市研究》2011 年第 7 期。

田艳平：《国外城市公共服务均等化的研究领域及进展》，《中南财经政法大学学报》2014 年第 1 期。

邢春冰：《教育扩展、迁移与城乡教育差距——以大学扩招为例》，《经济学（季刊）》2013 年第 1 期。

李实、丁赛：《中国城镇教育收益率的长期变动趋势》，《中国社会科学》2003年第6期。

钟甫宁、刘华：《中国城镇教育回报率及其结构变动的实证研究》，《中国人口科学》2007年第4期。

Bryan D. Jones, Kaufman Clifford, "The Distribution of Urban Public Services: A Preliminary Model," *Administration and Society* 6 (3) (1974): 337 – 360.

Somik V. Lall, Lundberg Mattias, "What are Public Services Worth, and to Whom? Non-parametric Estimation of Capitalization in Pune," *Journal of Housing Economics* 17 (1) (2008): 34 – 64.

Warner Mildred, Hefetz Amir, "Applying Market Solutions to Public Services: An Assessment of Efficiency, Equity, and Voice," *Urban Affairs Review* 38 (1) (2002): 70 – 89.

Michael J. Greenwood, "An Analysis of the Determinants of Geographic Labor Mobility in the United States," *The Review of Economics and Statistics* 51 (2) (1969): 189 – 194.

J. Zhang, Y. Zhao, A. Park and X. Song, "Economic Returns to Schooling in Urban China, 1988 to 2001," *Journal of Comparative Economics* 33 (4) (2005): 730 – 752.

A. de Brauw, J. Huang, S. Rozelle, L. Zhang and Y. Zhang, "The Evolution of China's Rural Labor Markets during the Reforms: Rapid, Accelerating, Transforming," *Journal of Comparative Economics* 30 (2) (2002): 329 – 353.

X. Meng, "An Examination of Wage Determination in China's Rural Industrial Sector," *Applied Economics* 28 (1) (1996): 715 – 724.

W. Parish, X. Zhe and F. Li, "Nonfarm Work and Marketization of the Chinese Countryside," *China Quarterly* 1439 (1995): 697 – 730.

E. Johnson and C. Gregory, "Rates of Return to Schooling in China," *Pacific Economic Review* 2 (2) (1997): 101 – 113.

S. Ho, X. Dong, P. Bowles and F. Mac Phail, "Privatization and Enterprise Wage Structures during Transition: Evidence from Rural China," *Economics of Transition* 10 (3) (2002): 659 – 688.

De Brauw, Alan and Scott Rozelle, "Reconciling the Returns to Education in Rural China," *Review of Development Economics* 12 (1) (2008): 57 – 71.

Gordon B. Dahl, "Mobility and the Return to Education: Testing a Roy Model with Multiple Markets," *Econometrica* 70 (6) (2002): 2367 – 2420.

Zhou Yixing, "The Metropolitan Interlocking Region in China: A Preliminary Hypothesi," in N. Ginsburg et al., eds., *The Extended Metropolis: Settlement Transition in Asia* (Honolulu: University of Hawaii Press, 1991), pp. 112 – 126.

B.4
流动人口基本医疗及公共卫生服务状况

——基于城市层面的考察

中国人民大学课题组*

摘　要： 新型城镇化背景下，良好的基本医疗及公共卫生服务环境对流动人口社会融合的最终实现起着基础性的、全局性的作用。本报告首先对流动人口基本医疗及公共卫生服务的理论概念进行阐释，构建相应的评估指标体系，在此分析框架基础上，采用2017年全国流动人口卫生计生动态监测调查数据，从城市层面出发全面描述我国流动人口基本医疗及公共卫生服务的现状及特征，分析流动人口基本公共卫生服务均等化过程中存在的问题，进而为制定改善流动人口健康状况、实现健康城镇化的相关政策建议提供参考。

关键词： 流动人口　基本医疗　公共卫生　社会融合　健康城镇化

在新型城镇化背景下，探讨流动人口基本医疗及公共卫生服务，从健康维度考察不同地区、不同城市流动人口的基本生存发展状况和社会融合的程度，一方面有助于进一步丰富流动人口社会融合的内涵，为促进健康城镇

---

* 课题组负责人：宋月萍，中国人民大学社会与人口学院教授、博士生导师，主要研究方向为人口流动、人口健康。课题组成员：王莉思，中国人民大学社会与人口学院2019级硕士研究生；赵仪，中国人民大学社会与人口学院2019级硕士研究生。

化、改善流动人口社会融合状况提供新的驱动力和政策着力点；另一方面，有利于促进健康公平，为实现基本公共卫生计生服务均等化目标所制定的政策提供评估框架，对实现"以人为本"的共享式发展，推进健康中国建设具有基础性意义。

流动人口基本医疗及公共卫生服务具体是指流动人口在融入流入地社会的过程中，其获得的基本的医疗保障、均等的公共卫生服务，以使健康意识得以增进，就医行为日趋合理，从而为提升其健康水平，为实现健康城镇化奠定坚实的人力资源基础。从这个角度理解，一个良好的流动人口基本医疗及公共卫生服务环境不仅应成为流动人口融入城市社会进程的一个重要组成部分，而且对流动人口社会融合的最终实现起到基础性的、全局性的作用。

本报告在新型城镇化背景下研究我国流动人口基本医疗及公共卫生服务相关情况，在了解流动人口基本医疗及公共卫生服务概念及相关理论的基础上，构建衡量城市流动人口基本医疗及公共卫生服务水平相关指标体系，并在最新数据基础上探讨我国不同城市行政级别、不同城市规模、不同城市群、不同经济带以及不同城市所在区域流动人口基本医疗及公共卫生服务的现状、特征规律及在发展过程中存在的问题，从城市层面为改善和促进流动人口的健康状况和可持续发展提供一个新的视角。

一 城市层面流动人口基本医疗及公共卫生服务分析框架

（一）基本医疗及公共卫生服务的基本概念

基本医疗及公共卫生服务由基本医疗服务和基本公共卫生服务两大部分组成。我国于20世纪90年代提出基本医疗的概念，但目前对其具体内涵尚无统一明确的界定。相关研究主要从医疗服务的必需性、迫切性、技术可及性、公平性和成本效用原则出发对其进行阐释，认为基本医疗服务是保障和维护生命与健康的基本条件和生存状况的服务[①]。此外，基本医疗服务还应覆盖全民，是居民患病时能得到的、能支付得起的、适宜的医疗服务[②]。

国家基本公共卫生服务项目主要依托乡镇卫生院、村卫生室和社区卫生服务中心（站）等基层医疗卫生机构开展，是我国公共卫生制度建设的重要组成部分。2009年以来，我国基本公共卫生服务项目内容不断丰富完善，涵盖居民健康档案管理、健康教育、预防接种、0~6岁儿童健康管理、孕产妇健康管理、老年人健康管理、慢性病患者健康管理（包括高血压患者健康管理和2型糖尿病患者健康管理）、严重精神障碍患者管理、肺结核患者健康管理、中医药健康管理、传染病及突发公共卫生事件报告和处理、卫生计生监督协管等内容。2019年起，原重大公共卫生服务和计划生育项目中的妇幼卫生、老年健康服务、医养结合、卫生应急、孕前检查等内容也被纳入我国基本公共卫生服务项目，新划入项目具体包括地方病防治、职业病防治、重大疾病与健康危害因素监测、人禽流感、SARS防控项目、鼠疫防治、国家卫生应急队伍运维保障管理、农村妇女"两癌"检查项目、基本避孕服务项目、贫困地区儿童营养改善项目、贫困地区新生儿疾病筛查项目、增补叶酸预防神经管缺陷项目、国家免费孕前优生健康检查项目、地中海贫血防控项目、食品安全标准跟踪评价项目、健康素养促进项目、国家随机监督抽查项目、老年健康与医养结合服务管理、人口监测项目、卫生健康项目监督管理等内容。

（二）流动人口基本医疗及公共卫生服务的指标说明

流动人口基本医疗及公共卫生服务的评估指标主要涉及基本医疗服务状况和基本公共卫生服务状况两个方面，旨在探讨不同城市流动人口在健康、基本医疗及公共卫生服务层面的差异性和共性特征。

流动人口基本医疗服务状况方面，主要从医疗服务可及性、就医成本和医疗服务利用三个维度进行考察。医疗服务可及性主要关注流动人口在流入

[①] 易静：《基本医疗及其需要量的研究》，《现代预防医学》2006年第33期。
[②] 杨宜勇、刘永涛：《我国省际公共卫生和基本医疗服务均等化问题研究》，《经济与管理研究》2008年第5期。

地获得医疗服务的便捷程度，评估指标为"从居住地到最近医疗服务机构所需要的时间"；就医成本评估指标为"在流入地参加医疗保险状况"；流动人口的就医成本及流入地基本医疗服务供求状况影响其就医选择，本报告纳入"最近一次患病（负伤）时的就医比例"指标，衡量其在流入地对基本医疗服务的利用水平（见图1）。

```
                   ┌─ 医疗服务可及性 ── 从居住地到最近医疗服务机构所需要的时间
基本医疗服务  ──┼─ 就医成本      ── 在流入地参加医疗保险状况
                   └─ 医疗服务利用  ── 最近一次患病（负伤）时的就医比例
```

图1　流动人口基本医疗服务状况评估指标

基本公共卫生服务状况的评估主要关注流动人口知晓和享受居民健康档案管理服务、健康教育服务、慢性病患者健康管理服务、疫苗接种服务和孕产妇健康管理服务的情况。具体而言，居民健康档案管理服务主要考察流动人口知晓健康档案和实际建档的比例；健康教育服务则主要以流动人口最近一年是否接受健康教育、接受健康教育的内容和形式为评估指标；慢性病患者健康管理服务主要针对高血压及2型糖尿病患者，关注其过去一年是否在流入地享受免费随访评估和健康体检。此外，针对儿童及孕产妇，分别以是否接种目前年龄段应接种的所有国家规定免费疫苗，及产前检查、产后28天接受访视、孕产妇健康档案为评估指标（见图2）。

（三）样本城市基本情况

本报告数据源于原国家卫生计生委2017年全国流动人口卫生计生动态监测调查。该调查覆盖全国31个省（区、市）及新疆生产建设兵团，共计351个城市（地区）。本报告主要从城市行政级别、城市规模、城市群、经济带及城市所在区域五个维度对样本城市做进一步分类，探究不同类型城市

流动人口基本医疗及公共卫生服务状况

```
                    ┌─ 居民健康档案管理服务 ── 健康档案知晓率及建档情况
                    │
                    │                        ┌ 最近一年是否接受健康教育
                    ├─ 健康教育服务 ─────────┤ 最近一年接受健康教育的内容
                    │                        └ 最近一年接受健康教育的形式
                    │
                    │                           ┌ 高血压患者过去一年接受
基本公共卫生服务 ───┤                           │ 本地免费随访评估和健康体检情况
                    ├─ 慢性病患者健康管理服务 ──┤
                    │                           │ 2型糖尿病患者过去一年接受
                    │                           └ 本地免费随访评估和健康体检情况
                    │
                    │                        ┌ 儿童接种目前年龄段应接种的
                    ├─ 疫苗接种服务 ─────────┤ 所有国家规定免费疫苗情况
                    │
                    │                           ┌ 产前检查次数
                    └─ 孕产妇健康管理服务 ──────┤ 产后28天接受访视情况
                                                └ 孕产妇健康档案建立
```

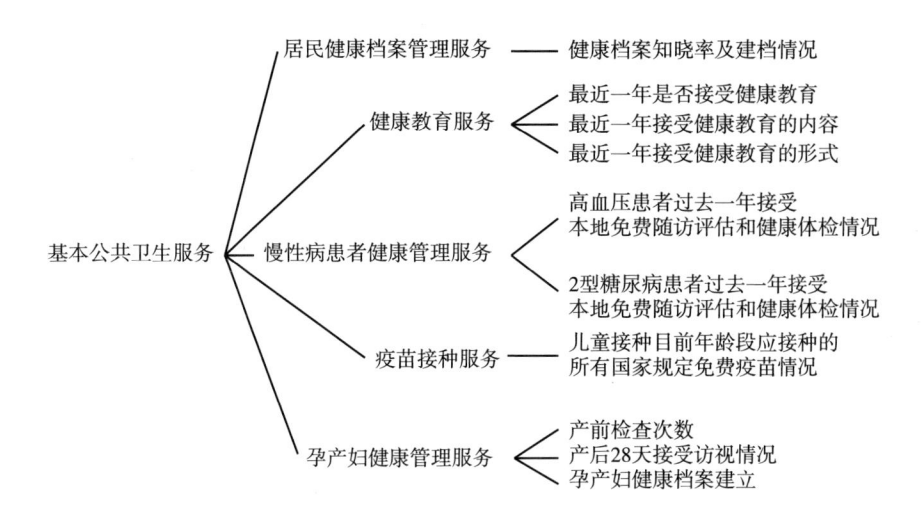

图 2　流动人口基本公共卫生服务状况评估指标

流动人口基本医疗及公共卫生服务状况的特征与规律。

城市行政级别主要分为直辖市、省会城市、计划单列市和地级、县级市。以2014年《国务院关于调整城市规模划分标准的通知》为基准，本报告将城市规模初步划分为超大城市、特大城市、大城市、中等城市、小城市、其他。此外，根据国家颁布出台的城市群发展规划，重点对长江三角洲城市群、成渝城市群、长江中游城市群、京津冀城市群、珠江三角洲城市群流动人口做进一步分析。将城市所处经济带分为珠三角、长三角、环渤海及其他四类经济带。城市所在区域则主要基于城市地理位置，分为东部、中部、西部和东北部四个地区。各维度具体分类及样本分布情况如下（见表1）。

表1　城市分类及样本分布

单位：个，人

分类标准	类别	城市数	样本量
城市行政级别	直辖市	4	23998
	省会城市	27	54017
	计划单列市	5	9998
	地级市、县级市	315	81976

续表

分类标准	类别	城市数	样本量
城市规模	超大城市	6	27996
	特大城市	12	21519
	大城市	137	74577
	中等城市	102	22900
	小城市	53	12680
	其他	41	7717
城市群	长江三角洲城市群	18	22800
	成渝城市群	16	9199
	长江中游城市群	29	11120
	京津冀城市群	10	16518
	珠江三角洲城市群	9	9358
经济带	珠三角	21	9998
	长三角	25	25000
	环渤海	43	27998
	其他	262	106993
城市所在区域	东部地区	89	68995
	中部地区	85	28999
	西部地区	139	58995
	东北部地区	38	13000

(四)流动人口基本特征

2017年流动人口动态监测调查数据样本的平均年龄为29.97岁,以15~59岁劳动年龄人口为主,占比约为75.28%,60岁及以上老年人口约占3.48%。全体流动人口样本中男性占比约为51.56%,农业户籍人口占比超过八成,近五成流动人口的受教育程度为初中,大专及以上学历人口约占13.28%。

从流动特征来看,当前流动人口多为远距离跨省流动,占比高达

47.98%，省内跨市和市内跨县流动占比分别为 33.55% 和 18.46%。流动人口平均流动时长为 6.09 年，其中约 45.66% 的流动人口流动时长在 5 年以上，近二成流动人口在流入地居留时长超过 10 年。此外，流动人口在流入地的稳定居留意愿比较强，约 84.10% 的流动人口表示今后一段时间仍打算继续留在本地。流动人口远距离流动及稳定居留特征明显，对当前基本医疗及公共卫生服务供给提出了更高的要求。保障流动人口在流入地获取基本医疗及公共卫生服务的权益，是维护和促进流动人口健康的重要举措，也是推动流动人口社会融合的重要方式之一。

二 城市间流动人口基本医疗服务状况分析

（一）流动人口医疗服务利用便捷度较高，医疗服务可及性在城市规模维度上呈倒"U"形趋势

医疗服务可及性一般指的是居民前往初级医疗机构的方便程度，即满足居民最基本医疗卫生需求在空间上的难易程度，它是评价居民卫生服务利用的重要指标之一[1]。距离医疗点越近，到达时间越短，居民越能够及时方便地利用卫生资源[2]。超过八成的流动人口从居住地到最近医疗机构所需要的时间不超过 15 分钟，需要 1 小时以上到达最近医疗机构的流动人口占极少数（0.26%）。由此看出，医疗机构的近距离空间分布大体能保障流动人口的基本医疗服务（见图 3）。

本报告将 15 分钟路程作为医疗机构距离远近的划分界限。城市流动人口从居住地到最近医疗机构的距离绝大多数（超过 80.00%）都在 15 分钟以内路程，直辖市、省会城市医疗服务可及性相对较低，计划单列市以及地

---

[1] 吴长玲、方鹏骞：《中国西部地区农村居民卫生服务不平等与潜在的可及性状况分析与对策探讨》，《中国卫生事业管理》2007 年第 23 期。
[2] 朱莉华、曹乾、王健：《居民健康与卫生保健及医疗服务的可及性关系——基于 CHNS 2006 年数据的实证研究》，《经济研究导刊》2009 年第 13 期。

流动人口社会融合蓝皮书

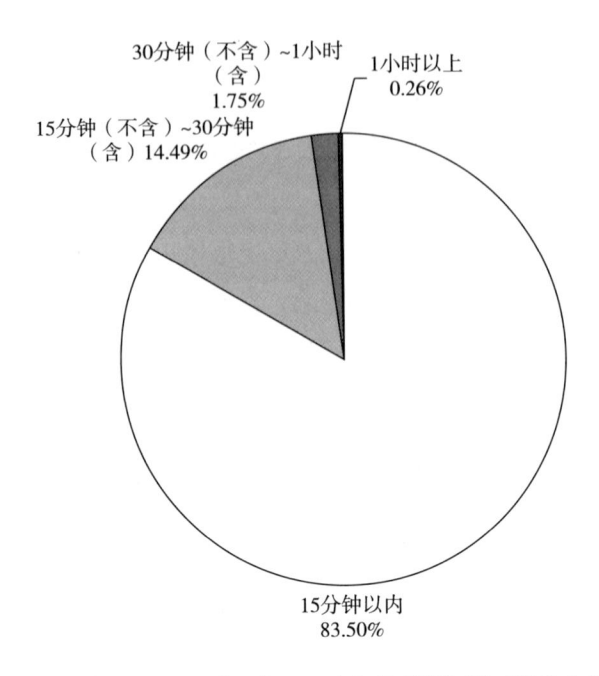

图3 流动人口从居住地到最近医疗机构所需要的时间分布情况

级市、县级市的医疗服务可及性较高,医疗服务可及性随着城市级别的上升先上升后下降(见图4)。

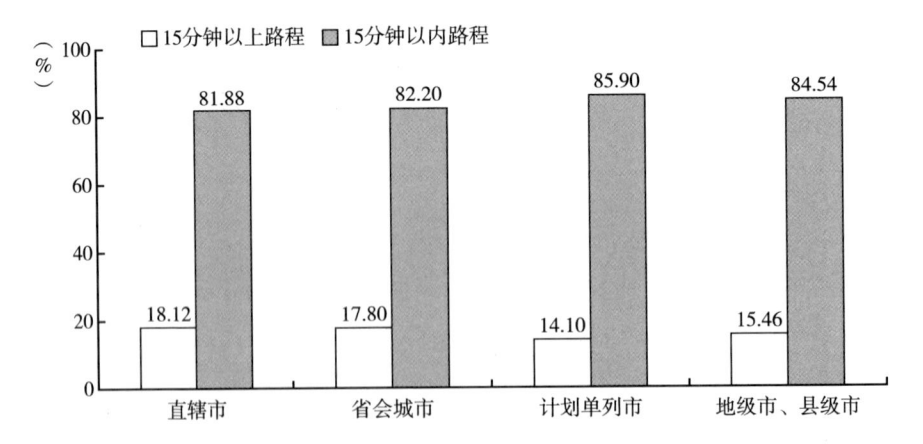

图4 分城市行政级别流动人口从居住地到最近医疗机构的距离分布情况

和在不同城市行政级别中的分布类似，流动人口从居住地到最近医疗机构的距离较近（15分钟以内路程）的比例在不同城市规模中的分布呈现倒"U"形趋势，即随着城市规模的缩小先升后降。大城市的基础设施建设较为完善，医疗机构分布密度较大，卫生服务体系较为健全，居民更能享受到便捷的医疗服务。而对于超大城市和特大城市而言，城市规模的过度扩张，使得医疗机构的分布并不均衡，很难辐射到居住在城市各个区域的流动人口。尤其是城乡接合部、郊区等流动人口聚集的地方，其包括医疗机构在内的基础设施建设还不太完善，医疗服务可及性不如大城市（见图5）。

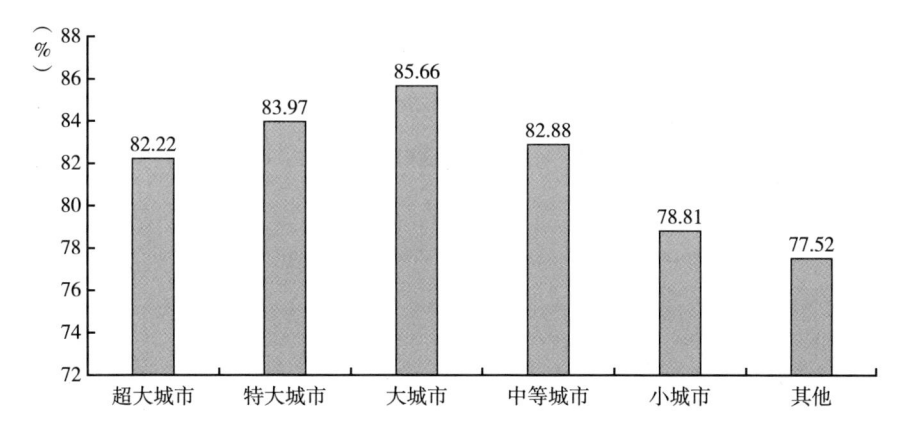

图5 分城市规模流动人口从居住地到最近医疗机构的距离在15分钟以内路程的比例

在主要的五大城市群中，15分钟以内路程的比例基本持平，都超过了全国平均水平。其中，包括武汉市、长沙市、宜昌市、南昌市在内的长江中游城市群比例最高，为85.55%。五大城市群的基本医疗服务在空间分布上都保持着较高的可及性（见图6）。

流动人口从居住地到最近医疗机构的距离在15分钟以内路程的比例在三个主要的经济带中较高，尤其是京津冀经济带高达86.18%，但还是存在一定的差异。卡方检验显示，$\chi^2 = 304.9621$，$p = 0.000$，三个经济带间医疗服务可及性存在显著差异，京津冀经济带医疗服务可及性较强，长三角经济带次之，珠三角经济带最次。经济带城市发展水平较高，医疗服务网络建设更为完善，医疗服务可及性强（见图7）。

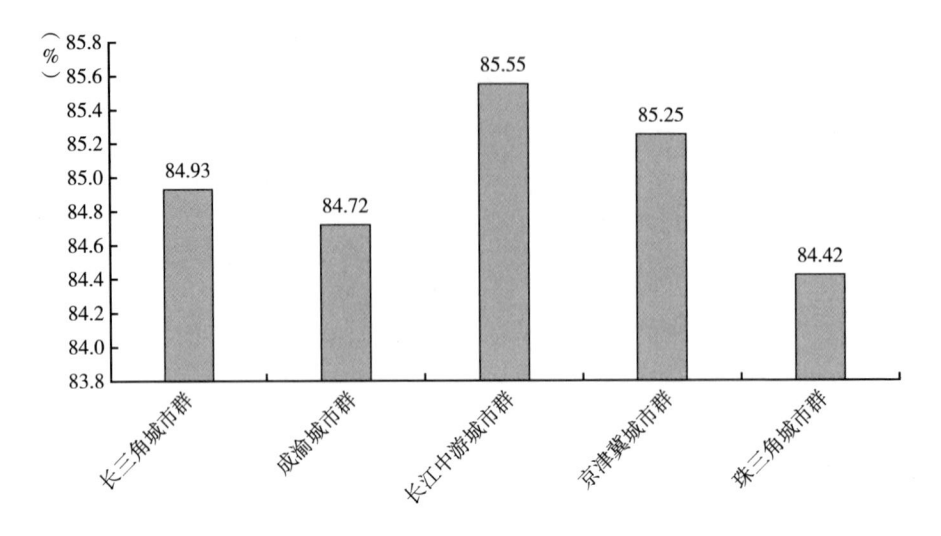

图6 分城市群流动人口从居住地到最近医疗机构的距离在15分钟以内路程的比例

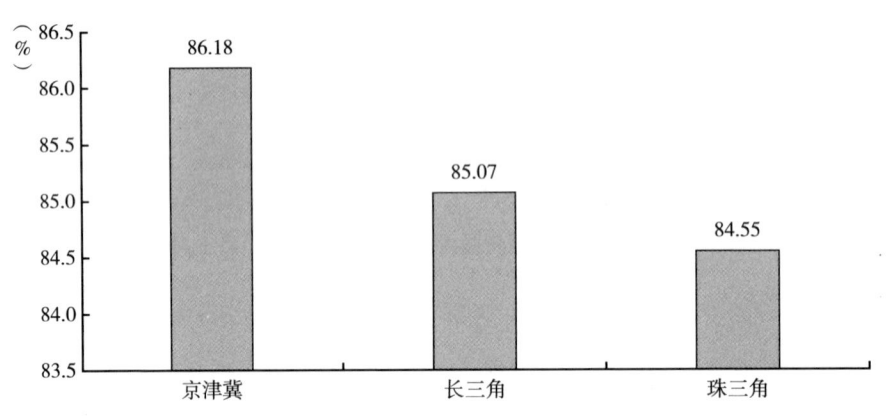

图7 分经济带流动人口从居住地到最近医疗机构的距离在15分钟以内路程的比例

（二）流动人口在流入地参保水平较低且存在明显的区域差异，一定程度上影响着流动人口的就医选择

参加医疗保险可以在一定程度上降低流动人口的就医成本，从而影响其就医行为，尤其是对于在流入地参保的流动人口而言，其无须考虑异地报销的问题，因而获取医疗保障的途径更为便捷，医疗服务可及性相应也会更高。

流动人口基本医疗及公共卫生服务状况

本次调查数据计算发现，全国91.81%的流动人口均参加了至少一类医疗保险，但在流入地参加了至少一类医疗保险的比例仅为25.87%。其中，参加新型农村合作医疗的流动人口比例最高，为63.29%；参加公费医疗的比例最低，为2.17%。分参保地点来看，流动人口在户籍地或其他地方参加医疗保险的类型以新型农村合作医疗为主，参保比例超过六成；而在流入地参加医疗保险的类型则以城镇职工医疗保险为主，参保比例接近两成（见图8）。

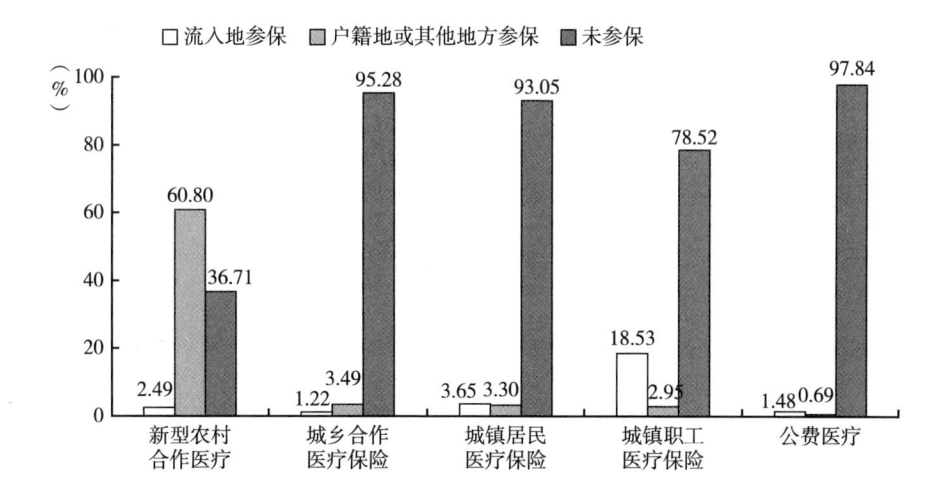

图8 流动人口不同类型医疗保险参加情况

分城市行政级别来看，省会城市以及地级市、县级市流动人口的流入地参保水平仍有较大的提升空间。具体来看，随着城市行政级别的降低，流动人口参保比例略有提高，但流入地参保比例则显著降低。直辖市和计划单列市流动人口的流入地参保比例远高于省会城市和地级市、县级市，其中，省会城市流动人口的流入地参保比例最低，为21.59%；地级市、县级市与之相近，流动人口的流入地参保比例为21.60%，均不足直辖市该比例的一半（43.83%）（见图9）。

分城市规模来看，大城市及以下规模流动人口的流入地参保情况有待进一步改善。大、中等、小城市流动人口参保比例相近，特大、超大城市

流动人口社会融合蓝皮书

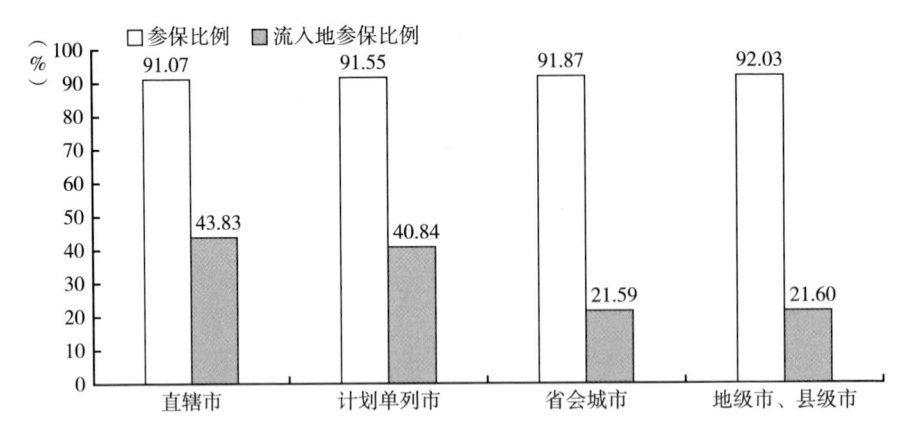

图9 分城市行政级别流动人口参加医疗保险比例

该比例则较低。随着城市规模的增大，流动人口的流入地参保比例先降低、后升高，呈勾形分布。其中，超大城市流动人口的流入地参保比例最高，为44.07%，约为中等城市流动人口的流入地参保比例（15.80%）的3倍（见图10）。

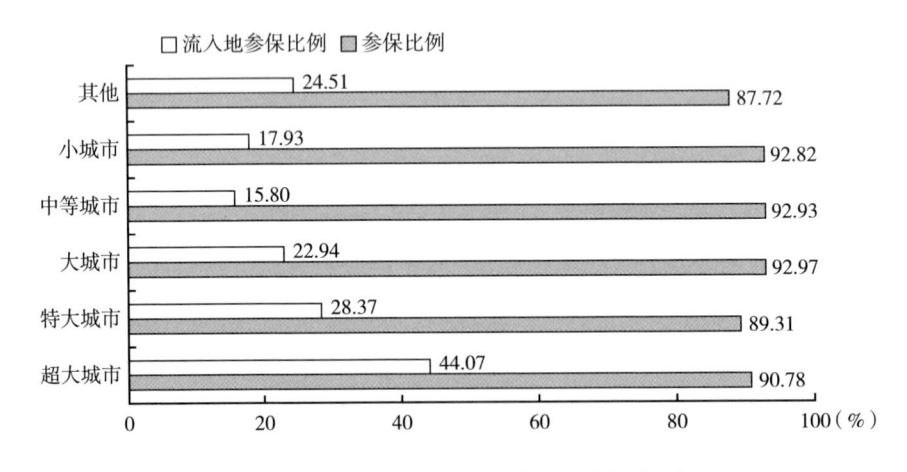

图10 分城市规模流动人口参加医疗保险比例

分城市所在区域来看，中部地区流动人口参保比例最高，为94.72%，比该比例最低的东北部地区高出11.47个百分点。但就流动人口的流入地参保比例而言，中部地区却是最低，为18.53%；东部地区流动人口的流入地

086

参保比例最高，为33.06%；东北部地区和西部地区次之，分别为24.99%和21.25%。

分城市群来看，我国主要的五大城市群流动人口医疗保险参保率差距较小，在全国平均水平的上下3.00%以内波动。其中，成渝城市群流动人口参保比例最高，为94.47%；珠江三角洲城市群该比例最低，为89.46%。除长江中游城市群以外，其余四个城市群流动人口在流入地参保比例均远远高于全国平均水平，其中，珠江三角洲城市群流动人口的流入地参保比例最高，为41.46%；长江中游城市群该比例最低，为20.82%（见图11）。

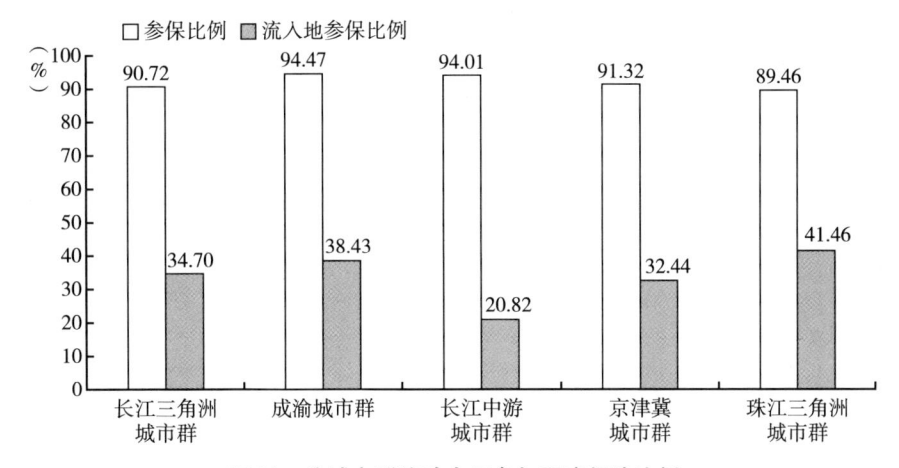

图11 分城市群流动人口参加医疗保险比例

分经济带来看，我国主要的三大经济带，珠三角经济带、长三角经济带和环渤海经济带流动人口参保情况与五大城市群中珠江三角洲城市群、长江三角洲城市群和京津冀城市群的情况大体一致，各经济带流动人口参保水平略低于对应城市群的流动人口。不同经济带流动人口参保比例无明显差距，流入地参保比例自南向北逐渐降低，其中，珠三角经济带流动人口的流入地参保比例最高，为40.35%；长三角经济带该比例为32.98%；环渤海经济带比例最低，为30.59%。

整体而言，流动人口参保比例在各区域间差异较小，流入地参保比例从空间上看自南向北逐渐降低，自东向西呈两边高、中间低的趋势。可见，需重点加强以长江中游城市群为代表的中部地区医疗保障力度，通过提高医疗保险服务水平鼓励流动人口在流入地参加医疗保险，降低流动人口就医成本，保障其获取医疗资源的能力，从而提高流动人口的医疗服务利用水平。

（三）流动人口患病（负伤）就医比例超八成，区域差异显著，呈现明显的西高东低态势；本地药店最受青睐

分析流动人口的就医行为，有利于我们了解流动人口医疗服务利用情况。总体上看，流动人口最近一次患病（负伤）时的就医比例为82.59%。通过展示分城市行政级别流动人口最近一次患病（负伤）时的就医比例，可以看出地级市、县级市的比例最高，超过了85.00%；直辖市和计划单列市的比例相对较低，不足80.00%（见图12）。

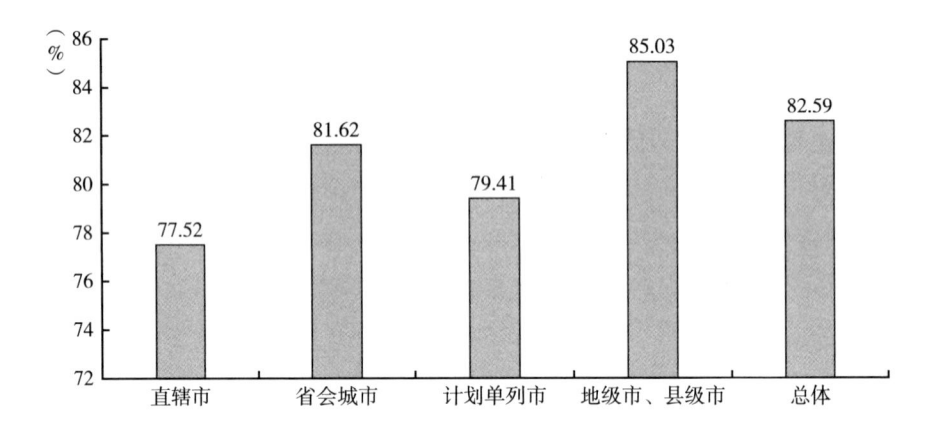

图12 分城市行政级别流动人口最近一次患病（负伤）时的就医比例

通过展示分城市规模流动人口最近一次患病（负伤）时的就医比例的差异，可以看出就医比例随着城市规模的扩大先升后降，呈现倒"U"形趋势。超大城市流动人口的就医比例最低（78.11%），特大城市次之（79.80%），中等城市流动人口的就医比例最高（86.04%）（见图13）。直辖市或超大城市、特大城市等城市规模较大，生活节奏较快，流动人口的生存成本较高，患病时去求医问药意味着更多时间成本、经济成本、劳动成本的消耗，流动

人口可能还面临误工而导致的一系列风险。流动人口大多来自农村，文化水平不高，对自己的健康重视程度较低，部分人还保留着生病"以挨度日"的观念和习惯，因此就医比例较低。

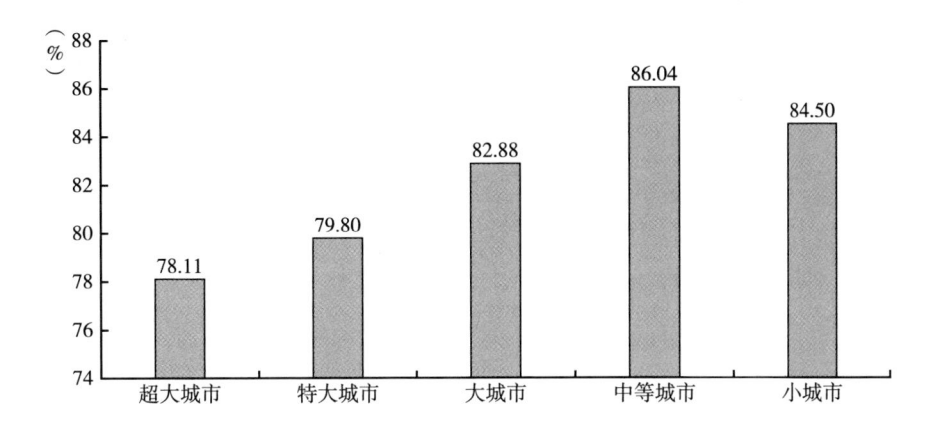

图13 分城市规模流动人口最近一次患病（负伤）时的就医比例

总体而言，几个重要的城市群流动人口的就医比例都不高，多数没有达到全国平均水平，且差异较大。卡方检验显示，$\chi^2 = 533.9728$，$p = 0.000$，流动人口的就医比例在城市群间存在显著差异。相比之下，成渝城市群流动人口的就医比例最高，将近九成；珠江三角洲城市群次之（83.75%）；长江三角洲城市群和京津冀城市群流动人口的就医比例较低，分别为75.79%和78.35%（见图14）。

相似地，在主要的三个经济带中，就医比例同样存在高低不一的态势。卡方检验显示，$\chi^2 = 742.5885$，$p = 0.000$，拒绝原假设，认为环渤海经济带、长三角经济带、珠三角经济带流动人口的就医比例有显著差异。其中，珠三角经济带流动人口的就医比例最高（83.96%），环渤海经济带次之（78.78%），长三角经济带流动人口的就医比例最低（76.56%）（见图15）。

整体上看，流动人口最近一次患病（负伤）时的就医比例存在较大的地区差异，从经济欠发达的西部地区到经济较发达的东部地区，就医比例逐

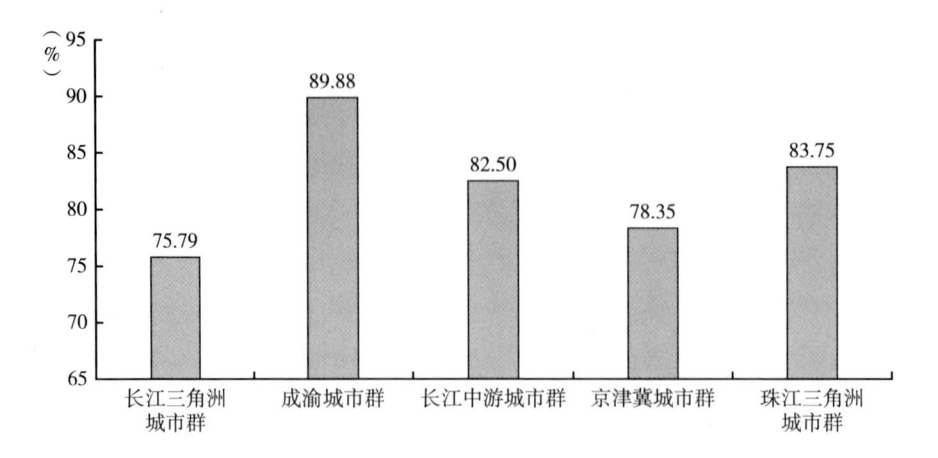

图14 分城市群流动人口最近一次患病（负伤）时的就医比例

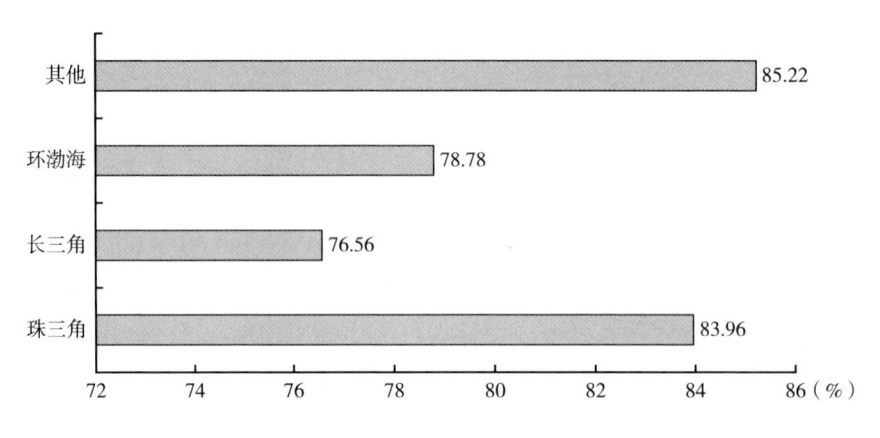

图15 分经济带流动人口最近一次患病（负伤）时的就医比例

渐降低；特大城市、超大城市流动人口的就医比例不如大、中、小城市；长三角经济带流动人口的就医比例远低于平均水平。在医疗机构的选择方面，本地药店成为流动人口的首选。可见，流动人口患病（负伤）时首先想到的是自己去药店买药解决，而不是去寻求专业医师的意见。下一步，有关部门需要进一步提高流动人口的健康素养水平，特别是东部地区，充分展开针对流动人口的健康教育。同时，为流动人口的就医和工作提供更加强有力的保障，避免他们因担忧误工而选择不去就医。另外，有条件的地区可以提供针对流动人口的雇主的健康教育以及政策激励，为流动人口创造更加人性化、健康友好的工作环境。

三 城市间流动人口基本公共卫生服务总体状况分析

为流动人口提供公平可及的基本公共卫生服务，是我国全面推进基本公共卫生服务均等化的重点之一，也是我国医疗卫生领域体制改革过程中亟待落实的工作内容。从现阶段流动人口基本公共卫生服务总体情况来看，计划免疫与孕产妇健康管理落实情况较好。但流动人口慢性病管理服务、居民健康档案建立与健康教育方面仍存在不足，因此这也成为今后进一步推进基本公共卫生服务的工作重点。同时，各地区流动人口基本公共卫生服务的水平与质量也存在明显差异，发展水平较高的地区在计划免疫与孕产妇健康管理方面普及程度高于发展水平较低的地区，但在居民健康档案建立和慢性病管理服务方面也面临更大挑战。各地区应针对重点领域进一步提升基本公共卫生服务在流动人口中的覆盖水平，更好地保障流动人口在流入地享有公共服务的权利。

（一）流动人口居民健康档案知晓率和建档率较低，东部地区建档宣传工作亟待加强

居民健康档案作为个人健康信息的系统化档案记录，对满足居民的预防、医疗、保健、康复、健康教育、生育指导等"六位一体"的卫生服务需求具有重要意义，有助于严格管理并有效利用社区卫生服务。居民健康档案在基层的建立与落实仍处于起步状态，总体知晓率和建档率较低。多数流动人口并不了解居民健康档案，使得居民健康档案的建立工作推进难度较大。研究表明，这可能是因为流动人口健康状况相对较好，了解居民健康档案的动机不强；且流入地社区的相关宣传工作主要面向本地户籍人口，流动人口往往不被纳入。我国当前仅有三成流动人口建立了居民健康档案，其中中部地区的居民健康档案建档率最高，达41.51%，而东部地区建档率最低，仅为24.98%（见表2）。

表2　全国和分城市所在区域居民健康档案建立与宣传情况

单位：%

是否建立居民健康档案	东部地区	中部地区	西部地区	东北部地区	全国
是,已建立	24.98	41.51	31.18	25.26	30.01
没建没听过	35.53	23.08	29.02	35.88	31.14
没建但听过	22.43	18.86	23.99	26.52	22.69
不清楚	17.07	16.55	15.81	12.34	16.15

分城市群来看，长江三角洲城市群和京津冀城市群的居民健康档案建档率明显低于全国平均水平，分别仅为15.48%和17.77%；相比而言，长江中游城市群建立居民健康档案落实情况较好，建档率达47.30%（见表3）。另外，东部地区与东北部地区分别有35.53%和35.88%的流动人口没有听说过居民健康档案。长江三角洲城市群和京津冀城市群该比例分别高达43.02%、40.28%（见表3）。东部地区是我国人口流动规模较大、较为频繁的地区，其提高流动人口的基本公共卫生服务质量十分重要。可见在居民健康档案建档率较低的地区，相关宣传推广工作不到位是普及程度低的重要原因之一。因此，为进一步落实居民健康档案的全面建立，应针对流动人口较为密集且异质性大的东部地区以及长江三角洲城市群、京津冀城市群重点开展宣传工作，进一步整合健康管理的信息资源，以加快基本公共卫生服务的普及。

表3　分城市群居民健康档案建立与宣传情况

单位：%

是否建立居民健康档案	长江三角洲城市群	成渝城市群	长江中游城市群	京津冀城市群	珠江三角洲城市群
是,已建立	15.48	34.70	47.30	17.77	35.03
没建没听过	43.02	23.23	19.16	40.28	27.02
没建但听过	22.99	24.95	15.41	23.40	16.87
不清楚	18.51	17.12	18.13	18.55	21.09

（二）流动人口健康教育内容丰富，但形式缺乏互动性，东北地区尤需继续推广健康教育

当前我国流动人口流入地健康教育内容较为丰富，普及率较高；但形式缺乏互动性，以被动的宣传策略为主。

从健康教育内容来看，控制吸烟（51.49%）、妇幼保健/优生优育（51.19%）和生殖健康与避孕（50.46%）等内容的健康教育普及率相对较高；而心理健康（35.78%）、结核病防治（33.67%）的健康教育普及率相对较低，未来需加强此类健康教育的普及宣传工作，进一步提高流动人口的保健意识，推广健康的生活方式（见图16）。

类型	比例(%)
控制吸烟	51.49
妇幼保健/优生优育	51.19
生殖健康与避孕	50.46
突发公共事件自救	42.27
性病/艾滋病防治	39.65
慢性病防治	37.44
心理健康	35.78
结核病防治	33.67

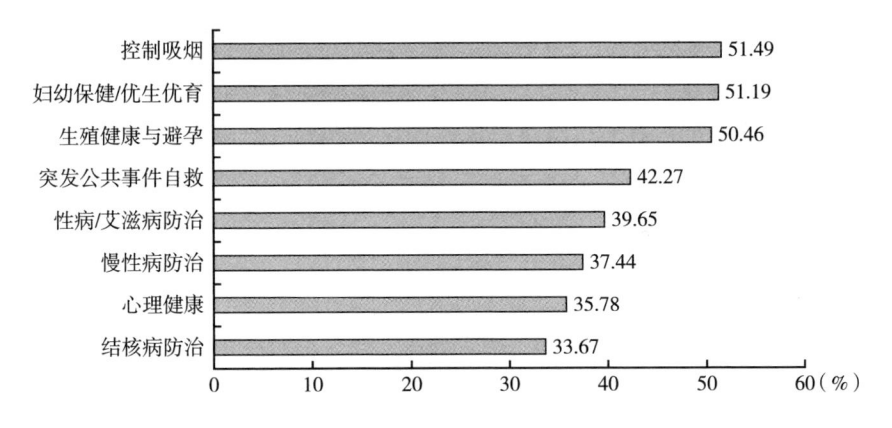

图16　流动人口接受不同类型健康教育内容的比例

健康教育形式方面，现有形式以宣传资料（纸质、影视）（85.63%）、宣传栏/电子显示屏（74.81%）为主，形式较为单一，大多通过公共渠道进行被动宣传，缺乏互动性与趣味性；相比而言，个体化面对面咨询（30.05%）、社区短信/微信/网站（40.18%）等互动性较强的宣传方式的发展空间仍很大，可以通过运用多样的健康教育形式，发展互动性较强的宣传方式以达到更佳的宣传效果（见图17）。

健康教育宣传力度和效果方面，中部地区与西部地区健康教育普及率较高，流动人口接受健康教育的比例分别为72.52%及71.76%。而东北部地

流动人口社会融合蓝皮书

```
宣传资料（纸质、影视）                                     85.63
宣传栏/电子显示屏                                  74.81
公共健康咨询活动              45.29
健康知识讲座                 44.62
社区短信/微信/网站            40.18
个体化面对面咨询         30.05
                0  10  20  30  40  50  60  70  80  90(%)
```

图17 流动人口接受不同类型健康教育形式的比例

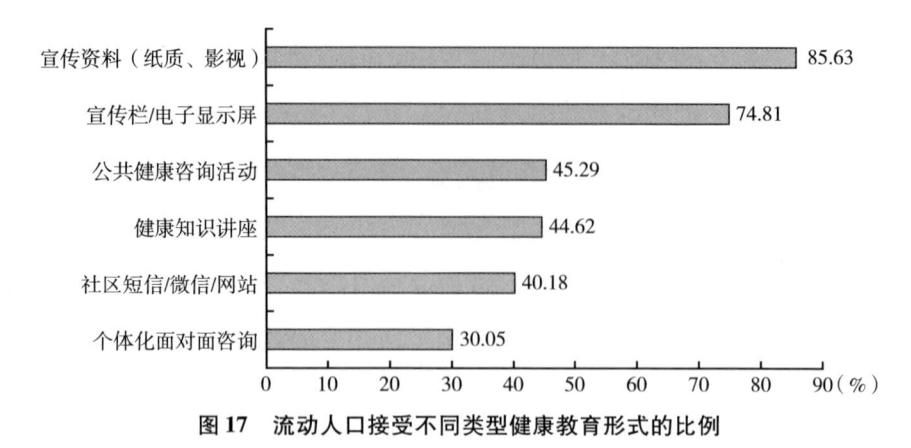

区的流动人口健康教育普及率最低，接受健康教育的比例仅为53.58%，低于66.47%的全国平均水平，与其他地区差距明显，东北部地区应在今后重点加强健康教育的普及。另外，东部地区健康教育普及率也较低，这与流动人口较多因而更难开展集中的健康教育活动和宣传活动相关（见图18）。

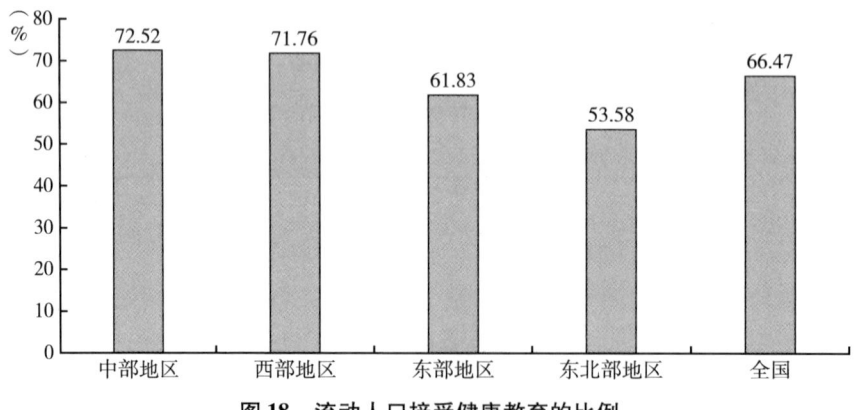

```
(%) 80
    70  72.52  71.76
    60              61.83          66.47
    50                     53.58
    40
    30
    20
    10
     0  中部地区  西部地区  东部地区  东北部地区  全国
```

图18 流动人口接受健康教育的比例

（三）流动人口慢性病管理提升空间较大，相关服务利用率较低

2019年，国家卫生健康委基层卫生健康司在《关于做好2019年基本公共卫生服务项目工作的通知》中明确提出，应以高血压、糖尿病等慢性病管理为突破口促进医防融合，推动"上下分开"。通过逐步推行新型慢性病

防治方式，促进慢性病工作重心从疾病治疗转向健康管理，可见慢性病患者健康管理是我国基本公共卫生服务项目工作中的重点。由于流动人口具有较高的流动性，其慢性病管理工作更具挑战性。尽管流动人口以劳动年龄人口为主，慢性病患病水平整体较低，但随着近年来疾病谱的改变和人口老龄化进程加速，慢性病患病率在全人群中呈现上升趋势，由慢性病带来的社会负担和经济负担正在快速增加，因而流动人口的慢性病管理应得到更多重视。另外，仍有2.26%的流动人口未就诊（见表4）。

表4 流动人口慢性病患病情况

单位：人，%

是否患慢性病	人数	百分比	累计百分比
患有高血压	7182	4.22	4.22
患有2型糖尿病	1182	0.70	4.92
患有高血压2型糖尿病	908	0.53	5.45
均未患有	156880	92.29	97.74
未就诊	3837	2.26	100.00

作为慢性病管理的重要内容之一，本地社区卫生服务中心（站）和乡镇卫生院应对患有高血压或2型糖尿病的流动人口提供免费随访评估和健康体检，然而从调查结果来看，在过去一年，全国接受过该类服务的流动人口比例仅为36.41%，仍有较大的提升空间（见图19）。另外，部分政策对流动人口强调不够，政策指向不甚明确，使用"常住人口"或"服务人口"、"辖区居民"等含义模糊的词语，使得流动人口在流入地获得基本公共卫生服务缺乏保障。

分城市规模来看，城市规模越大，慢性病管理服务的普及程度越低，大城市中接受过免费随访评估和健康体检的流动人口比例仅为34.46%，小城市略高于大城市，比例为38.21%（见图19）。整体而言，大城市的慢性病管理工作仍面临较大挑战，然而无论城市规模大小，基层医疗卫生服务机构应进一步加强慢性病管理及服务提供，提升相关服务在流动人口中的利用率。

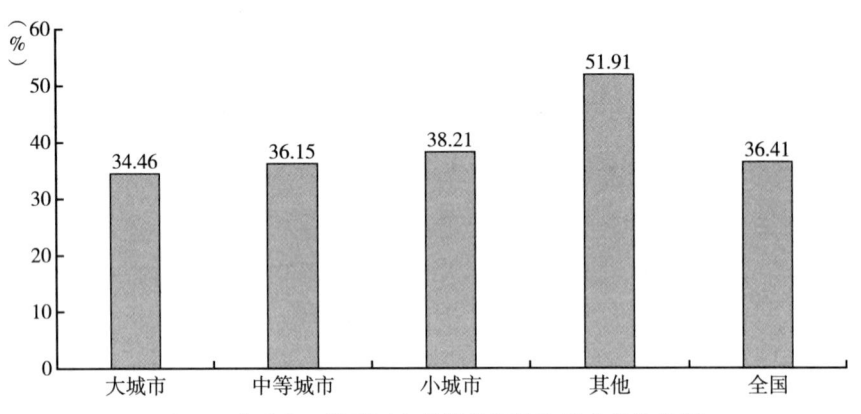

图19 流动人口接受过免费随访评估和健康体检比例

大城市 34.46　中等城市 36.15　小城市 38.21　其他 51.91　全国 36.41

（四）流动儿童计划免疫普及率较高，基本实现全覆盖

计划免疫是预防和控制传染病最有效的手段，流动儿童的计划免疫是指流动人口0~6周岁子女接种目前年龄段应该接种国家免费疫苗的情况，直接影响着流动儿童的身心健康水平。随着经济的发展，流动人口的增加，流动儿童的疫苗接种是我国疾病预防控制和计划免疫工作长期以来的重点和难点，在多方的努力支持下，现阶段也取得了一定的效果。在各项基本公共卫生服务项目中，计划免疫服务在流动人口中普及程度最高，全国有98.71%的流动儿童接种了目前年龄段应该接种的国家免费疫苗，流动儿童计划免疫基本实现全覆盖。

分城市规模来看，大城市、中等城市以及小城市之间流动儿童疫苗接种情况差异不明显，接种比例均在95.00%以上。最大值和最小值之差仅为2.06%，规模较大的城市流动儿童疫苗接种比例略高于规模较小的城市（见图20）。

分城市所在区域来看，中部地区流动儿童疫苗接种比例最高，达98.57%，西部地区流动儿童疫苗接种比例最低，也达到97.04%，接种水

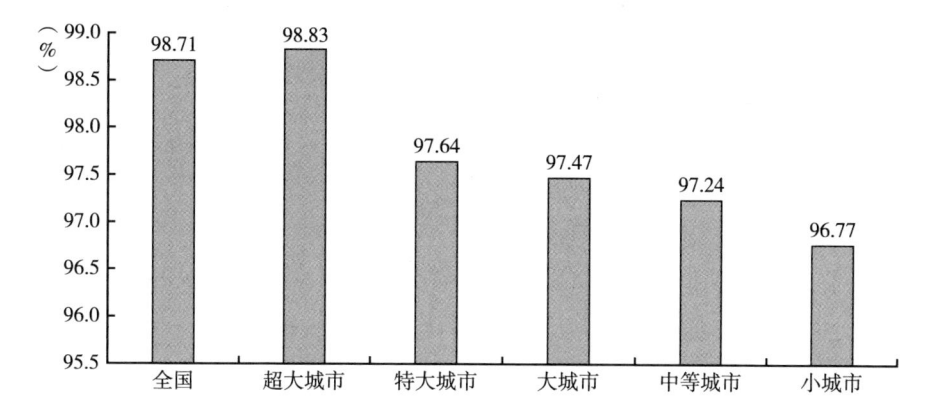

图20　全国和分城市规模流动儿童疫苗接种比例

平普遍较高,同样不存在明显差异(见图21)。可见,从20世纪70年代中期我国开始制定的《全国计划免疫工作条例》以来,相关法律法规逐渐完善,管理服务日趋规范,服务水平不断提高,流动儿童也能在流入地享有相应的计划免疫服务。

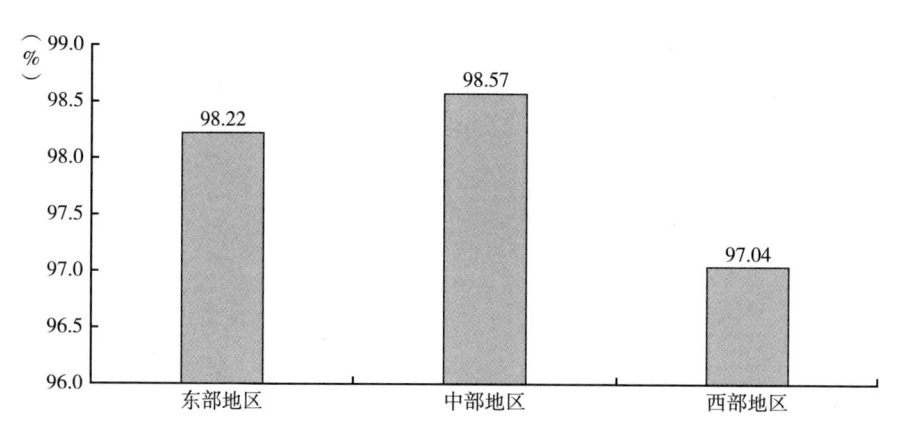

图21　分城市所在区域流动儿童疫苗接种比例

(五)流动孕产妇健康档案建档比例较高,行政级别较低,中小规模,中、西部地区城市的流动孕产妇健康档案覆盖范围有待拓宽

随着生活水平的提高,人民保健意识也日益增强,社会对流动人口母婴

安全和健康问题越来越关注，为孕产妇建立统一的孕产妇健康档案对促进妇女、儿童健康，保障母婴安全有重要意义。流动孕产妇中，有92.31%的孕产妇建立了孕产妇健康档案，建档比例普遍较高。然而不同地区流动孕产妇健康档案建档比例存在明显差异，总体而言行政级别较高、规模较大、东部地区的城市孕产妇健康管理覆盖范围更广。

分城市行政级别来看，直辖市和计划单列市建立孕产妇健康档案的比例在95.00%以上，绝大多数的流动孕产妇都建立了健康档案，与此构成对比的是地级市、县级市流动孕产妇建档比例仅为86.87%，比直辖市和计划单列市都低了近一成，在今后的工作中需要加强地级市、县级市的流动孕产妇健康档案的建立管理工作（见图22）。

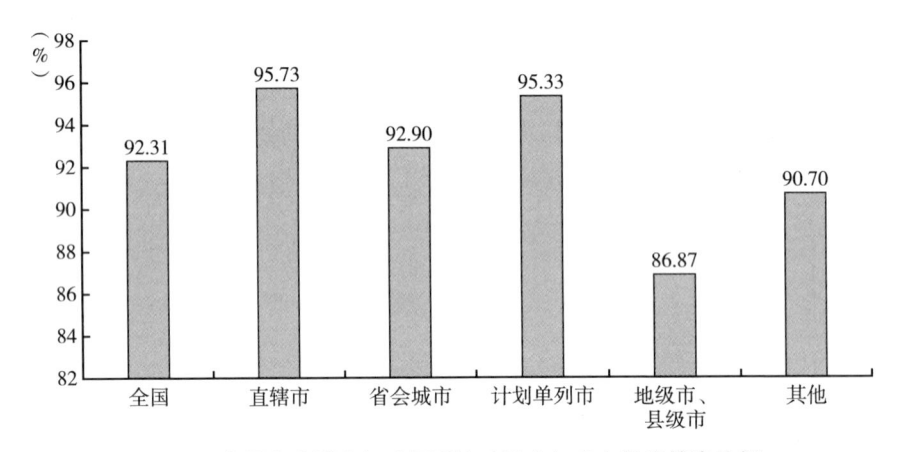

图22 全国和分城市行政级别流动孕产妇建立健康档案比例

分城市规模来看，流动孕产妇建立健康档案的比例与所在城市的规模呈正相关，即城市规模越大，流动孕产妇建立健康档案的比例就越大。超大城市、特大城市和大城市流动孕产妇建档比例分别为95.75%、94.10%、91.46%，大城市流动孕产妇建立健康档案的比例在90.00%以上，而中等城市和小城市未及85.00%（见图23）。因此在今后工作中，应以小城市为重点，进一步提升流动孕产妇健康服务管理水平。

分城市所在区域来看，东部地区流动孕产妇建立健康档案的情况较好，

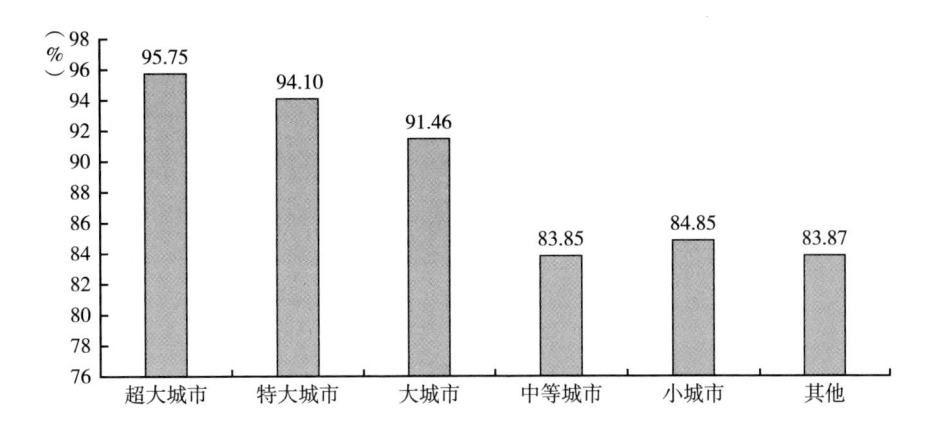

流动人口基本医疗及公共卫生服务状况

图23 分城市规模流动孕产妇建立健康档案比例

超大城市 95.75，特大城市 94.10，大城市 91.46，中等城市 83.85，小城市 84.85，其他 83.87

中、西部地区建档比例都有待提高。东部地区流动孕产妇建立健康档案的比例为94.15%，比中部地区（87.33%）和西部地区（87.74%）都要高，因此中、西部地区流动孕产妇健康档案的建设仍需进一步加强（见图24）。

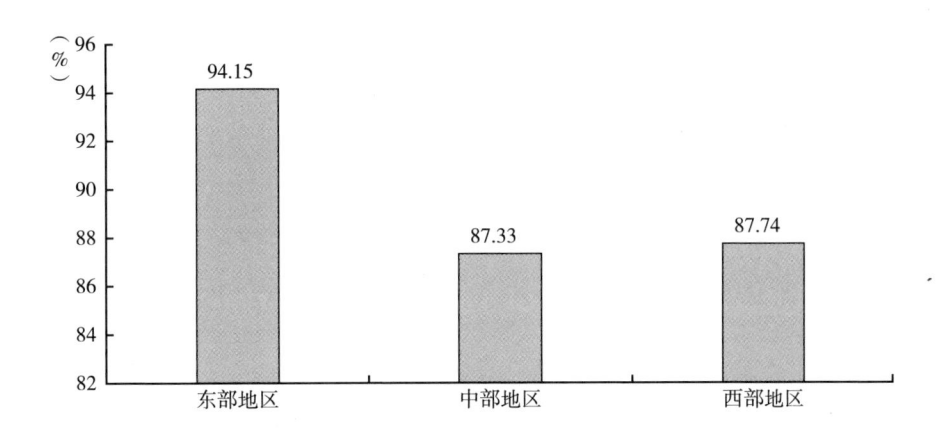

图24 分城市所在区域流动孕产妇建立健康档案比例

东部地区 94.15，中部地区 87.33，西部地区 87.74

（六）流动孕产妇产前检查普及程度较高，不同地区流动孕产妇产前检查次数达标比例差异较大

产前检查是对孕产妇和胎儿所做的临床检查，是对孕产妇身体变化和适

应情况的一个检测；也对胎儿发育健康与否做出判断。产前检查是围产期重点服务内容之一，孕产妇和胎儿的一些异常情况，只有通过产前检查才能发现。为提高保健质量，孕产妇接受产前检查的次数应为5次及以上。调查结果显示，现阶段我国流动人口产前检查的普及程度较高，接受过产前检查的流动孕产妇比例超过90.04%，但达到5次及以上产前检查的比例为73.84%，并且不同城市、区域差异较大，在规模较小，发展水平较低，中、西部地区的城市，仍有较大比例流动孕产妇的产前检查次数未达标准。

分城市规模来看，流动孕产妇接受产前检查5次及以上的比例在不同城市之间差异就更加明显，中等城市和小城市流动孕产妇接受产前检查5次及以上的比例分别为61.81%和59.39%，远小于规模较大的城市（见图25）。

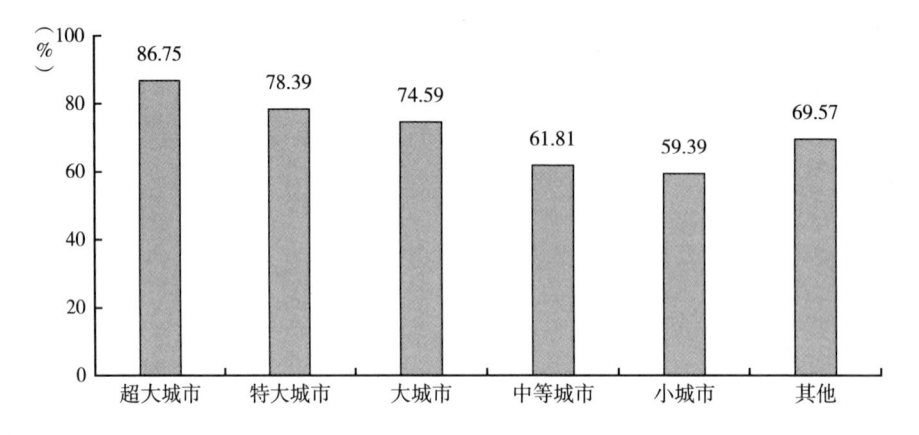

图25 分城市规模流动孕产妇接受产前检查5次及以上的比例

分城市群来看，京津冀城市群流动孕产妇产前检查普及程度较高，接受产前检查5次及以上的比例约为88.00%，约高于全国平均水平15个百分点，但长江中游城市群流动孕产妇产前检查次数达标的比例仅为69.79%，仍有较大提升空间（见图26）。

分城市所在区域来看，东部地区流动孕产妇产前检查情况整体优于中部和西部地区，东部地区流动孕产妇接受产前检查5次及以上的比例达到了81.68%，而中、西部地区仅分别为71.70%和68.15%，东、西部地区达到

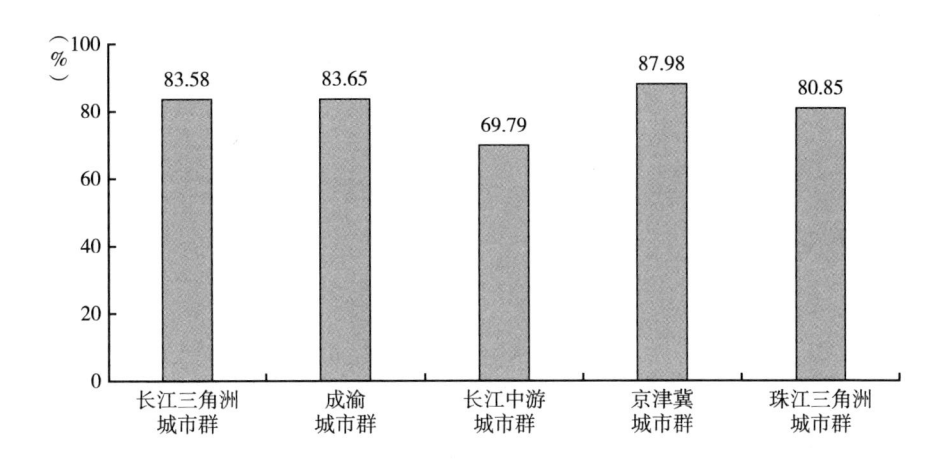

图26 分城市群流动孕产妇接受产前检查5次及以上的比例

合格产前检查次数比例的差值超过了10个百分点，因此今后我国流动孕产妇产前检查工作需要进一步加强，尤其要重视中、西部地区流动孕产妇的产前检查情况（见图27）。

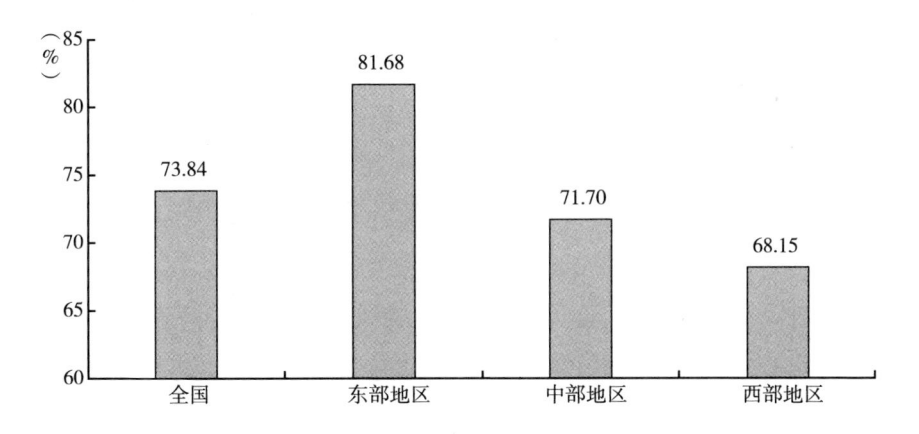

图27 全国和分城市所在区域流动孕产妇接受产前检查5次及以上的比例

（七）3/4流动孕产妇接受过产后28天访视，中等规模、西部地区的城市流动孕产妇产后访视管理力度不足

产后访视是对孕产妇进行产褥期保健相关知识的指导，是围生期保

健的重要内容，直接关系到孕产妇的康复和新生儿的健康与发育，是整个孕产期服务的重要组成部分。流动人口中，75.27%的孕产妇在产后28天内接受过访视，然而各地区孕产妇服务情况存在差异，需要进一步关注、加强中等城市和西部地区城市的流动孕产妇的产后访视管理工作。

分城市规模来看，流动孕产妇接受产后28天访视的比例与城市规模呈现"U"形相关关系，随着城市规模的扩大，流动孕产妇接受产后28天访视的比例先下降、后上升。这主要反映在中等城市的比例明显低于其他规模城市，仅有58.82%的流动孕产妇接受产后28天访视，明显低于小城市和大城市，远低于全国平均水平（见图28）。

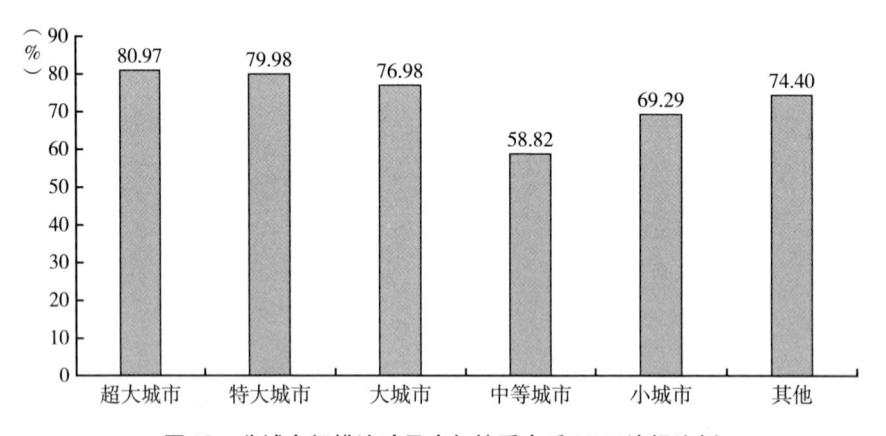

图28 分城市规模流动孕产妇接受产后28天访视比例

分城市群来看，长江中游城市群产后28天访视服务提供情况较好（83.54%），长江中游城市群妇幼保健服务发展较早，已经具备较为完善的管理模式与健全的管理机制，因此往往具有较高的妇幼保健服务水平与质量。但流动人口众多的京津冀城市群流动孕产妇接受产后28天访视的比例仅为76.35%，产后访视服务仍应进一步普及（见图29）。

分城市所在区域来看，从东至西，流动孕产妇接受产后28天访视的比例逐渐降低。东部地区流动孕产妇接受产后28天访视的比例最高，达77.24%；中部地区次之，为76.53%；最后是西部地区，比例较低，仅为72.79%（见图30）。

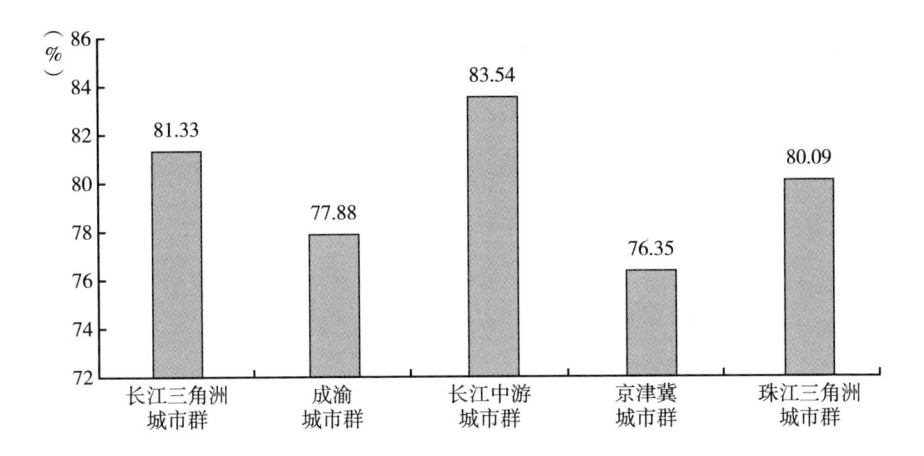

图 29　分城市群流动孕产妇接受产后 28 天访视比例

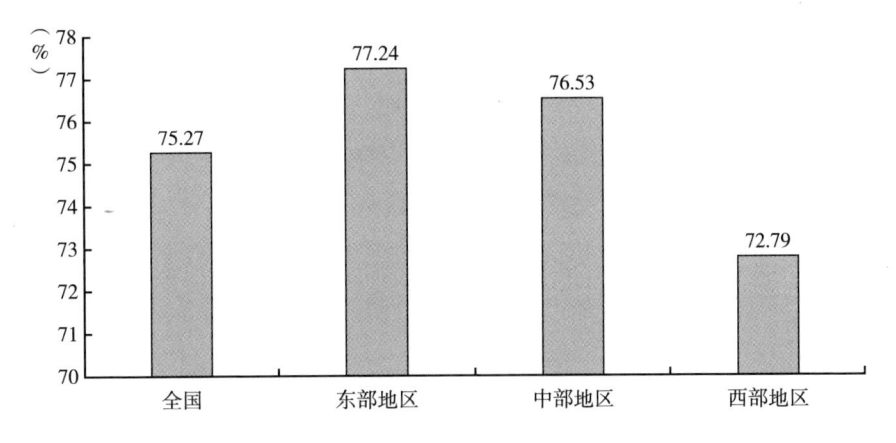

图 30　全国和分城市所在区域流动孕产妇接受产后 28 天访视比例

四　总结及讨论

本报告在城市层面上研究我国流动人口基本医疗及公共卫生服务相关情况及存在的问题，通过比较我国不同城市行政级别、不同城市规模、不同城市群、不同经济带以及不同城市所在区域流动人口基本医疗服务和基本公共卫生服务项目的现状、特征以及存在的问题，得出以下主要结论。

（一）流入地基本医疗服务覆盖状况较好，流动人口参保水平仍待提高

流动人口利用基本医疗服务的便捷程度和保障水平较高。超过八成的流动人口从居住地到最近医疗机构所需要的时间在15分钟以内，医疗保险参保率在九成以上。但由于流动人口居住稳定性较差、多为跨省市远距离流动，而医疗保险多为户籍地参保，致使其实际可享受到的医疗保障水平十分有限。当前流动人口的流入地参保比例不足三成，中、小城市流动人口的流入地参保比例均不足两成，流动人口在流入地就医仍面临异地报销结算困难、就医成本高等问题。因此，改善流动人口在流入地的医疗保障水平，应充分重视流动人口异地参保问题，提高流入地参保比例。此外，应进一步扩大医保基金统筹范围，贯彻执行2019年《政府工作报告》中关于"抓紧落实和完善跨省异地就医直接结算政策"的明确要求，积极应用互联网技术，推进互联网+医保、移动支付的普及，切实解除流动人口流入地就医的后顾之忧，保障其享有便捷、优质的基本医疗服务。

（二）流动人口流入地基本医疗服务利用状况呈现低水平、不均衡的特点

当前流动人口中近两成在患病（负伤）后选择不就医，他们患病（负伤）时首先想到的是去药店买药解决，流动人口在流入地实际享受的基本医疗服务水平较低。此外，城市规模和经济发展水平不同，流动人口的就医选择也有较大差异。东部地区、特大城市、超大城市、长三角经济带流动人口就医比例显著低于平均水平。流动人口的流入地就医选择不仅与成本相关，也受流入地医疗服务资源供求状况的影响。人口规模较大、经济发展水平较高的城市，流动人口就医所需时间成本和经济成本通常更高，而城市公共服务特别是基本医疗服务的供给压力也比较大。保障流动人口在流入地享有均等的基本医疗服务，不仅是维护流动人口健康的重要举措，对促进社会公平、提高流动人口社会融合水平也意义重大。有关部门应充分重视基本医

疗服务供给问题，同时加强宣传、合理引导流动人口的就医选择，为其健康发展和本地融入创造条件。

（三）流动人口基本公共卫生服务可及性仍有提升空间，不同服务项目利用水平不均

由于各地不同服务项目实施推进的基础不一，地方政府对于不同服务项目的重视程度存在差异且实施难度有所不同，不同基本公共卫生服务项目的利用水平不均。例如，尽管城市规模与地域分布不同，各地流动儿童疫苗接种比例均在95%以上，计划免疫服务基本实现全覆盖。这与我国计划免疫全面普及的时间较早、相关政策法规较为完善、群众对于计划免疫服务的知晓程度较高等密切相关。另外，孕产妇和儿童保健长期以来得到各级政府重视，《中国妇女发展纲要》中强调了将流动孕产妇保健列入流入地孕产妇保健之中[1]，因此相比于其他基本公共卫生服务项目，孕产妇健康档案、产前检查和产后28天访视的覆盖率更高。

然而流动人口建立居民健康档案、接受慢性病免费随访评估和健康体检的比例则相对较低。流动人口流动性较强，很难在流入地建立连续的健康档案，影响了项目的完成率，因此流动人口并不在某些医院的服务范围中。另外，流动人口多为青壮年，患慢性病的比例较低，这也导致各地对流动人口的慢性病管理重视程度不足，慢性病管理服务水平尚处于起步阶段；但随着流动人口年龄结构老化，加之疾病谱的改变，加强流动人口慢性病管理的意义日益凸显。

（四）基本公共卫生服务利用率存在地区差异，不同发展水平城市面临各自挑战

宏观因素对于流动人口基本公共卫生服务利用情况同样具有明显影响，

---

[1] 张佩、庞汝彦、郭素芳、张敬旭：《城市流动与户籍孕产妇产前保健利用状况比较分析》，《中国妇幼保健》2012年第27期。

不同规模及处于不同发展阶段的城市具有不同的公共卫生服务资源、政策，且各地流动人口的社会经济特征和流动特征也存在差异，因此各地基本公共卫生服务情况也呈现不同的特点。

整体而言，规模较大、发展水平较高的城市计划免疫服务以及妇幼保健服务落实情况较好。从项目特点来看，计划免疫服务与妇幼保健服务在大城市已有较为成熟的管理模式，另外，大城市及发达地区的公共卫生经费投入力度较大、基本公共卫生服务人才队伍建设较完善、医疗卫生器材储备较为充足也促进了相关项目的开展。

然而，即使具备充足的资源，发展水平较高的城市在推进基本公共卫生服务的过程中也面临极大的挑战，这与大城市流动人口较为密集、异质性强相关。东部地区在居民健康档案以及慢性病管理服务的利用率上明显低于全国平均水平。由于全国统一的居民健康档案以及慢性病管理服务在2009年新医改后才开始全面实施，地方缺乏相应经验与基础，且东部地区在现阶段明显面临更多服务需求，使得流动人口健康管理存在一定难度。

（五）基本公共卫生服务在流动人口间宣传力度不足，阻碍公共卫生服务均等化进程

基本公共卫生服务的知晓率低，是基本公共卫生服务利用率及可及性低的主要原因[1]，即使流动人口具有足够多的健康知识，也无法将知识转化为行动。对居民健康档案的利用率而言，有将近50.00%的流动人口没有听说过居民健康档案或不清楚是否建立居民健康档案，导致了该项目在各个地区进展缓慢。知晓率低的主要原因是健康教育及相关服务的宣传力度不足，各地方政府及医疗卫生机构应进一步提升对基本公共卫生服务的重视程度，通过电视、网络等媒体增进流动人口对基本公共卫

---

[1] 郝爱华、张薇、刘志芳、许森杰、徐宁、刘礼平、邓惠鸿：《珠三角流动人口基本公共卫生服务利用及影响因素分析》，《中国公共卫生管理》2016年第32期。

生服务的了解，依据《全国基层医疗卫生机构信息化建设标准与规范（试行）》（国卫规划函〔2019〕87号）开展基层医疗卫生机构信息化建设，丰富电子健康档案面向个人开放服务的内容、渠道和形式，提高流动人口对电子健康档案的利用率，使流动人口明晰自身在相关服务领域所享有的权利，从而积极参与与配合基本公共卫生服务项目的开展与实施，有效维护流动人口权益，推动公共卫生服务均等化的进程。

参考文献

岳经纶、李晓燕：《社区视角下的流动人口健康意识与健康服务利用》，《公共管理学报》2014年第11期。

郭静、邵飞：《流动人口基本公共卫生服务可及性及影响因素分析》，《人口与健康》2016年第9期。

宋月萍、李龙：《流动人口健康档案现状调查分析》，《档案学通讯》2015年第3期。

尹勤、徐千里：《流动人口健康档案建立现状及影响因素分析》，《中国公共卫生》2018年第10期。

宋月萍、谭琳：《卫生医疗资源的可及性与农村儿童的健康问题》，《中国人口科学》2006年第6期。

宋月萍：《中国农村儿童健康：家庭及社区影响因素分析》，《中国农村经济》2007年第10期。

元国志、陈明清：《社区健康教育对流动人口儿童计划免疫的干预效果》，《宁夏医科大学学报》2014年第36期。

王庆冬：《社区健康教育对流动人口儿童计划免疫的干预效果评价》，《中国卫生产业》2015年第12期。

叶琴芳：《目前流动人口孕产妇现状分析和应对方法》，《当代医学》2012年第1期。

彭丽、邝炎波、李正梅：《建立孕产妇健康管理档案的效果分析》，《现代医院》2015年第8期。

果丽娜、易旻、边凤珍：《北京市朝阳区825例流动孕产妇产前检查现状及影响因素分析》，《中国妇幼卫生杂志》2012年第2期。

郑娣、王建春、钱庆梅：《流动人口孕产妇产前检查现状的原因分析及对策》，《医

药前沿》2015 年第 24 期。

王笑灵、沈汝枫、燕珊:《流动人口孕妇产后母子访视方式初探》,《中国妇幼保健》2007 年第 22 期。

李立平:《流动产妇与本地产妇产后访视母婴异常情况比较》,《基层医学论坛》2017 年第 21 期。

段成荣、刘涛、吕利丹:《当前我国人口流动形势及其影响研究》,《山东社会科学》2017 年第 9 期。

王晓霞:《流动人口基本公共卫生服务均等化问题探究》,《天津行政学院学报》2017 年第 19 期。

郭静、翁昊艺、周庆誉:《流动人口基本公共卫生服务利用及影响因素分析》,《中国卫生政策研究》2014 年第 7 期。

刘松、于贞杰、刘相瑜、李向云、黄冬梅、王泮利:《孕产妇保健服务利用现状调查》,《中国公共卫生》2012 年第 28 期。

B.5
流动儿童异地中考问题评估报告

韩昱洁[*]

摘 要： 本报告通过梳理流动儿童异地中考的相关政策，发现当前流动儿童异地中考的问题仍然较为严峻，一些省、直辖市关于流动儿童异地升学的政策还不够明确，还有一些流动人口大省和特大城市虽然逐步放开了异地中考限制，但准入门槛过高。究其原因，主要是教育资源配置不均衡、户籍制度的障碍、异地中考政策未能与异地高考政策协同配合。对此，本报告提出了调整教育资源配置，户籍制度和多阶段教育政策同步改革的意见。

关键词： 流动儿童 异地中考 高中阶段教育

一 流动儿童异地中考问题突出

过去30年间，随着城镇化和经济的迅速发展，中国发生了由农村向城市的大规模人口流动活动。据国家卫生健康委员会发布的《中国流动人口发展报告2018》，2017年我国流动人口规模达2.44亿人，占总人口的17.55%，相当于每6个人中有1个是流动人口。尽管受人口、经济形势、政策等因素的影响，近几年流动人口增速开始放缓，但是可以预见，在今后

---

[*] 韩昱洁，博士，暨南大学经济与社会研究院助教（政策研究轨），主要研究方向为教育经济学、劳动经济学和农业经济学。

较长一段时期，大规模的人口流动仍是我国人口发展及经济社会发展中的重要现象。

人口的流动，使得数量庞大的流动儿童也随之出现。2015年全国1%人口抽样调查数据和2010年全国人口普查数据测算显示，全国17岁以下的流动儿童的规模为3426万人。杨东平等主编的《中国流动儿童教育发展报告（2016）》发现，在2014年底，城市中超过200万名义务教育阶段的流动儿童只能入读民办学校。义务教育阶段后，流动儿童升学面临更大的阻碍，大量流动儿童必须回生源地参加升学考试，或者只能辍学提前进入劳动力市场。

（一）流动儿童异地中考需求强烈

规模庞大的流动儿童在城市所面临的主要问题就是教育问题。在众多教育问题中，高中阶段学校考试招生作为衔接义务教育和高中教育的重要枢纽，是牵系到流动儿童未来发展十分关键的一环。一方面，随着国内经济水平的持续增长，城市逐步推进产业转型升级，社会发展对劳动者技能的要求也在不断提高。从整体上看，当前的九年义务教育已经不能很好地满足社会对教育的需求，也不能满足流动人口家庭对教育的需求。另一方面，由于大量流动儿童在城市出生，他们从小在城市接受小学和初中教育，为了保证教育的连贯性和环境的适应性，留在当地继续上高中也顺其自然地成为流动儿童初中毕业后的最佳选择。因此，不仅是流动人口家庭父母希望自己的孩子初中毕业后能够在当地升学高中，相当一部分流动儿童自身也希望在流入地继续接受更高阶段的教育，继续接受高中阶段教育已逐步成为大多数流动人口家庭的迫切需求。

从总体上来看，流动人口随迁子女在流入地接受完义务阶段教育后通常面临四种选择：留在当地继续上高中或者职中、就地就业、回原籍上高中或职中、回原籍就业[1]。其中绝大部分流动人口随迁子女都会倾向于选择第一

---

[1] 吴霓、葛恬:《农民工随迁子女异地中考政策研究》，载杨东平主编《中国流动儿童教育发展报告（2016）》，社会科学文献出版社，2017，第79页。

种，也就是留在当地继续上高中或者职中，而要上高中或职中，就意味着必须跨越中考这一道门槛。流动人口随迁子女在其户籍所在地以外的地方接受初中教育，如果要在流入地继续接受高中阶段教育，就必须在流入地参加中考，因此被称为异地中考。能否参加异地中考，对流动人口随迁子女未来发展的影响尤为重要。

（二）促进社会公平和教育公平、推进普及高中阶段教育、尽快解决流动儿童异地中考问题

1. 解决流动儿童教育问题促进社会公平和教育公平

2017年10月18日，中国共产党第十九次全国代表大会在北京召开，在十九大报告中，习近平总书记指出必须把教育事业放在优先位置，并强调要促进教育公平。可以看出，国家正在极力推进我国教育事业向公平、高质量方向发展。

解决流动儿童的教育问题是促进社会公平和教育公平的重要举措。从短期来看，流动儿童成长中面临的种种问题，对儿童本身的人力资本积累和成长有重要的影响，直接影响他们能否获得和完成更高层次的教育和是否获得更高的工资水平及生活水平。从长远来看，儿童是未来社会发展的动力，庞大数量的流动儿童能接受公平和高质量的教育关系到将来整个国家的经济增长和社会发展，乃至成为民族振兴的关键。同时，流动儿童作为社会发展过程中的弱势群体，保障其受教育权利也是促进社会公平的一种体现。因此，解决流动儿童受教育问题，有利于实现社会公平和教育公平。

2. 推进普及高中阶段教育是近期教育政策的主要内容之一

十九大报告强调普及高中阶段教育，并将其作为近期国家教育政策的主要内容之一，充分说明了高中阶段教育对个人发展和国家建设的重要意义。对个人发展而言，高中阶段是学生个性形成和自主发展的关键时期，接受高中阶段教育，对学生提高认知与其他能力十分关键，并且能够帮助他们在未来获得更高的收入。从国家建设的角度来看，许多经济增长理论都强调了教育能提升人力资本水平，是经济增长的重要源泉。因此，推进

普及高中阶段教育是有助于提升国民整体素质和建设人力资源强国的基础工程。

2010年，中共中央、国务院印发了《国家中长期教育改革和发展规划纲要（2010~2020年）》，纲要指出要普及高中阶段教育。2017年，教育部等联合出台了《高中阶段教育普及攻坚计划（2017~2020年）》，也提出了普及高中阶段教育的目标，2020年的高中毛入学率要达到90%。从这些规划来看，如果无法从实际政策上解决流动儿童的升学需求，保障流动人口随迁子女的受教育权利，普及高中阶段教育和促进教育公平的目标就无法实现。

（三）流动儿童异地中考受户籍等问题限制

流动儿童的教育问题受到越来越多的重视，但是以户籍制度为首的众多"门槛"并没有为流动儿童降低。由于中考报名需要以户籍登记地为标志，因此非本地户籍的流动儿童被排除在城市的高中阶段教育系统之外。对于流动家庭来说，户籍制度是流动儿童异地中考的主要障碍。

尽管近几年不少特大城市开始实行积分入学政策，甚至放开了异地中高考的限制，但从实践情况来看，这些政策往往需要流动家庭满足有居住证、合法稳定职业、合法稳定居所以及社保等多个条件后，其子女才有资格报名参加异地中高考。从结果来看，这些政策主要面向的是高学历的强势人群，而低学历、低收入的农民工阶层难以受惠。

2014年，国务院发布关于户籍制度改革的文件，确定了对不同城市梯度开放的原则，要求严格控制特大城市的人口规模，因此一些特大城市的流动儿童教育政策发生了很大的转变。一些特大城市例如北京、上海，由于存在减少人口数量的硬性控制，甚至出现所谓"以教控人"的现象[1]。可见，由于户籍制度的限制，流动儿童在流入地高中升学面临着不小的挑战。

---

[1] 杨东平：《中国流动儿童教育的发展和政策演变》，载杨东平主编《中国流动儿童教育发展报告（2016）》，社会科学文献出版社，2017。

二 现行异地中考政策分析

(一)国家层面重视流动儿童异地中考问题

在中国快速的城市化进程中,大量的流动人口从农村向城市转移,为我国的经济发展做出了巨大贡献。但受计划经济时期我国城乡二元体制和户籍制度的限制,流动儿童的教育问题逐渐凸显,成为困扰该群体的一大问题。为了寻找合理办法有效地解决该问题,保障流动儿童的受教育权利,中央及地方政府先后出台了一系列政策措施及法律法规,但是在2000年以前,在流动儿童教育政策上受更多关注的是流动儿童的义务教育问题,异地中考起初并没有受到政府层面的重视。直到2003年,政府才开始了对异地中考政策的探索。

1. 异地中考政策的地区探索

对异地中考政策的探索最早开始于2003年,其中最早开始尝试的是合肥市、哈尔滨市和广州市。例如《2003年合肥市普通高中招生工作实施办法》中规定允许外来务工人员随迁子女报考市级示范高中(2007年扩至省级示范高中),《广州市中小学招生工作意见》规定普通借读生只允许报考社会力量办学以及各类职业学校[①]。在随后5年里,长春、武汉、乌鲁木齐、天津、深圳等城市也慢慢尝试加入允许流动人口随迁子女参加异地中考的队伍当中。

2003年以前,国家并没有明确给出关于异地中考的指导意见,各地关于异地中考的举措仍停留在本省市、县区的一些招生工作方案或者指导意见中,并没有出台具体的法规政策,而且在出台的方案和意见中关于报考条件的界定也比较模糊。同时,大部分地区对流动儿童高中阶段报考学校的范围作了明确限制,将民办高中和职业高中作为流动儿童学校报考选择。

经过近5年的探索,异地中考政策在2008年达到了一个较为密集的出台

---

① 姚晓飞:《我国农民工随迁子女异地中考政策研究》,硕士学位论文,陕西师范大学,2016。

期。安徽、福建、兰州、齐齐哈尔、大庆等多个省份或城市均对流动儿童异地中考做出了相关规定,上海也从2008年开始试行异地中考政策。这一时期的异地中考政策大多由劳动力流入数量较多的省、市出台,并以地级市政策为主,而国家层面尚未出台流动儿童异地中考政策。

2. 异地中考政策的转折点及当前(2019年)特征

2012年8月,国务院办公厅转发了教育部等四部委颁布的《关于做好进城务工人员随迁子女接受义务教育后在当地参加升学考试工作的意见》(以下简称《意见》),要求各地在当年年底前出台有关流动儿童在流入城市参加异地中高考的政策。

《意见》的出台给全国各地的外来务工人员及其子女带来了希望,也成为国家层面关于异地中考政策的转折点。针对这一要求,全国各省份和城市纷纷根据自身情况进行响应,出台了相关的指导意见和执行方案,对流动儿童异地中考具体的时间安排和升学条件做出了明确规定。截至2014年8月,有27个省份明确了流动儿童在当地参加中考的政策[①]。不过需要指出的是,由于各省份完全放开异地中考仍然需要一定的时间,部分省份采用的是过渡时期的政策方案,最终方案还有待进一步调整。

2019年中共中央、国务院印发的《中国教育现代化2035》也提出要实现基本公共教育服务均等化,完善流动儿童异地升学考试制度。这些政策的出台进一步表明国家越来越重视流动儿童的高中阶段教育,也为2019年全国各地的流动儿童异地中考政策的发展指明了方向。

(二)我国各地区异地中考政策比较

1. 各地区异地中考政策要求差异较大

根据各省、自治区、直辖市公布的随迁子女在当地的高中升学方案,表1显示了我国各地区截至2019年实施的异地中考政策[②]。

[①] 姚晓丹:《户籍改革如何推动教育公平》,《光明日报》2014年8月4日,第6版。
[②] 表中总结的主要是各省、自治区和直辖市公布的异地中考政策,如果没有明确的异地中考的要求,则列出该地区省会或首府的异地中考政策。

表1 我国各地区公布的异地中考政策

地区	条件
重庆	具有连续2年重庆市初中学籍,可报名参加初中学校所在区县初中学业水平考试(不含联招),并可被该区县内所属普通高中学校录取①
内蒙古	呼和浩特市随迁子女高中升学条件: 本人在市区初中学校具有正式学籍(2019年3月1日前转入),并在该校连续实际就读的初中结业生。需提供以下材料:户口本、居住证、父母务工证明(与用人单位签订的经劳动部门认定的劳动合同、灵活就业人员由暂住地居委会出具的灵活就业证明、个体户提供市场监督管理部门核发的营业执照副本)②
四川	(1)凡父母在四川省有合法稳定职业和住所(含租赁),在父母就业和居住地就读满一定年限并取得初中学籍的学生可在就读地报名参加中考; (2)凡在四川省就读的初中毕业学生均可在当地报考在四川省招生的中等职业学校③
湖南	(1)在湖南省接受义务教育,并取得当地学籍的学生; (2)未在湖南省接受义务教育的学生,可办理转学手续,转入湖南省的同类普通高中;或是凭本人初中毕业证书在流入地中等职业学校直接办理学籍注册手续④ 长沙市随迁子女高中升学条件: (1)在长沙城区取得学籍的学生,同等享受长沙高中阶段学校的招生录取政策; (2)未在长沙城区取得学籍的学生,其父母必须在长沙城区持续合法居住1年以上并参加长沙市职工基本养老保险(居住和参保至少1年),在征得户籍所在地县级教育行政部门同意后,到市教育局中招办指定的地点办理报名和资格审查手续,统一参加长沙市初中毕业学业水平考试和高中阶段学校的招生录取⑤
安徽	安徽省由各市结合实际情况制定政策,再由省政府教育行政部门审核⑥ 合肥市随迁子女高中升学条件:在市区报名参加中考的随迁子女初中毕业生,在填报志愿、录取政策等方面与市区户籍考生享受同等待遇,即有合肥市初中学籍即可报名参加中考⑦
山东	为适应户籍制度改革要求,山东省将制定以居住证为主要依据的随迁子女入学政策⑧ 济南市随迁子女高中升学条件:具有济南市初中学籍的应届初中毕业生,可以报考高中阶段学校⑨
河北	河北省进城务工人员及其他非本地户籍就业人员随迁子女与当地常住户籍人口子女享受同等待遇参加升学考试,具体考试条件由各区市根据本地实际制定⑩ 石家庄市随迁子女高中升学条件: (1)在石家庄市初中学校就读的随迁子女按本市考生对待。但报名时必须提交考生学籍表、户口本、父母务工单位证明; (2)外地户口考生只可填报民办普通高中和职业学校⑪

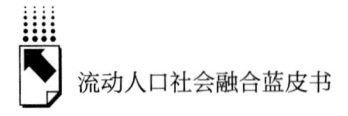

续表

地区	条件
吉林	改革招生录取办法:结合吉林省实际情况,将通过改革录取计分科目、依据或参考综合素质评价、科学确定普职招生规模、继续实施指标生(推荐生)政策、关注随迁子女入学等五个方面,进行招生改革[12] 长春市随迁子女高中升学条件: (1)具有长春市户口或长春市居住证的应、往届初中毕业生,均可报考普通高中类,往届初中毕业生只允许报考一般高中; (2)具有长春市户口或长春市居住证的应、往届初中毕业生(含同等学力),均可报考高职和中等职业类; (3)随迁子女须持户口本和在长春市居住证在就读学校或居住地招生办报名,与长春市考生同等待遇[13]
甘肃	甘肃省随迁子女入学政策以居住证为主要依据[14] 兰州市随迁子女高中升学条件: (1)具有兰州市连续两年初中学籍的非兰州市户籍应届初中毕业生,有兰州市居住证,可以报考本市的普通高中学校; (2)学籍不满连续2年的,应回户籍所在地参加升学考试[15]
黑龙江	(1)凡在黑龙江省具有合法职业、合法稳定住所(含租赁)的进城务工人员,其随迁子女在当地初中连续就读的,均可在当地报名参加中考,与当地户籍考生享受同等待遇。各市(地)、有关系统应于2013年3月底前出台相关政策,制定具体办法,并报省教育厅备案; (2)自2013年起,未在黑龙江省参加中考的随迁子女,如在高中起始年级秋季开学前随父母进入黑龙江省,可到当地高中学校就读。就读普通高中学校需提供相关证明(户口本和本人身份证,流出地教育部门出具的本人中考成绩证明、录取证明和借读或转学证明,流入地用人单位或街道社区出具的父母就业证明,居住所在地派出所或社区警务室出具的居住证); (3)就读中等职业学校需提供本人初中毕业证书,2013年前进入黑龙江省、尚未取得学籍的随迁子女,如高中起始年级即在黑龙江省就读的,提供父母就业证明、居住证以及本人就读学校证明,经主管教育行政部门认定后,均可注册学籍[16]
新疆	乌鲁木齐市随迁子女高中升学条件: 其父母均在乌鲁木齐市务工,并在市或区(县)教育局注册2年及以上学籍的初三学生可以享受乌鲁木齐市户籍同等待遇[17]
河南	(1)父母一方有合法职业和稳定住所(含租赁); (2)初中应届毕业生参加中考,须具有流入地正式学籍[18]
湖北	在湖北省各地初中学校就读并获得统一学籍号的随迁子女均可在当地参加升学考试,并享受与当地户籍考生同等待遇[19]

续表

地区	条件
贵州	贵阳市随迁子女高中升学条件： (1)在贵阳市连续就读并完成九年义务教育； (2)未在贵阳市连续读满九年义务教育的学生，可以选择报考省级示范性普通高中学校国际项目班、一般普通高中学校、中等职业学校[20]
广西	满足以下条件的随迁子女可在流入地参加初中毕业升学考试： (1)在流入地的初中学校就读3年，取得流入地正式学籍，为初中毕业年级学生； (2)其父母的其中一方(或法定监护人)在广西流入地具有合法稳定的职业和合法稳定的住所(含租赁)1年以上； (3)各设区市可根据本地的承载能力适当放宽限制条件[21]
江西	报考普通高中均衡招生志愿的考生，只限于在籍直升应届初中毕业生(学籍在本校，且初一至初三年级均在本校学习的应届初中毕业生，含按规定正常转学和休学学生)，对随迁子女的报考资格认定，各地可根据当地实际制定相关规定[22] 南昌市随迁子女高中升学要求： 应届、历届初中毕业生，不受年龄限制，在户籍或学籍所在地报名参加中考，原则上不得跨县域报名[23]
山西	从2014年起，随迁子女满足相关条件后可在山西省内就读地参加中考[24] 太原市随迁子女高中升学条件： (1)随迁子女的父母在太原市具有合法稳定的住所并居住1年以上、具有合法稳定的职业并工作1年以上； (2)随迁子女本人具有太原市初中学校正式学籍(就读1年以上)的应届初中生或具有太原市义务教育证书的往届初中毕业生，在提供相关证明材料后，均可报名参加中考[25]
广东	广东省要求各地级市，针对在当地有3年完整初中学籍的随迁子女，结合本地教育资源承载能力，制定随迁子女参加异地中考的条件和方法[26] 广州市随迁子女高中升学条件： (1)报考民办普通高中和中等职业学校的条件：凡是具有广州市初中学校学籍的毕业生均可报考广州市民办普通高中和中等职业学校(含中职学校、技工学校)； (2)报考公办普通高中的条件：具有广州市3年初中完整学籍、父母一方或其他监护人持有在广州市办理且在有效期内的广东省居住证的非广州市户籍初中毕业生，可报考广州市公办普通高中[27]
江苏	具有江苏省义务教育阶段学籍的应届初中毕业随迁子女，参加异地中考的具体办法由各省辖市制定[28] 南京市随迁子女高中升学条件： 凡在南京市就读初中并取得学籍的非南京市户籍的随迁子女，如选择在南京市继续升学，可根据南京市高中阶段学校考试招生政策进行报名，除特别说明外，可享受与本地户籍考生相同待遇[29]

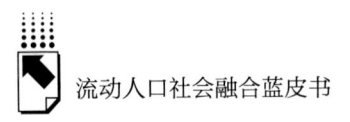

续表

地区	条件
浙江	浙江省随迁子女初中升高中的条件,由各市、县(市、区)制定[30] 杭州市随迁子女高中升学条件: 在杭州市区初中学校学习,并具有市区初中阶段连续3年学习经历和学籍,且其父母(或法定监护人)中至少有1人在市区有合法稳定职业、合法稳定住所(含租赁)、近3年内至少参加1年社会保险的随迁子女应届生,以及符合市区当年报考条件的外省籍往届毕业生[31]
福建	各地级市自行制定随迁子女参加异地中考的具体政策[32] 福州市随迁子女高中升学条件: (1)随迁子女因户籍不在福州市,无定向生资格。学籍在五城区满3年(2016年9月1日至初中毕业)报考学校不受限制; (2)学籍在六城区未满3年(2016年9月1日至初中毕业),不能报考福州一中、福州二中、福州三中、福州四中、福州格致中学、福州八中、福建师大附中、福州高级中学等8所学校[33]
辽宁	非辽宁省户籍,在辽宁省具有合法稳定职业和合法稳定住所(含租赁)的随迁子女在就学所在地参加中考,与所在地学生享受同等待遇[34]
陕西	满足以下条件并符合陕西省初中毕业学业考试报名其他条件,可在其毕业初中所在县(区)报名参加初中毕业学业考试。根据考试成绩,考生可选择升入普通高中、高职五年制大专、中专或职业高中: (1)从2014年起(下同),随迁子女的父亲或母亲持陕西省居住证1年以上; (2)按照国家规定在陕缴纳职工基本养老保险1年以上(含1年); (3)随迁子女本人持有陕西省初中学校颁发的毕业证书[35]
海南	各市县(单位)教育行政部门要健全以居住证为主要依据的随迁子女义务教育入学政策,落实随迁子女接受义务教育后在流入地参加中考政策[36] 户籍不在海南省,但具备以下条件之一者可报名参加初中毕业生学业水平考试: (1)在海南省应届初中毕业的驻琼部队现役军人子女、归侨、归侨子女(不含侨眷子女)及持有1年以上居住证的华侨学生、港澳台籍学生、外国籍学生; (2)在海南省初三年级就读满一年的应届毕业生,其法定监护人为在海南省就业的常住人员,且具有海南省公安部门出具的居住证件[37]
云南	昆明市随迁子女高中升学条件: 省外和省内其他州(市)户口,在昆明市初中就读,具有昆明市初中学籍的随迁子女应届初中毕业生,均可按就学地县(市)区招生范围报考昆明市普通高中学校和云南省中职学校、五年制高职院校[38]
天津	无天津市户籍但在天津市就读并具有天津市学籍的考生,可以填报五年制高职院校和各类中职学校志愿,不得填报普通高中学校志愿[39]

流动儿童异地中考问题评估报告

续表

地区	条件
北京	符合下列条件的随迁子女可以报名并报考中等职业学校： (1)进城务工人员持有在有效期内的北京市居住证、居住登记卡或工作居住证； (2)进城务工人员在京有合法稳定的住所； (3)进城务工人员在京有合法稳定职业且已满3年； (4)进城务工人员在京连续缴纳社会保险(医疗保险或养老保险)已满3年(不含补缴)； (5)随迁子女具有北京市学籍且已在京连续就读初中3年； 除上述所列情况外，没有北京市户籍的应届初三年级学生可以报名借考[40]
上海	(1)持上海市居住证且积分达到标准分值人员随迁子女，可在上海市居住证登记所在区或就读学校所在区，参加上海市中等学校高中阶段招生考试； (2)持上海市居住证且参加上海市职工社会保险满6个月，或持上海市居住证且连续3年在街镇社区事务受理服务中心办妥灵活就业登记的人员，其随迁子女在上海市接受3年初中教育的，可参加上海市全日制中等职业学校自主招生考试[41]

注：①《重庆市教育委员会关于做好2018年初中学业水平考试暨普通高中招生工作的通知》，重庆市教育委员会公众信息网站，2018年4月3日，http：//yunyang.cqedu.cn/Item/31938.aspx。

②《呼和浩特市教育局关于2019年高中招生工作的通知》，呼和浩特市教育局网站，2019年4月19日，http：//jyj.huhhot.gov.cn/hhhtsjy/xinxigongkai/tzgg/webinfo/2019/04/1544354032979294.htm。

③《四川省进城务工人员随迁子女在当地参加升学考试实施方案》，四川省教育厅网站，2012年12月31日，http：//www.gov.cn/zwgk/2013-01/05/content_2305068.htm。

④《湖南省人民政府办公厅转发省教育厅等部门〈关于做好进城务工人员随迁子女接受义务教育后在当地参加升学考试工作实施办法〉的通知》，湖南省教育厅网站，2013年1月31日，http：//www.louxing.gov.cn/louxing/wsbs_zdfw_sqznrx_zcyjd/201810/5b9b0e81ff0849a5982f485c08f712b7.shtml。

⑤《[长沙]最严招生季：2016长沙高中阶段学校招生方案出炉》，湖南省教育厅网站，2016年3月15日，http：//jyt.hunan.gov.cn/sjyt/xxgk/szdt/201809/t20180929_5109606.html。

⑥《安徽省人民政府办公厅转发省教育厅等部门关于进城务工人员随迁子女接受义务教育后参加升学考试工作暂行意见的通知》，安徽省人民政府网站，2012年12月31日，http：//www.ah.gov.cn。

⑦《关于印发〈合肥市2019年初中学业水平考试和高中阶段学校招生工作实施方案〉的通知》，合肥市教育局网站，2019年5月17日，http：//hfjy.hefei.gov.cn/1641/1646/201905/t20190517_2791910.html。

⑧娄辰：《山东建立以居住证为主要依据的随迁子女入学政策》，新华网，2017年9月17日，http：//www.xinhuanet.com//2017-09/17/c_1121677054.htm。

⑨《济南市教育局关于印发济南市2019年高中阶段学校招生工作意见的通知》，济南市教育局网站，2019年5月16日，http：//jnedu.jinan.gov.cn/art/2019/5/16/art_24643_2976783.html。

⑩《河北省人民政府办公厅转发省教育厅等部门关于做好进城务工人员随迁子女接受义务教育后在当地参加升学考试工作实施方案的通知》，河北省人民政府网站，2012年12月21日，http：//info.hebei.gov.cn//eportal/ui?pageId=6806152&articleKey=379501zc&columnId=6806589。

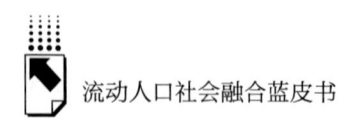

续表

⑪《2019 年中考报名工作安排意见》，石家庄市教育考试院网站，2019 年 3 月 20 日，http：//www.sjzjyksy.com.cn：8002/news/News/20190320141149.html。

⑫《吉林省：中考改革实施意见发布 涉及招生录取等多方面》，《长春晚报》2018 年 3 月 2 日，http：//chuzhong.eol.cn/jilin/jlzk/201803/t20180305_1587744.shtml。

⑬《长春市 2017 年中考网上报名工作实施细则》，长春市招生委员会办公室网站，2017 年 3 月 17 日，http：//cc.xdf.cn/zhongxue/news/201703/178331384.html。

⑭《甘肃省将建立以居住证为主要依据的随迁子女入学政策》，甘肃省教育厅网站，2018 年 2 月 24 日，http：//jyt.gansu.gov.cn/content-d5048d7eb29f45d893208629960e518c.htm。

⑮《关于印发〈2018 年兰州市高中阶段学校招生考试工作实施方案〉的通知》，兰州市教育局网站，2018 年 4 月 12 日，http：//jyj.lanzhou.gov.cn/art/2018/4/12/art_351_466839.html。

⑯《黑龙江省人民政府办公厅转发省教育厅等部门关于进城务工人员随迁子女在我省参加升学考试工作实施意见的通知》，黑龙江省人民政府网站，2013 年 7 月 5 日，http：//www.hlj.gov.cn/wjfg/system/2013/07/05/010562144.shtml。

⑰《关于印发乌鲁木齐市 2017 年普通高中招生工作规定的通知》，乌鲁木齐市教育局网站，2017 年 5 月 17 日，http：//www.wlmqedu.com/wlmqsedu/zwgk/tzwj/2017/82445.htm。

⑱《河南省教育厅关于做好 2019 年高中阶段学校招生工作的通知》（教职成〔2019〕367 号），河南省教育厅网站，2019 年 5 月 22 日，http：//www.haedu.gov.cn/2019/05/25/1558920453906.html。

⑲《关于进城务工人员随迁子女接受义务教育后在我省参加升学考试实施办法（试行）》，湖北省教育厅网站，2012 年 12 月 31 日，http：//jyt.hube.gov.cn。

⑳《关于印发〈贵阳市 2019 年初中毕业生学业（升学）考试与高中招生工作方案〉的通知》，贵阳市教育局网站，2019 年 6 月 13 日，http：//jyj.guiyang.gov.cn/content/2019-06/13/content_915726.htm。

㉑《关于外来务工人员随迁子女和外省户籍学籍迁入人员在广西参加升学考试的意见》，广西壮族自治区人民政府门户网站，2012 年 12 月 30 日，http：//www.gxzf.gov.cn。

㉒《江西省 2019 年中等学校招生工作有关规定》，江西省教育考试院官网，2019 年 2 月 15 日，http：//www.jxeea.cn/info/1037/11932.htm。

㉓《南昌市教育局关于印发〈南昌市 2019 年高中阶段招生工作实施意见〉的通知》，南昌市教育局网站，2019 年 3 月 26 日，http：//edu.nc.gov.cn/ncjyj/ptgztsfz/201903/e38c504ef8fd4329ba82766eeca23850.shtml。

㉔《山西省教育厅、山西省公安厅、山西省人力资源和社会保障厅关于印发〈山西省关于进城务工人员随迁子女接受义务教育后参加升学考试工作的实施方案〉的通知》，山西省招生考试管理中心网站，2013 年 1 月 2 日，http：//www.sxkszx.cn。

㉕《太原市 2019 年高中阶段教育学校考试招生报名工作问题解答》，太原市教育局网站，2019 年 6 月 19 日，http：//jyj.taiyuan.gov.cn//doc/2019/06/19/866014.shtml。

㉖《广东省人民政府办公厅转发省教育厅等部门关于做好进城务工人员随迁子女接受义务教育后在我省参加升学考试工作意见的通知》，中华人民共和国中央人民政府网站，2012 年 12 月 29 日，http：//www.gov.cn/zwgk/2013-01/08/content_2307076.htm。

㉗《广州市教育局印发〈关于 2019 年至 2020 年来穗人员随迁子女参加高中阶段学校考试招生工作的实施方案〉的通知》，广州市教育局网站，2018 年 12 月 29 日，http：//www.gzedu.gov.cn/gzsjyj/tzgg/201812/fdf32e523de5480baaf2918591bea19a.shtml。

㉘《省政府办公厅转发省教育厅等部门关于做好来苏务工就业人员随迁子女参加升学考试工作

续表

意见的通知》，江苏省人民政府网站，2012年12月28日，http://www.jiangsu.gov.cn/art/2012/12/28/art_46144_2545071.html。

㉙《关于做好我市外来务工人员随迁子女教育工作的通知》（宁教规划〔2019〕12号），南京市教育局网站，2019年4月26日，http://edu.nanjing.gov.cn/njsjyj/201904/t20190426_1522601.html。

㉚《浙江省人民政府办公厅转发省教育厅等4部门关于做好外省籍进城务工人员随迁子女接受义务教育后在我省参加升学考试工作实施意见的通知》，浙江省人民政府网站，2013年2月4日，http://www.zj.gov.cn/art/2013/2/4/art_1229019365_62203.html。

㉛《关于2019年杭州市区各类高中招生工作的通知》，杭州市人民政府网站，2019年3月8日，http://www.hangzhou.gov.cn/art/2019/3/8/art_1256296_31375770.htm。

㉜《福建省教育厅等四部门关于做好进城务工人员随迁子女接受义务教育后在当地参加升学考试工作的实施意见》，中央政府门户网站，2013年1月21日，http://www.gov.cn/zwgk/2013-01/21/content_2316769.htm。

㉝《2019年中考中招政策解读问答》，福州市教育局，2019年4月10日，http://jyj.fuzhou.gov.cn/zzbz/zcjd/bszcjd/201904/t20190410_2801882.htm。

㉞《辽宁省人民政府办公厅转发省教育厅等部门关于进城务工人员随迁子女在辽宁省参加中考和高考实施方案（试行）的通知》，辽宁省人民政府网站，2012年12月27日，http://www.ln.gov.cn/zfxx/zfwj/szfbgtwj/zfwj2011_1/201301/t20130108_1037084.html。

㉟《关于印发〈进城务工人员随迁子女义务教育后在陕参加升学考试方案〉的通知》，陕西省教育厅网站，2012年12月31日，http://jyt.shaanxi.gov.cn/news/jiaoyutingwenjian/201212/31/5944.html。

㊱《海南省教育厅关于做好2019年普通中小学招生入学工作的通知》，海南省教育厅网站，2019年4月25日，http://edu.hainan.gov.cn/edu/0400/201904/568c148a53e44039812b7f50e310a2f2.shtml。

㊲《关于外省户口小孩是否可以在海口参加中考的问题？》，海口市教育局网站，2019年2月6日，http://jyj.haikou.gov.cn/edu/hygq/201902/content_new.action?articleId=3341441。

㊳《昆明市招生委员会关于做好2019年高中阶段学校招生考试工作的通知》，中华考试网，2019年4月17日，https://www.examw.com/zhongkao/yunnan/211939/。

㊴《2018年天津市高级中等学校考试招生工作实施意见通知》，中国教育在线网站，2018年4月27日，http://chuzhong.eol.cn/tj/tjzk/201805/t20180502_1598085.shtml。

㊵《北京教育考试院关于做好2019年北京市高级中等学校招生工作的通知》，中华考试网，2019年3月28日，https://www.examw.com/zhongkao/beijing/211183/。

㊶《上海市人民政府办公厅转发市教委等四部门关于来沪人员随迁子女就读本市各级各类学校实施意见的通知》，上海市人民政府网站，2018年2月7日，http://www.shanghai.gov.cn/nw2/nw2314/nw2319/nw10800/nw42850/nw42851/u26aw55018.html。

2. 各地区异地中考政策按要求多少可分为五类，东部地区省份要求最多

总体来看，各地区的异地中考政策可以分为如下五类。

第一类：异地中考报名无学籍、户籍等条件限制。

部分地区在流动人口随迁子女异地中考政策中取消了对其在学籍、户籍

等方面的各种限制，流动人口随迁子女可享受与当地户籍人口子女同等待遇。但这些政策大多规定随迁子女报考中等职业类学校。例如，湖南省的异地中考政策规定随迁子女就读父母务工所在地中等职业学校，仅凭本人初中毕业证书就能在流入地中等职业学校直接办理学籍注册手续。流动儿童若要在流入地报考普通高中，则需要满足更多的条件。

第二类：异地中考报名与学籍挂钩。

一些政策相对宽松的地区只要求学生在流入地的学籍满足一定年限即可参加中考。以重庆市为例，只要具有连续两年重庆市初中学籍的市外户籍初中毕业生，即可报名参加初中学校所在区县初中学业水平考试，并被该区县内所属普通高中录取。类似的还有江苏省，以南京市为例，在该市就读初中并取得学籍的非南京市户籍的进城务工人员随迁子女，如在南京市继续升学，除了特殊说明，报名、考试、录取与所在区拥有南京市户籍的考生相同，可以报考的学校种类也没有限制。有的省市则会对学籍的年限有更严格的要求，如乌鲁木齐市要求考生在市或区（县）教育局注册2年及以上学籍才可以享受与本地考生相同的待遇。

第三类：异地中考报名同时要求学籍与父母的工作居住证明。

部分省市在随迁子女中考政策的规定中加入了对稳定住所、父母的社保和工作证明等相关的要求。例如，随迁子女要在内蒙古自治区呼和浩特市参加中考，除了要有呼和浩特市初中学籍，还要求其家长在当地有合法稳定住所并持有居住证和务工证明，包括与用人单位签订的劳动合同或个体户的营业执照等。

第四类：异地中考报名和报考学校种类的限制。

部分省市不仅对异地中考报名有限制，还对可报考学校的种类进行了一定限制。如在天津市有学籍无本地户籍的随迁子女在该市中考时，可填报5年制高职院校和各类中职学校志愿，但不可以填报普通高中。类似地，在北京市的异地中考政策规定中，在随迁子女和父母双方满足三个"3"即父母3年合法稳定职业、连续3年缴纳社会保险、子女连续3年初中学籍的条件下，父母持有在有效期内的北京市居住证、居住登记卡或工作居住证，并在京有合法稳定的住所，随迁子女也只能报考中等职业学校。

第五类：异地中考报名与积分制度挂钩。

积分制度是近几年东部沿海地区普遍使用的一种用于将流动人口个人情况和实际贡献转化为分值的制度，涉及流动人口的年龄、教育背景、职业技能、社保缴纳年限等多方面的指标。当积分达到标准分值，流动人口及其子女可以享受相应的公共服务待遇。以上海市为例，持上海市居住证且积分达到标准分值人员的随迁子女，可在上海市居住证登记所在区或就读学校所在区参加上海市中等学校高中阶段招生考试，类似的还有广东省珠海市。但积分制度规定的允许参加异地中考的标准分值往往较高，一般流动人口家庭难以达到。

表2显示了我国主要省、自治区和直辖市的异地中考政策按上述定义进行的分类。如果按照四大经济区域来看，东部地区的政策限制要求比东北地区、西部地区和中部地区都更多。这与各地区经济发展状况、流动人口规模和人口限制的政策关系紧密。东部地区的城市吸引力较大，流动人口规模较大而又受人口限制政策的约束较多，因此异地中考政策的制定标准更为严格。

表2 我国省、自治区和直辖市异地中考政策的分类

类别	省、自治区和直辖市
第一类：异地中考报名无学籍、户籍等条件限制	湖南（中职）
第二类：异地中考报名与学籍挂钩	重庆、四川（中职）、湖南（普高）、安徽合肥、山东济南、新疆乌鲁木齐、湖北、贵州贵阳、江西南昌、广东广州（民办和中职）、江苏南京、福建福州、云南昆明
第三类：异地中考报名同时要求学籍与父母的工作居住证明	内蒙古呼和浩特、四川（普高）、吉林长春、甘肃兰州、黑龙江、河南、广西、山西太原、广东广州（普高）、浙江杭州、辽宁、陕西、海南、云南昆明（普高）、上海（中职）
第四类：异地中考报名和报考学校种类的限制	河北石家庄、天津、北京
第五类：异地中考报名与积分制度挂钩	上海（普高）

123

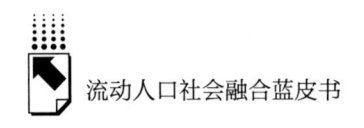

（三）城市异地中考政策具体分析

1. 大城市案例——广州市异地中考政策仍有待改进

在过去15年间，随着经济快速发展，广州市吸引了大量流动人口前来务工。根据广州市统计局发布的《广州市2015年全国1%人口抽样调查主要数据公报》，截至2015年末广州市有1350.11万常住总人口，其中现居住地与户口登记地不一致且离开户口登记地半年以上的流动人口达572.98万人，处于义务教育阶段的流动儿童数量已达59.57万人。在义务教育阶段，每100名学生中就约有46名是流动儿童，意味着大量流动儿童面临高中升学问题。

为了响应国家颁布的《关于做好进城务工人员随迁子女接受义务教育后在当地参加升学考试工作的意见》和广东省出台的《广东省人民政府办公厅转发省教育厅等部门关于做好进城务工人员随迁子女接受义务教育后在我省参加升学考试工作意见的通知》，广州市于2014年颁布了《关于做好来穗人员随迁子女参加高中阶段学校招生考试工作的实施方案（试行）》（以下简称《实施方案》），即异地中考政策。《实施方案》规定了从2014年开始公办普通高中停止招收择校生，符合"四个三"条件非本市户籍学生可报考省、市属公办普通高中和毕业学校所在区属公办普通高中，但招生数量不能超过学校所在批次招生计划的8%。"四个三"条件具体为：广州市初中阶段三年完整学籍、父亲或母亲在广州连续三年以上的合法稳定职业证明、连续三年以上的合法稳定住所证明、在广州参加社会保险累计三年以上的证明。

为进一步做好随迁子女在广州市的中考工作，2018年广州市颁布了《关于2019年至2020年来穗人员随迁子女参加高中阶段学校考试招生工作的实施方案》，该方案将"四个三"放宽为"两个有"，即具有广州市三年初中完整学籍、父母一方或其他监护人持有在广州市办理且在有效期内的广东省居住证的非广州市户籍初中毕业生，可报考广州市公办普通高中。

这一政策取消了以往非本市户籍学生入读公办普通高中需要缴纳高额择校费的要求，给家庭经济条件较差但成绩优异的流动儿童带来了机会，但另一方面，8%的名额限制也让许多成绩稍逊的流动儿童被公办普通高中拒之门外。广州市招考办2019年公布的数据显示，2019年广州市报名参加中考的考生有90607人，其中非本市户籍考生有28999人，2019年来穗人员随迁子女报考公办普通高中的资格，从"四个三"调整为"两个有"，共有23920人申报随迁子女资格，较2018年增加6536人。"两个有"条件全部实现数据自动审核，2019年已申请随迁子女资格的考生通过率为95.26%，政策红利已经凸显。而2019年广州市公办普通高中招生计划为48653人，按招生计划的8%来计算，最终只有3892名非本市户籍考生有机会入读公办普通高中[1]。也就是说，有83.73%的流动儿童与公办普通高中失之交臂，只能进入民办高中、中等职业学校或返回户籍地就读公办普通高中。

除了8%的招生限制，报考条件中的政策标准虽然从"四个三"降低为"两个有"，但对流动儿童入读公办普通高中设立的门槛依旧很高，使得部分成绩优异但不满足报考条件的流动儿童失去了入读公办普通高中的机会。因此，从整体上来看，虽然广州市放开了异地中考，但是非本市户籍学生入读公办普通高中的难度依然非常大，这也说明广州市在异地中考政策方面仍有改进空间。

2. 特大城市案例——上海市虽异地中考政策限制严格但仍努力探索解决方案

作为中国最大的移民城市，上海市吸引了大量的外来人口。尽管近几年上海市、北京市等特大城市实行的"人口调控"政策在一定程度上改善了社会资源紧缺的状况，但是从实际情况来看，上海市流动儿童的受教育需求依然十分庞大。上海市统计局公布的数据显示，截至2018年年底，上海市常住人口达2423.78万人，其中外来常住人口达976.21万人[2]。因此，有利于流动儿童的升学政策对于解决他们的受教育问题至关重要。

根据上海市异地中考政策，只有持上海市居住证且积分达到标准分值人

---

[1] 李楠：《异地中考｜广深非户籍考生深陷"数字游戏"》，《户改观察》2016年12月18日，https://dy.163.com/article/C8JQ3SM80514CACI.html。
[2] 上海市统计局：《2018年上海市国民经济和社会发展统计公报》，《统计科学与实践》2019年第3期。

员的随迁子女，才能够在上海市居住证登记所在区县或就读学校所在区县参加本市中等学校高中阶段招生考试。这也就是说，随迁子女如果想要在上海市就读普通高中，只有以积分入户的方式达到标准要求后，才有可能通过参加中考进入普通高中。然而，积分入户对于大部分流动人口而言都不太现实，因为积分制度主要与学历水平及经济能力挂钩，受教育水平相对较低的外来务工人员积分往往较低。

就目前来看，无法达到高中入学积分要求的上海市随迁子女在完成义务教育阶段的学习后在上海市升学的唯一选择是参加本市全日制中等职业学校自主招生考试。而随迁子女要参加全日制中等职业学校自主招生考试，必须满足以下条件：随迁子女父母持上海市居住证且参加本市职工社会保险满六个月，或持上海市居住证且连续三年在街镇社区事务受理服务中心办妥灵活就业登记；随迁子女已在本市接受三年初中教育。这些条件和以往的政策相比，实际上提高了流动儿童入读中等职业学校的门槛，使得很多初中毕业生因为达不到上海市规定的入学条件而不能入学。

上海市的异地中考政策对报考学校种类做出了严格限制，但是上海市教委也针对随迁子女义务教育阶段后的升学政策进行了一些其他探索。例如2012年上海市教委实施的中高职贯通招生计划，即随迁子女完成初中教育后可直接读大专或大学。这种教育模式得到了来自流动家庭的学生及家长的广泛认可，变成了十分抢手的选择。也正因如此，中高职贯通每年报考的人数均远超计划录取人数，竞争非常激烈。据悉，2019年中高职贯通自主招收随迁子女录取平均分数线达到了309.45分（总分450分）[1]。

从保障流动人口随迁子女平等升学权利的角度来看，尽管中等职业学校在一定程度上满足了流动儿童的受教育需求，但这在很大程度上是他们就读普通高中的需求无法得到满足之后的无奈之选。上海市紧缩的教育政策背后，实际上体现的是"人口调控"政策与教育公平之间的矛盾，而如何在

---

[1] 《2019年上海市中等职业学校自主招收随迁子女"五年一贯制"和中高职贯通各专业录取最低分数线》，上海市教育考试院网站，2019年7月12日，http://www.shmeea.edu.cn/page/03600/20190712/13065.html。

这两者之间实现有效平衡,解决关乎数十万流动儿童未来的教育公平问题,是上海市各部门亟须直面的一大挑战。

3. 二线城市案例——长沙市异地中考政策更能适应随迁子女受教育需求

长沙作为湖南省省会,同时又是长江中游地区重要的中心城市,其流动儿童的数量非常庞大。2010年第六次全国人口普查数据显示,湖南省有118万流动儿童,占全国流动儿童的3.29%,位居全国第十[①]。这些随迁子女在完成义务教育阶段的学习后,同样要面临升学问题,因此异地中考政策的宽松与否,关系到他们未来的去向。

2013年,为响应国务院办公厅转发教育部等部门《关于做好进城务工人员随迁子女接受义务教育后在当地参加升学考试工作意见的通知》和湖南省教育厅出台的《关于做好进城务工人员随迁子女接受义务教育后在当地参加升学考试工作实施办法》,长沙市针对随迁子女在就读地参加升学考试的报考条件和报名办法做出了确切说明,指出凡在长沙城区取得初中学籍的,可以就地报名参加考试,同等享受长沙高中阶段学校的招生录取。随迁子女在户籍所在地接受义务教育后,要求入读长沙城区高中的,其父母只要满足在长沙城区持续合法居住1年以上,并参加本市职工基本养老保险(居住和参保至少1年)的即可办理报名手续。另外,根据湖南省教育厅规定,要求到父母务工所在地中等职业学校就读的随迁子女,凭本人初中毕业证书可在流入地中等职业学校直接办理学籍注册手续。可以看出,和广州市、上海市等地区相比,长沙市异地中考的要求对于流动儿童来说还是比较宽松,只对普通高中做了学籍、居住证及社保年限方面的少量限制,绝大部分的流动家庭都能达到要求,而入读中等职业学校的门槛则更低,能够满足流动儿童义务教育阶段后接受更高教育的需求。由此可见,宽松的政策能够更好地保障流动儿童平等升学的权利,也有利于促进教育公平,实现普及高中阶段教育的目标。

[①] 新公民计划:《中国义务教育阶段随迁子女地域分布(2015)》,载杨东平主编《中国流动儿童教育发展报告(2016)》,社会科学文献出版社,2017,第276页。

三　我国流动儿童基本特征和高中阶段教育现状

（一）全国高中年龄段流动儿童比例下降且就读高中的比例远低于全国高中毛入学率

从性别情况来看，男性流动儿童与女性流动儿童之比为1.21∶1。从年龄段情况来看，0~5岁学龄前流动儿童占比为37.10%，6~12岁小学年龄段流动儿童占比为40.20%，13~15岁初中年龄段流动儿童占比为11.20%，16~18岁高中年龄段流动儿童占比为11.50%。其中，高中年龄段（16~18岁）流动儿童比例较由《中国2010年第六次人口普查资料》样本数据估计的2010年的比例降低了接近25.00%，这有可能是因为有越来越多的高中年龄段流动儿童返回老家。

从教育水平上看，我国0~18岁的流动儿童中，未接受过学校教育的儿童占6.20%，受教育水平为小学的儿童占58.60%，受教育水平为初中的儿童占24.50%，受教育水平为高中的儿童占10.30%，受教育水平为大学及以上的占0.40%。而高中年龄段的流动儿童中，受教育水平为高中的比例为50.30%，该比例远低于全国2016年87.50%的高中毛入学率。除去统计口径的差别，形成这一差距的原因有几个，其中最主要的原因是流动儿童在流入地的升学门槛较高，很多人无法满足异地中考要求，初中毕业后选择在流入地务工或者返回老家。除此之外，也有可能是部分流动儿童入学较晚，部分高中年龄段的流动儿童仍在就读初中。

（二）各省、区、市高中年龄段流动儿童就读高中情况

图1显示了16~18岁高中年龄段流动儿童占该省、区、市流动儿童总数的比例，其中比例最高的是河南省、黑龙江省、贵州省，其比例均约为17%，说明这些省份有较高比例的流动儿童会受到异地中考政策的影响；比例最低的是广西壮族自治区、海南省、北京市和上海市，比例均约为7%。

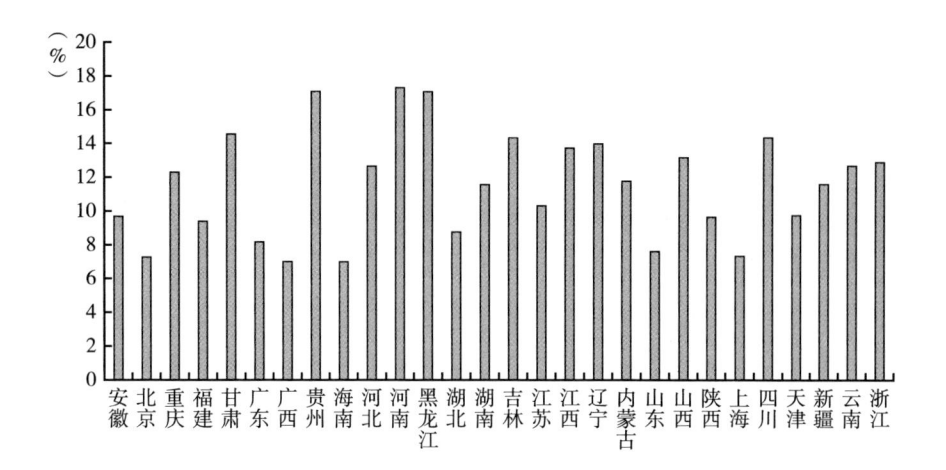

图1 各省、区、市16～18岁高中年龄段流动儿童所占比例

资料来源：根据2016年流动人口动态监测调查数据计算所得。

1. 各省、区、市高中年龄段流动儿童就读高中的比例差异大，与该地异地中考政策对普通高中和职业中学的开放程度不同相关

图2显示了在各省、区、市中，高中年龄段流动儿童受教育情况。所有省份中，受教育水平为高中的适龄流动儿童占该年龄段流动儿童的比例均低于全国平均毛入学率（87.50%）。在已统计的28个省、区、市中，有9个地区流动儿童高中受教育水平所占比例未超过50%。

各省、区、市中高中年龄段流动儿童就读高中的比例也有明显的差别。受教育水平为高中的流动儿童占该省份所有高中年龄阶段流动儿童的比例最高的是安徽省、湖南省、重庆市和湖北省，其比例均约为70%；比例最低的是浙江省和云南省，分别为28%和35%。这与前文总结的流动儿童异地中考政策相吻合，安徽省、湖南省和湖北省的异地中考政策比较宽松，均只要求有当地学籍，因此有更高比例的流动儿童能够入读高中；而浙江省除了要求随迁子女有当地学籍，还对其父母的稳定住所及合法稳定的职业有要求，能入读高中的流动儿童比例较低。

根据各省、自治区和直辖市异地中考政策中报考普通高中的难易程度划分，归属于第二类的高中年龄段流动儿童处于高中受教育水平的平均比例为

流动人口社会融合蓝皮书

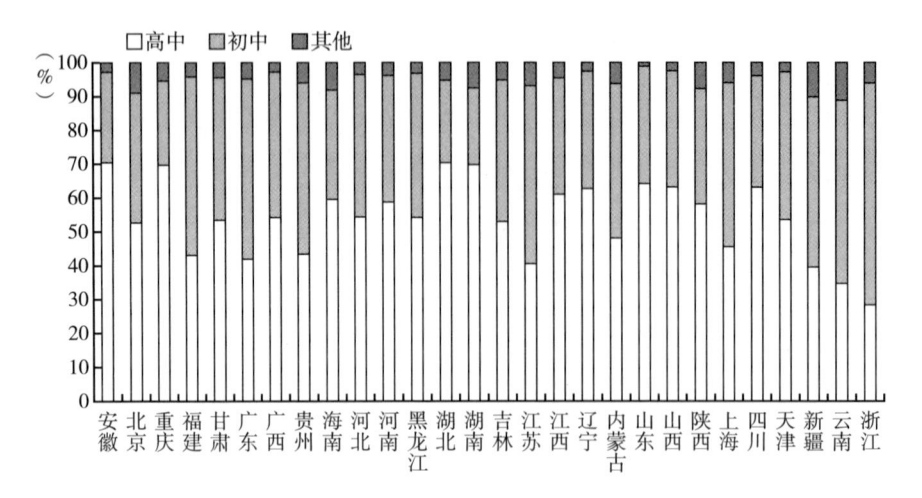

[图表：各省、区、市高中年龄段流动儿童受教育水平所占比例柱状图，图例：高中、初中、其他；横轴省份：安徽、北京、重庆、福建、甘肃、广东、广西、贵州、海南、河北、河南、黑龙江、湖北、湖南、吉林、江苏、江西、辽宁、内蒙古、山东、山西、陕西、上海、四川、天津、新疆、云南、浙江]

图2 各省、区、市高中年龄段流动儿童受教育水平所占比例

资料来源：根据2016年流动人口动态监测调查数据计算所得。

57%，高于报考要求更高的其余三类的平均比例52%。另外，异地中考要求最严格的第四类和第五类的高中年龄段流动儿童处于高中受教育水平的平均比例为52%，与第三类的平均比例相同，这说明第四类和第五类为流动儿童开放中等职业学校报考对实现教育公平也有积极的作用。

2.各省、区、市男女高中年龄段流动儿童就读高中比例大体接近，但在政策严格的省、区、市男性就读高中的比例高于女性

图3显示了各省、区、市不同性别流动儿童高中年龄段受教育水平为高中的人数占当地高中年龄段流动儿童总人数的比例。在男性中，该比例在湖南省和重庆市最高，均为69%；在云南省和浙江省的比例较低，分别为35%和28%。在女性中，安徽省、湖北省、湖南省和重庆市的比例最高，分别为75%、74%、70%和70%；浙江省和云南省的比例较低，分别为28%和34%。

结合来看，男性和女性16~18岁的流动儿童学历达到高中水平的比例在大多数省份中较为接近，说明流动人口家庭对流动儿童教育的投入与性别的关系不大。但在个别异地中考政策限制较多的省市如第四类和第五类（上海市、河北省、天津市和北京市），男性适龄的流动儿童入读高中的比例为55%，说明在这些地区异地中考政策更多限制了女性流动儿童接受高

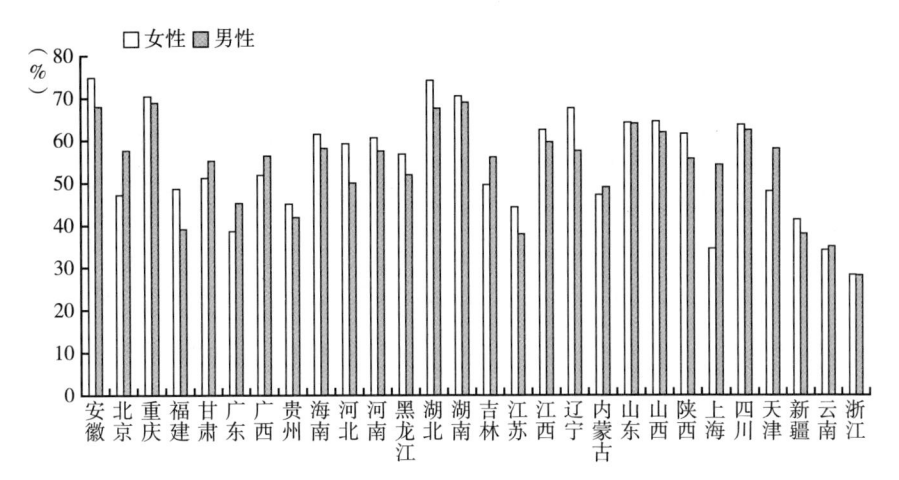

图3　各省、区、市男女流动儿童高中受教育水平比例

资料来源：根据2016年流动人口动态监测调查数据计算所得。

中阶段教育的机会。

3. 非农业户籍适龄流动儿童就读高中的比例基本较农业户籍儿童更高

图4显示了不同户籍高中年龄段受教育水平为高中的流动儿童人数占当地高中年龄段流动儿童总人数的比例。在农业户籍流动儿童中，高中年龄段流动儿童受教育水平为高中的比例在湖北省、湖南省、安徽省和重庆市较高，

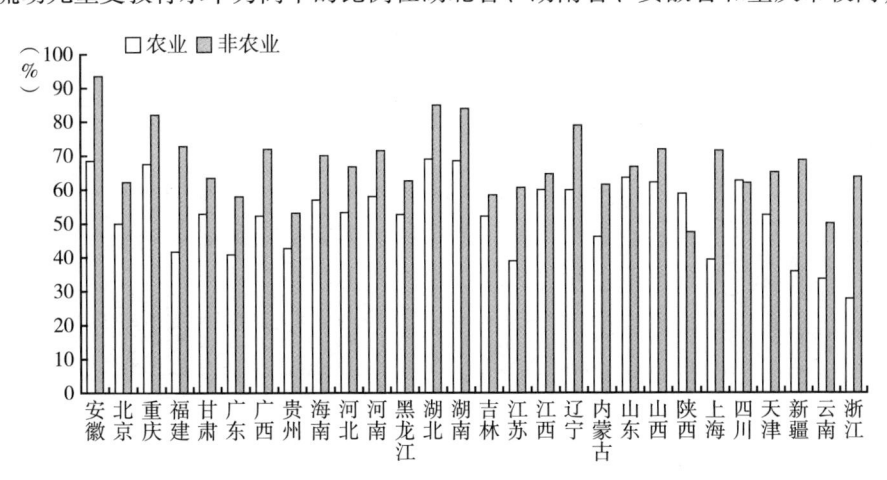

图4　各省、区、市农业与非农业户籍流动儿童高中受教育水平比例

资料来源：根据2016年流动人口动态监测调查数据计算所得。

分别为69%、68%、68%和68%；而新疆维吾尔自治区、云南省和浙江省的比例较低，分别为36%、34%和28%。在非农业户籍流动儿童中，比例最高的是安徽省、湖北省、湖南省和重庆市，分别为94%、85%、84%和82%；广东省、贵州省、云南省和陕西省的比例较低，分别为58%、53%、50%和47%。

总的来看，除了陕西省，其余省份的非农业户籍的流动儿童学历达到高中水平的比例均高于农业户籍流动儿童的比例。这一差别的原因可能是非农业户籍的家庭更重视子女的教育，也可能是这些家庭更容易满足地方政府设置的异地中考要求。

4. 各省、区高中年龄段不同流动范围的流动儿童入读高中的比例差别不大

图5显示了高中年龄段受教育水平为高中的跨省、区流动儿童占高中年龄段该地跨省、区流动儿童总数的比例，其中，安徽、江西、四川的比例最高，分别为83%、69%、68%；福建、广东、浙江的比例较低，分别为33%、31%、24%。在跨市的适龄流动儿童中，比例较高的三个省为浙江、湖北和山西，分别为77%、74%和69%；比例较低的为云南，仅为30%左右。在跨县适龄的流动儿童中，比例最高的为湖北、湖南、安徽，比例分别为74%、77%、71%；比例较低的为云南，为30%。

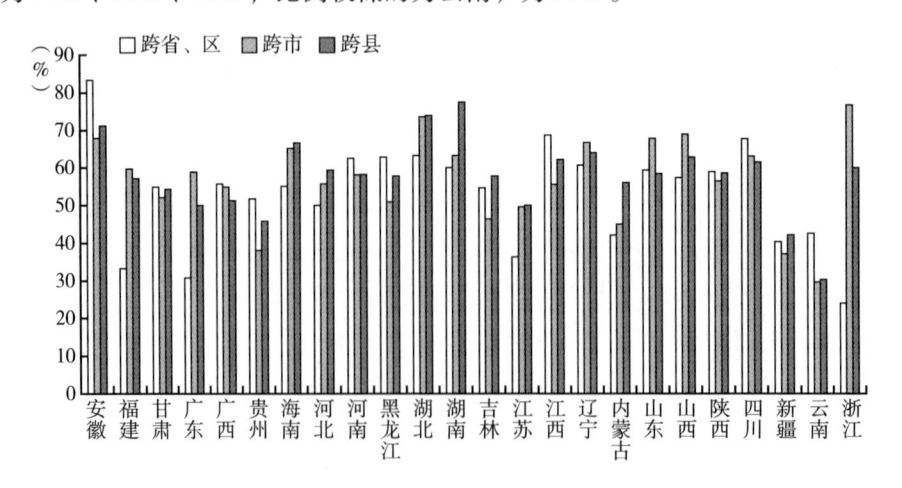

图5 各省、区高中受教育水平流动儿童流动范围比例

资料来源：根据2016年流动人口动态监测调查数据计算所得。

结合来看，部分省、区的跨市、跨县的适龄流动儿童受教育水平为高中的比例要远高于跨省、区的适龄流动儿童的比例，部分省份的跨县、跨市和跨省的适龄流动儿童入读高中的比例依次有所降低，但差别很小，这可能是由于异地中考政策对不同流动范围的流动儿童的限制差别不大。

（三）重点城市高中年龄段流动儿童受教育水平情况

1. 异地中考政策要求较多的城市和东部城市适龄儿童入读高中比例低

图6和图7显示了60个重点城市的高中年龄段受教育水平为高中的流动儿童占该城市所有高中年龄段流动儿童的比例。其中，高中年龄段流动儿童受教育水平为高中的比例最高的分别为济南市、沈阳市、重庆市，其比例分别为72%、70%、70%。在本报告选取的60个城市样本中，有30余个城市高中年龄段受教育水平为高中的流动儿童比例不低于50%。

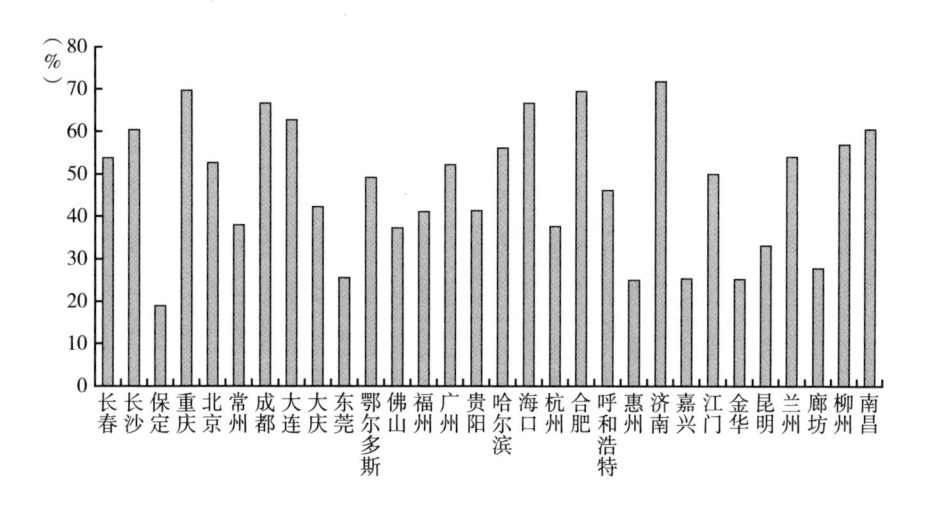

图6 部分重点城市流动儿童高中受教育水平比例

资料来源：根据2016年流动人口动态监测调查数据计算所得。

根据各省、自治区、直辖市异地中考政策中报考普通高中的难易程度划分，归属于第二类的高中年龄段流动儿童处于高中受教育水平的平均比例为52%，高于报考要求更高的第三类的平均比例（48%）和第四、五类的平

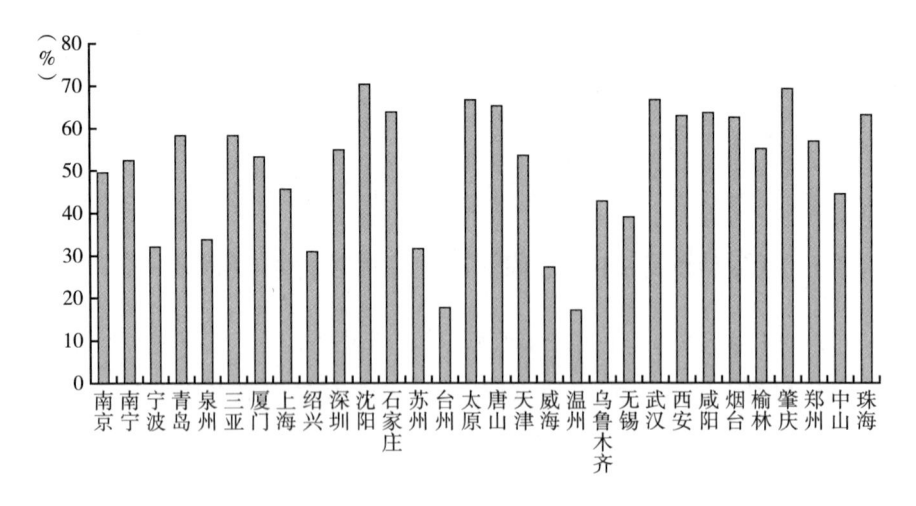

图7 部分重点城市流动儿童高中受教育水平比例

资料来源：根据2016年流动人口动态监测调查数据计算所得。

均比例（47%）。如果按照四大经济区域来看，东部地区城市适龄儿童入读高中的平均比例最低，仅为44%，而东北部地区城市的平均比例为53%，西部地区城市为54%，中部地区城市平均比例高达63%。结合之前总结的东部地区异地中考的政策限制要求最多，其次是东北部地区，再次是西部地区，限制最少的是中部地区，再次印证了异地中考政策限制越多的城市，适龄流动儿童入读流入地高中的阻碍会越大。

2. 异地中考政策是影响适龄儿童入读高中的比例和本地学生高中毛入学率的重要因素

本报告重点分析的三个流动人口相对密集的城市，分别是上海、广州和长沙。这三个城市2016年高中年龄段受教育水平为高中的流动儿童占该城市所有高中年龄段流动儿童的比例分别为46.00%、52.00%、60.00%，而2016年这三个城市本地学生的高中毛入学率分别为88.00%、110.10%和90.80%。适龄流动儿童处于高中受教育水平的比例均远低于本地学生的高中毛入学率，但相比于广州市和上海市，长沙市的适龄流动儿童处于高中受教育水平的比例更接近本地学生的高中毛入学率。

结合上文的政策对比分析可知，上海市实行了积分入学制与学籍制，广州市要求学籍和父母的工作居住证明,在双重严格要求下,流动儿童尤其是随迁子女可以达到中考报名条件并考取普通高中的人数大大减少,导致流动儿童与本地学生的高中毛入学率差异较大。相较而言,长沙市的异地中考政策对流动儿童参加异地中考的限制较少,不仅允许流入该市并取得当地学籍的随迁子女在当地参加中考,而且允许随迁子女在户籍所在地参加中考并在被当地普通高中录取后,按照湖南省普通高中学生学籍管理办法相关规定办理转学手续,转入长沙市同类普通高中同层次学校就读。所以,长沙市流动儿童与本地学生的高中毛入学率差距要小于上海市与广州市。

四 流动儿童异地中考问题归因

截至目前,流动儿童异地中考的问题仍然较为严峻。一方面,一些省、直辖市关于流动儿童异地升学的政策还不够明确。另一方面,一些流动人口大省和特大城市已经逐步放开异地中考限制,并制定了明确的政策要求,但是由于准入门槛过高,仍有许多流动儿童的升学问题无法得到解决。究其原因,主要是教育资源配置不均衡、户籍制度的障碍、异地中考政策未能与异地高考政策协同配合。

(一)教育资源配置不均衡

1. 各地区之间的教育资源配置不均衡

目前我国仍然沿袭过去计划经济条件下的政府配置资源的方式,根据户籍人口数量与分布来作为配置教育资源的依据和标准,这种分配方式忽视了大量流动儿童的教育需求。因此,随迁子女在流入地参加高中阶段教育,在一定程度上被认为是挤占了本地学生的教育资源。而当地政府及相关部门为了保障本地学生的利益,在教育政策的制定上会较为严格,进而加剧流动儿童教育资源的紧缺。

广州市自2014年起为随迁子女提供了免费入读公办普通高中的机会,但是在8%的限额下,实际受惠的随迁子女数量非常有限。广州市招考办公布的数据显示，2018年报名中考的借读生为29235人，通过随迁子女资格审核并完成志愿填报的借读生为17104人，同时全市普通高中计划学位53868个，按照8%的公办普通高中学位比例，最终只有约3886名非本地户籍考生有机会入读公办普通高中，即29235人中只有约13.30%的人能成为幸运儿。这反映了许多大城市的普遍情况，即各阶段教育资源配置的不均衡导致的教育资源紧缺问题。

由此可见，这种僵化的资源配置模式已经与当今中国的人口现状不相适应，不均衡的资源配置模式导致各地区之间教育资源不均衡，一些承载了大量流动人口地区的教育资源竞争非常激烈，而一些人口流出地的教育资源却供大于求。

2. 各阶段的教育资源配置不均衡

根据往年教育部、国家统计局、财政部发布的《全国教育经费执行情况统计公告》，国家对初中教育和高等教育的投入相对较高，而对普通小学以及连接义务教育和高等教育的普通高中教育的投入则相对较低。尽管近几年由于国家对普及高中阶段教育的强调，普通高中教育事业经费支出有所增长，但由于高中阶段教育不属于义务教育，政府在高中阶段教育资源方面的财政投入经费仍然十分有限。因此，由于无法充分获得来自政府的教育经费，一些学校需要通过收取"择校费"来弥补一部分教育经费空缺。然而，大部分流动家庭的父母都在工厂打工，家庭经济水平整体而言相对较低，几万元的"择校费"对于他们来说是一个巨大的负担。因此，很多流动家庭可能会被迫放弃公办普通高中这一选择。

（二）户籍制度的障碍

我国现行的户籍制度起源于1958年全国人大常委会颁布的《中华人民共和国户口登记条例》，该条例把我国公民的户籍分为两类，一类是按经济社会资格分为农业户籍和非农业户籍，另一类是按居住地分为本地户籍和非本地户籍。这种城乡二元户籍制度严重妨碍了人口的自由迁徙，加上本地户籍与本地社会福利资源挂钩，造成了社会资源特别是教育资源的不平等分配，许多流动儿童在入学机会、教育经费、教育稳定性等方面无法享有和本地学生同等待遇。

2014年，国务院公布了《关于进一步推进户籍制度改革的意见》，规定了建立城乡统一的户口登记制度，"农业"和"非农业"二元户籍管理模式退出历史舞台，特大城市开始实行积分入户。这一改革方案加快了农业转移人口市民化，使人口在城乡、城市之间的流动更加自由，也为流动人口在城市落户提供了便利。但是，就目前来看，能够满足积分入户要求的仍然是少部分学历较高、经济条件较好的流动群体。对于外来务工人员来说，由于各方面难以达到积分入户要求，其随迁子女仍然受以户籍为标准的入学和升学制度所困，难以获得高中阶段教育资源及其他阶段优质教育资源。

从各地出台的流动儿童入学政策中可以看出，绝大部分城市在制定异地中考政策时都会针对非本地户籍学生做出具体规定，要求他们提供多项证明文件。例如北京市发布的《进城务工人员随迁子女接受义务教育后在京参加升学考试工作方案》规定，随迁子女报考中等职业学校需要流动家庭提供暂住证、实际住所居住证明、在京务工就业证明、社保证明、本市学籍证明、户口本等多项证明，还有一些城市比如广州市，要求提供符合计划生育政策规定证明等。从上述规定可以看出，各城市所要求的证明文件以及规定条款虽然不尽相同，但大多比较繁杂，并以户口不在本地作为约束，制约了流动儿童平等地接受教育。

（三）异地中考政策未能与异地高考政策协同配合

在中国的教育体系中，从小学、初中到高中，每个阶段的教育都具有连贯性，因此各阶段的教育制度对于保证儿童受教育的连贯性起到十分关键的作用。中考制度和高考制度，一个是高中阶段教育的起点，另一个是通向高等教育的桥梁，它们之间应当保持一致性与连贯性。然而，在现实中，由于部分地区各阶段的政策衔接不紧密，影响了儿童受教育的连贯性以及教育政策的社会效益。

一方面，受户籍制度的影响，随迁子女即使能够在流入地接受高中阶段教育，也必须返回户籍地参加高考，这样一来严重弱化了异地中考的意义和影响力，间接造成了异地中考政策难以实施和推广的结果。可见，异地高考的开放程度有限会减弱异地中考政策的实施效果。另一方面，受高考制度影响，不少省份实施自主命题，这会给在异地就读高中再返回户籍地参加高考的流动儿童升学带来许多困难。各地教育水平不同以及流动儿童在流入地接受的教育与户籍地的差异性，使他们在高考中成为弱势群体[①]。因此，如何促进异地中考政策与异地高考政策协同配合，是当下需要重视的问题。

五 对策与建议

（一）调整教育资源配置

1. 对流动儿童教育需求情况进行调研

异地中考政策面向的主体是流动儿童，因此，制定异地中考的相关政策首先要关注这个群体的实际需求。政府在制定相关政策之前，应当对流动儿童在流入地的基本情况进行摸底调研，充分掌握其分布、规模、流动性等信息，以便对各地区各阶段的流动儿童教育资源进行优化配置。同时，政府部门与社会力量也要及时关注流动儿童教育需求的变化趋势，根据实际情况不断做出调整，以实现教育资源利用的最大化。

2. 结合流入地人口流入规模变化的预测，前瞻性地规划各阶段教育资源配置政策

除了研究流动儿童教育需求的变化趋势，各地区政府还应当结合常住人口信息的统计资料，对流动人口的规模变化做出合理预测，从而提前规划各阶段教育资源配置的政策。在实行教育资源配置的政策时，流入地政府应以常住人口为口径，将流动儿童纳入本地的教育规划中，根据当地经济社会发展态势，并结合当地的办学条件和教学水平对其所能提供的学位数量做出估算，前瞻性地规划各阶段教育资源配置政策。

（二）改革户籍制度

1. 放宽中小城市和小城镇的落户条件，鼓励由大城市向中小城市转移，落

[①] 兰伟彬：《随迁子女异地中考的现实困境及其破解》，《教学与管理》2017年第13期。

实相关政策措施,逐步修订分配招生指标的办法

2014年,国务院出台《国务院关于进一步推进户籍制度改革的意见》(以下简称《意见》),对户口迁移政策、人口管理措施等都做出了明确指示。《意见》的出台,促使积分入户、优秀外来务工人员入户、分级承接等不同户籍改革政策出现[①]。2019年又加大改革力度,不但全面取消Ⅱ型城市的落户限制,还提出针对300万~500万人口的Ⅰ型大城市,要全面放开放宽落户条件,并全面取消重点群体落户限制,为流动人口在流入地落户降低了门槛。不过,在大城市以及特大城市落户的门槛对于外来务工人员来说仍然较高,因此,要进一步推进户籍制度改革,确保中小城市和小城镇放宽落户条件,鼓励流动人口由大城市向中小城市转移,从而提高社会资源的利用率。此外,还要同步推动落实进城落户农民权益维护、基本保障等政策措施,逐步修订以户籍人口为依据分配招生指标的办法,以学籍、参保年限作为替代性依据,有效解决流动儿童的受教育问题。

2. 逐步解除社会福利政策与户籍制度的关联

目前各地区的社会福利政策仍与户籍制度挂钩,大部分流动人口及其子女在流入地都无法同等享受当地的社会资源及教育资源。因此,在改革户籍制度的同时,应当逐步解除社会福利政策与户籍制度的关联,降低包括劳动就业、子女入学、住房分配、社会保障等政策规定中对户口的特殊要求,使流动儿童在就学方面和城镇居民子女享有同等待遇,达到教育公平。要解除社会福利政策与户籍制度的关联,不妨以中小城市户籍改革为契机,配套改革与户籍制度相关的社会保障制度,逐步向流动人口及其随迁子女放开城镇基本公共服务与各类社会资源的限制。

(三)多阶段教育政策的同步改革

1. 对流动儿童在各阶段教育都加大财政投入,引入市场力量

发展高中阶段教育,一方面要以政府投入为主,另一方面应多渠道吸收

---

① 赵贞:《进城务工人员随迁子女入学条件研究——基于政策文本的分析》,硕士学位论文,东北师范大学,2015。

高中阶段教育发展资金，增加教育经费投入，为更多流动儿童提供学位以及学费补贴，保障家庭困难的流动儿童就读高中学校。与此同时，要解决流动儿童教育问题，政府还可以通过引导、扶持社会力量、市场力量，鼓励行业、企业兴办职业教育或中等职业学校，开展形式多样的联合办学，引导企业以场所、设备、师资、资金等资源形式参与学校专业建设、课程开发和教学与管理[1]。

2. 实施配套的异地高考政策

加快推进流动儿童异地中考政策，必须要与异地高考政策的推进进行同步规划，保证有效衔接。虽然近年来各地纷纷出台了异地高考政策，但是牵扯到本地学生的高考竞争压力，以及引发"当地人"和"外地人"之间的利益冲突[2]，异地高考政策实际落实结果却依旧不容乐观。如果没有异地高考的推进，异地中考的推进就会缺乏根基。也就是说，如果不能解决流动儿童异地高考的问题，流动儿童即便在流入地接受高中阶段教育，最终还是需要返回户籍地参加高考。这样一来，就会导致流动儿童的教育衔接不紧密，尤其是对于跨省的流动儿童来说，成绩很容易因此受到影响。反之，如果没有异地中考的落实，异地高考也无从谈起。由此可见，只有确保异地高考政策与异地中考政策有效衔接，保障流动儿童在异地升学高中后能够继续在异地参加高考，才能切实解决流动儿童在异地接受高中阶段教育的问题。

总之，解决流动儿童高中阶段教育问题不仅是解决高中阶段教育普及问题的迫切要求，对于国家和各地区的发展建设来说也非常重要，关乎到和谐社会的构建与实现。因此，国家和社会各界需要共同关注，积极应对流动儿童异地中考问题，在资源调配、政策、制度各方面做出努力，从而实现教育公平与社会公平。

---

[1] 吴霓、葛恬：《农民工随迁子女异地中考政策研究》，载杨东平主编《中国流动儿童教育发展报告（2016）》，社会科学文献出版社，2017，第91页。

[2] 蓝方：《我国流动儿童平等入学须打破双重障碍（2001~2018）》，载杨东平主编《中国教育发展报告（2019）》，社会科学文献出版社，2019，第177页。

数据附表

附表1　各省、区、市高中年龄段（16～18岁）流动儿童比例

单位：%

省、区、市	16～18岁流动儿童比例
安徽	0.10
北京	0.07
福建	0.12
甘肃	0.09
广东	0.15
广西	0.08
贵州	0.07
海南	0.17
河北	0.07
河南	0.13
黑龙江	0.17
湖北	0.17
湖南	0.09
吉林	0.12
江苏	0.14
江西	0.10
辽宁	0.14
内蒙古	0.14
山东	0.12
山西	0.08
陕西	0.13
上海	0.10
四川	0.07
天津	0.14
新疆	0.10
云南	0.12
浙江	0.13
重庆	0.13

附表2 各省、区、市高中年龄段（16~18岁）流动儿童不同受教育水平比例

单位：%

省、区、市	初中	高中/中专	其他
安徽	0.27	0.70	0.03
北京	0.38	0.53	0.09
重庆	0.25	0.70	0.05
福建	0.53	0.43	0.04
甘肃	0.42	0.53	0.04
广东	0.53	0.42	0.05
广西	0.43	0.54	0.03
贵州	0.51	0.43	0.06
海南	0.32	0.60	0.08
河北	0.42	0.54	0.04
河南	0.37	0.59	0.04
黑龙江	0.43	0.54	0.03
湖北	0.24	0.70	0.05
湖南	0.23	0.70	0.08
吉林	0.42	0.53	0.05
江苏	0.53	0.41	0.07
江西	0.34	0.61	0.05
辽宁	0.35	0.63	0.03
内蒙古	0.46	0.48	0.06
山东	0.35	0.64	0.01
山西	0.34	0.63	0.02
陕西	0.34	0.58	0.08
上海	0.48	0.46	0.06
四川	0.33	0.63	0.04
天津	0.44	0.54	0.03
新疆	0.50	0.40	0.10
云南	0.54	0.35	0.11
浙江	0.66	0.28	0.06

附表3 各省、区、市高中年龄段处于高中受教育水平流动儿童分性别比例

单位：%

省、区、市	男性高中年龄段处于高中受教育水平流动儿童比例	女性高中年龄段处于高中受教育水平流动儿童比例
安徽	0.68	0.75
北京	0.58	0.47
重庆	0.69	0.70
福建	0.39	0.49
甘肃	0.55	0.51
广东	0.45	0.39
广西	0.56	0.52
贵州	0.42	0.45
海南	0.58	0.61
河北	0.50	0.59
河南	0.57	0.61
黑龙江	0.52	0.57
湖北	0.68	0.74
湖南	0.69	0.70
吉林	0.56	0.50
江苏	0.38	0.44
江西	0.60	0.63
辽宁	0.58	0.68
内蒙古	0.49	0.47
山东	0.64	0.64
山西	0.62	0.65
陕西	0.56	0.62
上海	0.54	0.35
四川	0.63	0.64
天津	0.58	0.48
新疆	0.38	0.41
云南	0.35	0.34
浙江	0.28	0.28

附表4　各省、区、市高中年龄段处于高中受教育水平流动儿童分户籍比例

单位：%

省、区、市	农业户籍高中年龄段处于高中受教育水平流动儿童比例	非农业户籍高中年龄段处于高中受教育水平流动儿童比例
安徽	0.68	0.94
北京	0.50	0.62
重庆	0.68	0.82
福建	0.42	0.73
甘肃	0.53	0.63
广东	0.41	0.58
广西	0.52	0.72
贵州	0.43	0.53
海南	0.57	0.70
河北	0.53	0.67
河南	0.58	0.71
黑龙江	0.53	0.63
湖北	0.69	0.85
湖南	0.68	0.84
吉林	0.52	0.58
江苏	0.39	0.61
江西	0.60	0.65
辽宁	0.60	0.79
内蒙古	0.46	0.61
山东	0.63	0.67
山西	0.62	0.72
陕西	0.59	0.47
上海	0.39	0.71
四川	0.63	0.62
天津	0.52	0.65
新疆	0.36	0.69
云南	0.34	0.50
浙江	0.28	0.64

附表5 各省、区、市高中年龄段处于高中受教育水平流动儿童分流动范围比例

单位：%

省、区、市	跨省、区、市	跨市	跨县
安徽	0.83	0.68	0.71
北京	0.53	—	—
重庆	0.62	—	1.00
福建	0.33	0.60	0.57
甘肃	0.55	0.52	0.54
广东	0.31	0.59	0.50
广西	0.56	0.55	0.51
贵州	0.52	0.38	0.46
海南	0.55	0.65	0.67
河北	0.50	0.56	0.59
河南	0.63	0.58	0.58
黑龙江	0.63	0.51	0.58
湖北	0.63	0.74	0.74
湖南	0.60	0.63	0.77
吉林	0.55	0.46	0.58
江苏	0.36	0.50	0.50
江西	0.69	0.56	0.62
辽宁	0.61	0.67	0.64
内蒙古	0.42	0.45	0.56
山东	0.59	0.68	0.58
山西	0.57	0.69	0.63
陕西	0.59	0.56	0.59
上海	0.46	—	—
四川	0.68	0.63	0.61
天津	0.54	—	—
新疆	0.40	0.37	0.42
云南	0.43	0.30	0.30
浙江	0.24	0.77	0.60

附表6　60个城市高中年龄段流动儿童处于高中受教育水平比例

单位：%

城市	处于高中受教育水平流动儿童比例	城市	处于高中受教育水平流动儿童比例	城市	处于高中受教育水平流动儿童比例
保定	0.19	嘉兴	0.25	苏州	0.32
重庆	0.70	江门	0.50	台州	0.18
北京	0.53	金华	0.25	太原	0.67
常州	0.38	昆明	0.33	唐山	0.65
成都	0.67	兰州	0.54	天津	0.54
大连	0.63	廊坊	0.28	威海	0.27
大庆	0.42	柳州	0.57	温州	0.17
东莞	0.26	南昌	0.60	乌鲁木齐	0.43
鄂尔多斯	0.49	南京	0.50	无锡	0.39
佛山	0.37	南宁	0.52	武汉	0.67
福州	0.41	宁波	0.32	西安	0.63
广州	0.52	青岛	0.58	咸阳	0.64
贵阳	0.41	泉州	0.34	烟台	0.63
哈尔滨	0.56	三亚	0.58	榆林	0.55
海口	0.67	厦门	0.53	长春	0.54
杭州	0.38	上海	0.46	长沙	0.60
合肥	0.69	绍兴	0.31	肇庆	0.69
呼和浩特	0.46	深圳	0.55	郑州	0.57
惠州	0.25	沈阳	0.70	中山	0.44
济南	0.72	石家庄	0.64	珠海	0.63

B.6 2018年中国城市流动人口社会保障评估报告

中国人民大学课题组*

摘　要： 本报告利用2017年全国流动人口动态监测调查数据，从医疗保险参加情况及个人社会保障卡办理情况两个方面，对流动人口社会保障进行评估。结果表明，我国流动人口社会保障情况获得较大改善，医疗保险参加情况较好，但仍有较大的改善空间，不同人群差异显著。未来应加快解决社会保险的转移接续难的问题，完善社会保障统筹机制以缩小社会保障体系的地区差异，加强流动人口继续教育以增加其人力资本，促进社会保障信息一体化，并加强针对流动人口的社会保障宣传工作，增强其参加社会保障的意愿。

关键词： 流动人口　社会保障　医疗保险

一　引言

过去60余年间，我国的人口流动经历了十分复杂的演变过程，但整体而言，因新中国成立初期建立的城乡二元户籍制度的存在，从农村到

---

* 课题组负责人：杨菊华，中国人民大学社会与人口学院教授、博士生导师，主要研究方向为人口流动、社会人口学。课题组成员：王苏苏，中国人民大学社会与人口学院博士生，主要研究方向为流动人口、婚姻与家庭。

城市、从欠发达地区到发达地区成为20世纪80年代以后人口流动的主流趋势[1]。在20世纪90年代以后,进城务工的农民工数量以更快的速度增加,农民工成为规模庞大的流动人口主体。2015年开始出现流动人口数量连续3年减少的态势,但其规模仍十分庞大。《中国流动人口发展报告2018》中数据显示,2017年的流动人口规模为2.44亿人,占全国总人口的17.50%。为经济社会发展做出巨大贡献的流动人口,兼具外来人与农村人双重弱势[2],既被排斥在流入地的社会保障制度之外,也不能充分利用流出地的社会保障资源,故其社会保障水平始终较低。满足流动人口社会保障需求,确保其共享经济社会发展之成果,已成为促进流动人口市民化的主要内容。

社会保障是指以政府为责任主体,以国家法律为基础,通过国民收入再分配,采取多种形式,为暂时或永久失去劳动能力或由于各种原因遭遇困难的公民提供服务和经济支持,保证其基本生活的制度[3]。故社会保障具有社会性、强制性、福利性和互济性,可以说是一种半公共产品或准公共产品。社会保障的发展历史可追溯到欧洲中世纪的各种慈善事业,现代意义上的社会保障制度以德国俾斯麦政府的社会保险立法为开端,这一用词则最早出现于1935年的美国《社会保障法》。当前的社会保障体系主要包括社会保险、社会救助、社会福利、军人福利、医疗保障、福利服务以及各种政府或企业补贴、社会互助等,其中,社会保险的保障对象主要是劳动年龄人口。社会保险可分担整个生命周期的所有风险,在社会保障体系中支出占比最高,其保障水平高于社会救助但低于社会福利。截至目前,社会保险项目主要有养老、医疗、失业、工伤和生育、死亡、残障等,是现代社会保障制度的主体和核心。

中国人口流动以城乡、区域发展的双重不均衡为背景,包括社会保障在

---

[1] 陆继霞、汪东升、吴丽娟:《新中国成立70年来人口流动政策回顾》,《中国农业大学学报》2019年第5期。
[2] 杨菊华:《城乡差分与内外之别:流动人口社会保障研究》,《人口研究》2011年第5期。
[3] 董克用、孙博:《社会保障概念再思考》,《社会保障研究》2011年第5期。

内的各项公共服务都与户籍制度相勾连。因此，流动人口并不能在流入地获得社会保障体系的有效支持[1]，更难以获得与本地居民相匹配的医疗、养老、失业等社会保险水平[2]。此外，流动人口以年轻人居多，具有回流及双栖的特点[3]，高度流动性的特点加大了构建惠及包括流动人口在内的全部人口的社会保障体系的难度。流动人口具有生活的脆弱性和高风险性，其对社会保障具有相对更强的需求，故国家要不断提高整体的社会保障投入水平，督促社会保障体系的不断发展和完善，力图满足包括流动人口在内的全体人民的社会保障需求。

从21世纪开始，中央政府陆续出台多项政策（见表1），流动人口社会保障制度建设工作逐步推进并取得一定成效。比如，《中共中央 国务院关于促进小城镇健康发展的若干意见》规定给予符合一定条件的进城务工人员城镇户口，并确保其在就业、子女入学等方面享受城镇居民同等待遇；《国务院办公厅关于做好农民进城务工就业管理和服务工作的通知》《工伤保险条例》则强调要确保农民工被纳入工伤保险和医疗保险覆盖范围；《关于农民工参加工伤保险有关问题的通知》进一步明确农民工可享受《工伤保险条例》所规定的社会保障权利；《国务院关于解决农民工问题的若干意见》则提出要确保农民工群体可获得涵盖养老、医疗、工伤等的多元化的社会保障。2009年以后，既在宏观制度层面基本解决了流动人口社会保障可选择、可转移的问题，也缩小了流动人口和本地人口在社会保障水平上的差距[4]。而且，虽然包括社会保障在内的基本公共服务供给扩大的正向作用尚不足以抵消户籍管制的负向影响[5]，但户籍制度改革进程的推进的确降低了流动人口在流入地获得社会保障的难度，新型农村合作医疗制度、新型农

---

[1] 程海峰：《流动人口社会保障问题初探》，《统计与决策》2005年第1期。
[2] 郭星华、胡文嵩：《闲暇生活与农民工的市民化》，《人口研究》2006年第5期。
[3] 武正华、陈岱云：《流动人口社会保障状况研究综述》，《理论学刊》2011年第1期。
[4] 于凌云、史青灵：《改革开放40年我国流动人口社会保障发展与研究回顾》，《社会保障研究》2019年第1期。
[5] 刘欢：《户籍管制、基本公共服务供给与城市化——基于城市特征与流动人口监测数据的经验分析》，《经济理论与经济管理》2019年第8期。

村养老保险制度的完善也增加了流动人口社会保障的多样性,可见,流动人口已在社会保障的获取上具有一定的主动权[①]。

表1 流动人口社会保障相关政策一览

时间(年)	颁布机关	文件
2000	中共中央 国务院	《中共中央 国务院关于促进小城镇健康发展的若干意见》
2003	国务院办公厅	《国务院办公厅关于做好农民进城务工就业管理和服务工作的通知》
2003	国务院	《工伤保险条例》
2004	劳动和社会保障部	《关于农民工参加工伤保险有关问题的通知》
2006	国务院	《国务院关于解决农民工问题的若干意见》
2009	国务院办公厅	《国务院办公厅关于转发人力资源社会保障部财政部城镇企业职工基本养老保险关系转移接续暂行办法的通知》
2009	人力资源和社会保障部等	《关于印发流动就业人员基本医疗保障关系转移接续暂行办法的通知》
2009	人力资源和社会保障部等	《关于基本医疗保险异地就医结算服务工作的意见》
2010		《中华人民共和国社会保险法》
2014	国务院	《社会救助暂行办法》《国务院关于进一步推进户籍制度改革的意见》
2014	人力资源和社会保障部 财政部	《人力资源社会保障部 财政部关于印发〈城乡养老保险制度衔接暂行办法〉的通知》
2016	国务院	《国务院关于实施支持农业转移人口市民化若干财政政策的通知》
2016	国务院办公厅	《推动1亿非户籍人口在城市落户方案》

而就社会保险而言,与其他险种相比,我国医疗保险的发展一直走在前列。1998年的《国务院关于建立城镇职工基本医疗保险制度的决定》就明确规定在全国范围内建立基本医疗保险统筹基金和个人账户的医疗保险制度;2009年的《关于基本医疗保险异地就医结算服务工作的意见》要求明确异地就医的医保待遇,简化异地就医的报销程序,在一定程度上消除了流

---

① 阳玉香、莫旋、唐成千:《我国流动人口社会保障参保影响因素研究——基于2014年全国流动人口动态监测数据的分析》,《商业研究》2017年第7期。

动人口的后顾之忧；2015年的《关于做好进城落户农民参加基本医疗保险和关系转移接续工作的办法》，简化不同地域、不同类型医保的接续手续，确保流动人口可连续享受基本医保待遇。

为提高社会保障个体账户结算的便利性，在人力资源和社会保障部统一规划下，由各地人力资源和社会保障部门发行了社会保障卡。1999年《社会保障卡建设总体规划》出台，上海发放了第一张社会保障卡，社会保障卡的建设工作开始在全国范围内铺陈开来，主要支持医保结算业务；2004年，社会保障卡建设纳入全国劳动保障信息化建设的金保工程的总体部署；2009年开始，随着统筹城乡社会保障体系的逐步建立，社会保障卡开始向多业务、跨地区的方向发展，也普遍具有了持卡缴费和持卡领取待遇的功能，是个体纳入社会保障体系的重要标识。

在后人口转变时期，人口流动已是改变人口结构的关键因素，更是促进我国社会经济发展的主要人口学因素。可以预见，大规模的人口流动仍是我国人口发展及经济社会发展中的重要现象，将持续地为我国社会经济发展做出巨大贡献，因此，本报告利用2017年全国流动人口动态监测调查数据，对流动人口的社会保障情况和数据进行分析和解读，描述流动人口的社会保障的现状、特点及存在的问题，以期为提高流动人口的社会保障水平提供具有针对性的政策建议。

二 现状与特点

本报告主要从两个维度来考察流动人口的社会保障情况，一是个人社会保障卡的办理情况；二是医疗保险的参加情况，流动人口只要参加新型农村合作医疗保险、城乡居民合作医疗保险、城镇居民医疗保险、城镇职工医疗保险中的一项，即视为参加了医疗保险。

（一）流动人口医疗保险参加比例较高，个人社会保障卡办理比例不高

社会保障水平低是流动人口福利水平不高的外在表现之一，凸显的是流

动人口难以共享经济社会发展成果的现实。为解决这一问题，中央与地方都致力于从制度层面改善流动人口社会保障情况，尤其是推进"以人为核心"的新型城镇化策略，流动人口社会保障工作取得较大进展。从2017年全国流动人口动态监测调查数据的结构来看，流动人口医疗保险参加比例较高，已参加医疗保险的流动人口比例高达92.89%，约是未参加医疗保险比例的15倍（见图1）。而尽管已有50.02%的流动人口已办理个人社会保障卡，但鉴于个人社会保障卡涵盖医保、养老、生育、工伤等多个险种的支付与查询服务，涉及个人的多方面的社会保障服务使用情况，因此，这一比例并不能算高。这也说明流动人口的社会保障水平仍需进一步提高，社会保障制度的完善工作仍有较大的进步空间。

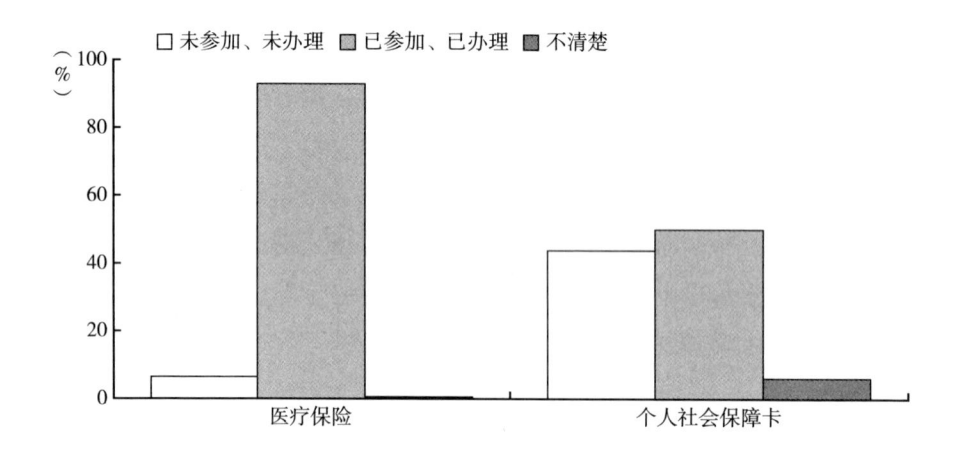

图1　社会保障获得情况

资料来源：2017年全国流动人口动态监测调查数据。

（二）流动人口参加医疗保险的群体差异较小，办理个人社会保障卡存在明显的群体差异

就流动人口内部而言，其社会保障情况存在明显的群体差异：男性流动人口的社会保障水平较高；老年流动人口的社会保障水平较高；农业户口的流动人口医疗保险参保比例更高；在婚流动人口的社会保障水平要高于不在

婚人口；受教育程度高的流动人口的社会保障水平也更高。这种现状反映社会保障资源分布存在明显的分层与分化；另外，作为一种保障性的公共产品，社会保障资源的使用与否与流动人口需求的高低、人力资本水平的高低等紧密相关。

从性别结构来看，至少参加一项医疗保险的男性流动人口比例略高于女性，已办理个人社会保障卡的男性流动人口比例略高于女性流动人口。至少参加一项医疗保险的男性流动人口比例为93.39%，女性流动人口比例为92.36%；50.68%的男性流动人口已办理个人社会保障卡，49.31%的女性流动人口已办理个人社会保障卡。值得注意的是，有6.33%的女性流动人口不清楚自己个人社会保障卡的办理情况，这一比例要高于男性流动人口的5.99%（见图2）。这种社会保障水平性别差异产生的主要原因可能是流动人口就业形势的性别差异：较多的男性流动人口从事正式职业，而女性流动人口多从事非正式职业。

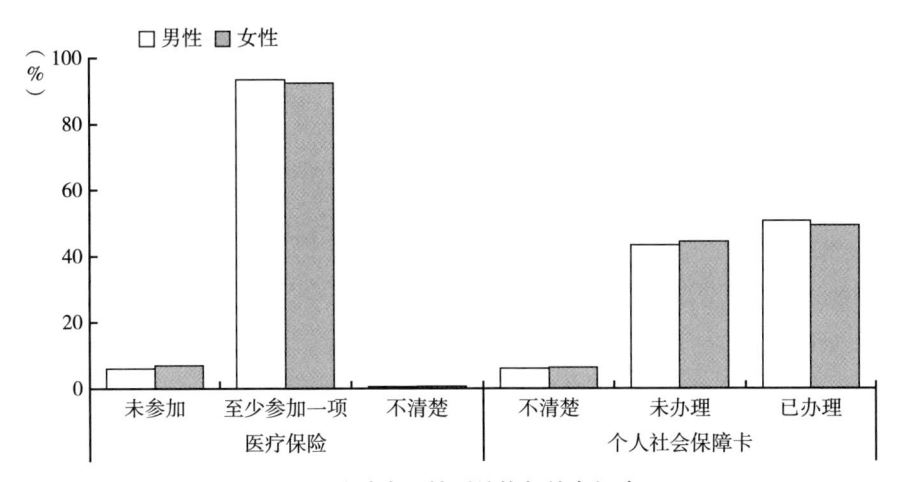

图2 流动人口性别结构与社会保障

资料来源：2017年全国流动人口动态监测调查数据。

从年龄来看，至少参加一项医疗保险的流动老年人比例、已办理个人社会保障卡的流动老年人比例均高于流动非老年人比例。具体而言，至少参加一项医疗保险的流动老年人比例为93.67%，流动非老年人比例为92.86%；

已办理个人社会保障卡的流动老年人比例为53.75%，流动非老年人比例则为49.86%（见图3）。这既与流动人口老龄化趋势相关，也透视出个体需求是增强流动人口使用社会保障资源意愿的影响因素。随着年龄增长，老年人身体机能退化态势渐显，慢性病发生的概率日渐增加，故老年人对包括医疗保险在内的社会保障资源的需求更高。而且，部分流动老年人在流入地的生活时间更长，可支配的资源与权力更多，其社会保障水平更高。

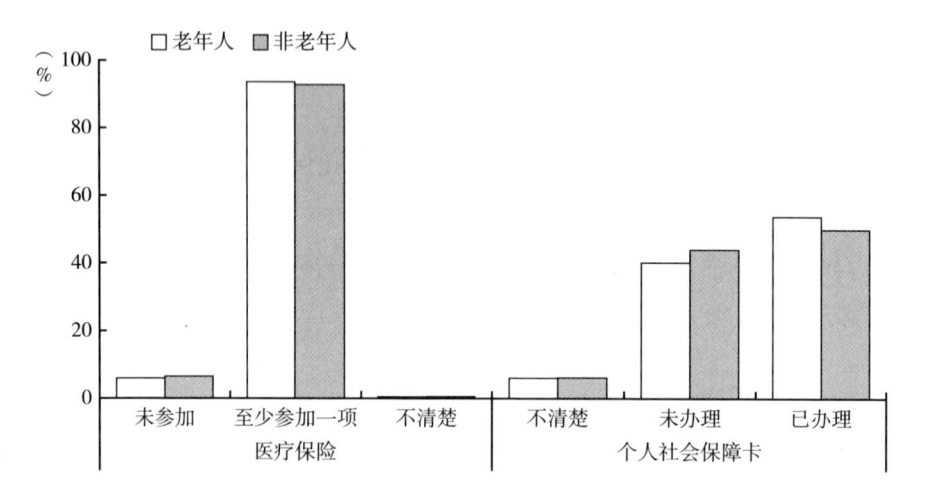

图3 流动人口年龄与社会保障

资料来源：2017年全国流动人口动态监测调查数据。

从户口类型来看，农业户口的流动人口至少参加一项医疗保险的比例要高于非农业户口的流动人口，已办理个人社会保障卡的比例则要低于非农业户口的流动人口。在农业户口的流动人口中，至少参加一项医疗保险的比例为93.58%，而非农业户口的流动人口至少参加一项医疗保险的比例为90.45%；65.91%的非农业户口的流动人口已办理个人社会保障卡，该比例远高于农业户口的流动人口的45.53%（见图4）。流动人口社会保障水平的户口差异反映的是社会保障资源获取的城乡差距。尽管医疗保险制度改革有了快速发展，尤其是新型农村合作医疗制度大大提升了流动人口医疗保险参保比例，但城—城流动人口在社保信息获取以及实际的资源使用方面仍具有一定的优势，故就涵盖多种社会保障资源的个人社会保障卡的办理情况而言，城—城流动人口的办理比例更高。各地个人社会保障卡的推行工作从2011年开始，后人力资源和社会保障部开始实行全国统一标准的个人社会保障卡，虽然个人社会保障卡的办理工作取得一定成效，但当前明显的城乡差异，也反映了我国社会保障政策制定实施长期以来的一个问题：包含社会保障在内的基本公共服务的相关政策具有城市化倾向[①]。加之经济社会发展的城乡差异导致的资源差异，故当前的社会保障制度改善工作正处于由资源相对集中的城市向农村逐渐推行的过程之中。

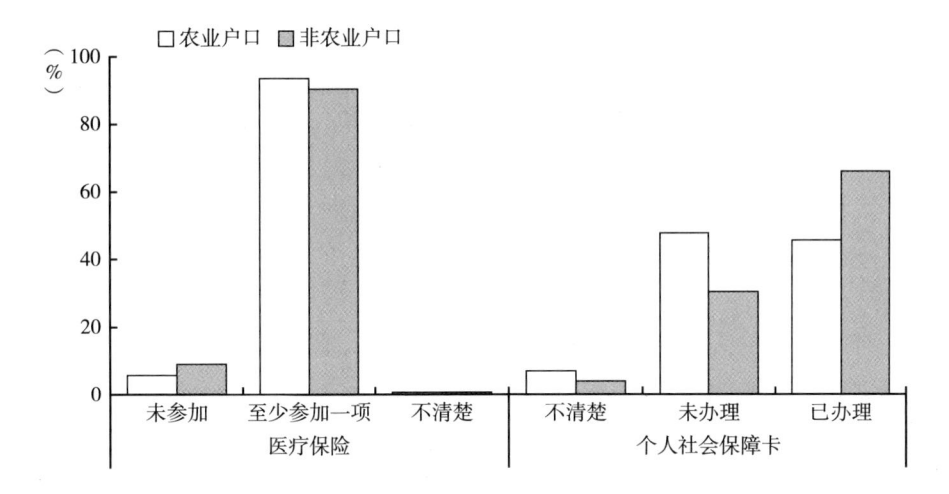

图4 流动人口户口类型与社会保障

资料来源：2017年全国流动人口动态监测调查数据。

从婚姻状况来看，无论是至少参加一项医疗保险的比例，还是已办理个人社会保障卡的比例，在婚流动人口都要高于不在婚流动人口：在婚流动人口至少参加一项医疗保险的比例为93.74%，不在婚流动人口比例为89.19%；在婚流动人口已办理个人社会保障卡的比例为50.77%，不在婚流动人口比例为46.70%（见图5）。其原因或许在于，一方面，在婚流动人口的生活

---

① 刘欢：《户籍管制、基本公共服务供给与城市化——基于城市特征与流动人口监测数据的经验分析》，《经济理论与经济管理》2019年第8期。

稳定性更强，他们更愿意主动寻求社会保障资源；另一方面，在婚流动人口的经济状况可能更好，可以获得更多社会保障的支持。

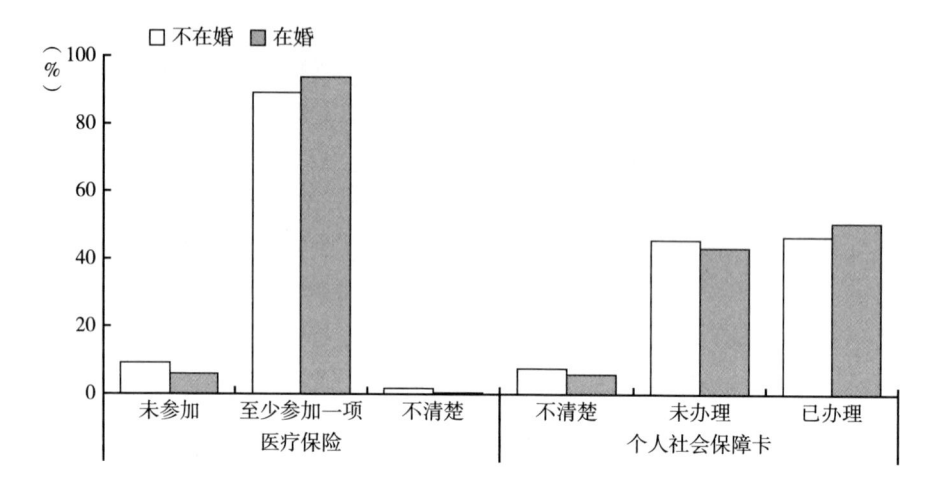

图5　流动人口婚姻状况与社会保障

资料来源：2017年全国流动人口动态监测调查数据。

流动人口的人力资本禀赋直接影响其在流入地的就业情况，个体的受教育程度以及是否具有党员身份都会影响其在流入地资源的获得。理论上而言，受教育程度越高的流动人口在流入地实现正式就业的可能性越高，越会重视对自身权益的保护。另外，在中国社会中，党员身份是一项重要的政治资本和人力资本，拥有党员身份意味着在流入地的政治参与程度相对较高，而且其就业环境更优，合同保障机制更为完善，其社会保障情况更好。

一方面，尽管在受教育程度不同的流动人口中，至少参加一项医疗保险的比例差异不大，但该比例的确存在随受教育程度的提高而提高的态势：至少参加一项医疗保险的大学及以上受教育程度的流动人口的比例为93.38%，小学及以下受教育程度的流动人口的比例则为91.62%；另一方面，受教育程度与个人社会保障卡已办理比例之间存在明显的正相关关系：受教育程度越高，已办理个人社会保障卡的比例越高，且不同教育层级之间比例差异很大（见图6）。一般而言，受教育程度越高，个体获得社会保障相关信息的渠道就越多，个体更能意识到社会保障在化解经济风险、平滑个人消费方面的重要性，参与社会保障的意愿也就越高。同时，受教育程度越高的个体越有能力获得社会保障，因此，受教育程度更高的流动人口的社会保障情况更好。

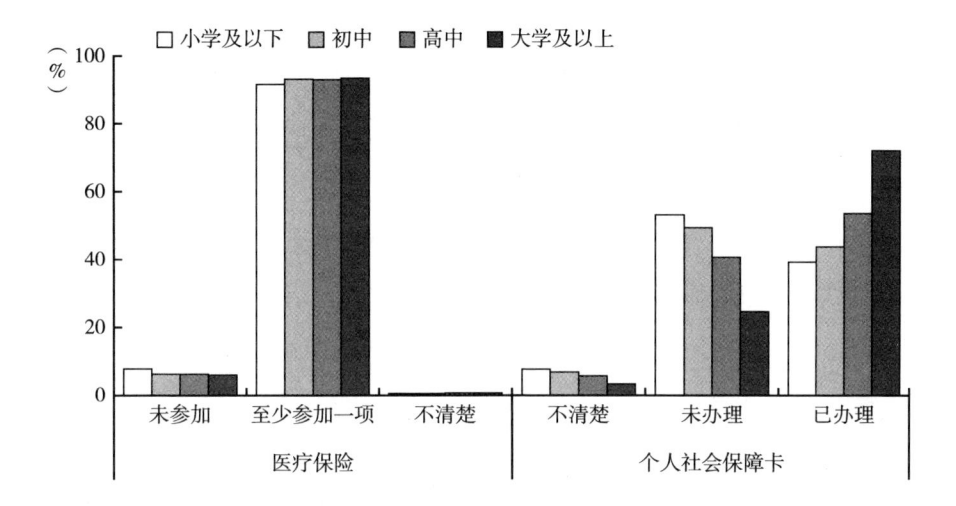

图6　流动人口受教育程度与社会保障

资料来源：2017年全国流动人口动态监测调查数据。

另外，流动人口的政治面貌也与其社会保障情况存在较大关联。拥有党员身份的流动人口社会保障情况好：其医疗保险参加比例和个人社会保障卡办理比例最高。其中，至少参加一项医疗保险的比例为95.98%，已办理个人社会保障卡的比例为70.41%，远高于政治面貌为团员和其他的流动人口（见图7）。

（三）流动距离的扩大降低医疗保险参加水平，流动时间的延长降低社会保障水平，经济型流动的流动人口的社会保障水平较高

本质上而言，社会保障是一种依附于户籍制度与地域的集体性的公共产品，而流动距离的背后实际上是流动人口与流入地之间的异质性强弱，故流

流动人口社会融合蓝皮书

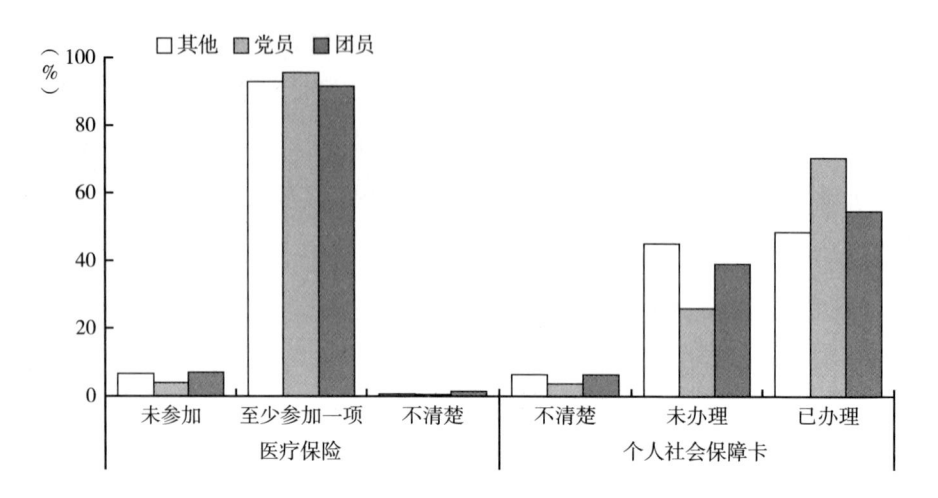

图7　流动人口政治面貌与社会保障

资料来源：2017年全国流动人口动态监测调查数据。

动人口的社会保障情况会存在明显的圈层结构①，即相对而言，跨省的流动人口的社会保障水平最低，数据分析结果也是如此。至少参加一项医疗保险的市内跨县的流动人口比例最高，为95.93%；跨省的流动人口比例最低，为91.22%。而已办理个人社会保障卡的省内跨市的流动人口比例最高，为51.66%；跨省的流动人口次之，比例为49.36%；市内跨县的流动人口比例最低，为48.81%（见图8）。由此可见，尽管市内跨县与省内跨市的流动人口面临的转移接续等问题相对较少，但整体的社会保障情况仍面临困境，而跨省的流动人口则因其面临的社会排斥更强以及转移接续等问题更多，故其可获得的社会保障资源更少，社会保障水平也就更低。

其次，流动时间越长的流动人口的社会保障水平越低。从流动时间来看，流动时间与流动人口的社会保障情况存在一定的关联，医疗保险的参加比例与流动时间具有某种程度上的负相关关系：随着流动时间延长，至少参加一项医疗保险的流动人口比例总体呈现降低趋势。流动时间在2年以下的流动人口，至少参加一项医疗保险的比例为93.37%，已办理个人社会保障

---

① 李红娟：《我国流动人口社会保障现状及对策建议》，《法制与社会》2017年第4期。

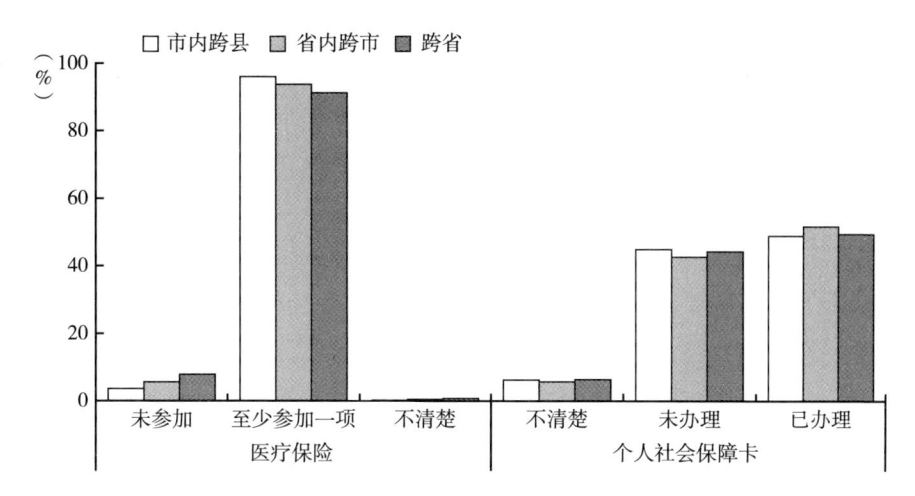

图8 流动距离与社会保障

资料来源：2017年全国流动人口动态监测调查数据。

卡的比例为46.85%；流动时间在15年及以上的流动人口中，这两项比例分别为91.60%和52.42%（见图9）。实际上，流动时间透视出的是流动人口寻求稳定的可能性：流动时间越长，个体在流入地定居的意愿与能力更低，获得社会保障资源的意愿也随之降低，故个体的社会保障水平也就越低。

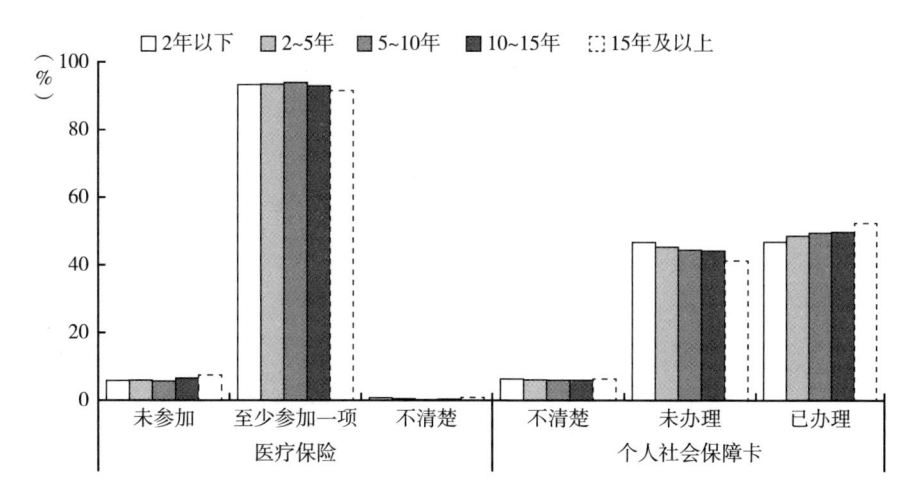

图9 流动时间与社会保障

资料来源：2017年全国流动人口动态监测调查数据。

最后，经济型流动的流动人口的社会保障水平较高。从流动原因来看，无论是医疗保险参加比例还是个人社会保障卡办理比例，经济型流动的流动人口都要高于社会型流动的流动人口：至少参加一项医疗保险的经济型流动的流动人口比例为93.20%，社会型流动的流动人口比例为91.35%；有50.07%的经济型流动的流动人口已办理个人社会保障卡，有49.74%的社会型流动的流动人口已办理个人社会保障卡（见图10）。总体而言，虽然经济型流动和社会型流动的流动人口两项指标的比例差值不大，但经济型流动的流动人口的社会保障水平略高于社会型流动的流动人口。

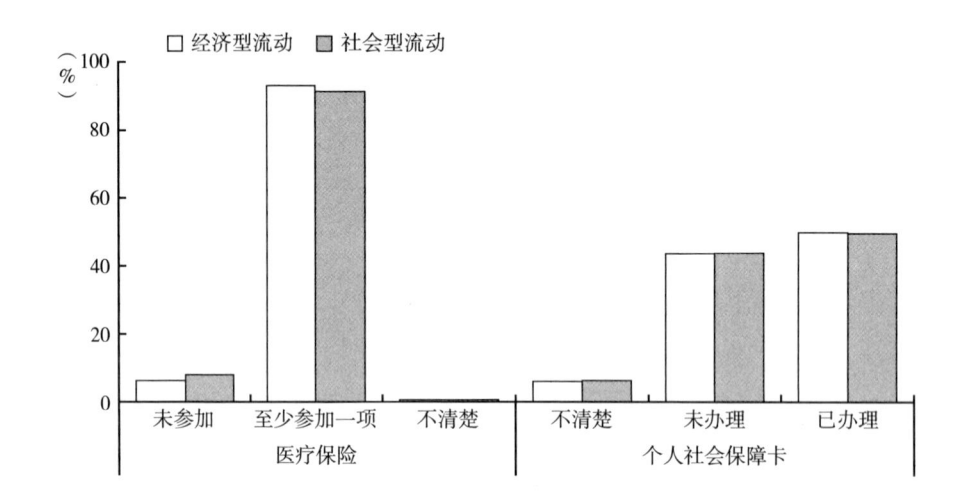

图10　流动原因与社会保障

资料来源：2017年全国流动人口动态监测调查数据。

而就个人月收入而言，在4000~8000元收入段的流动人口中，至少参加一项医疗保险的比例最高，为94.04%；2000元以下收入段的流动人口的参加比例最低，为92.69%。另外，8000元及以上收入段的流动人口已办理个人社会保障卡的比例最高，为61.83%；经营亏损的流动人口比例最低，为39.70%（见图11）。总体而言，流动人口的个人月收入越高，社会保障情况越好，这也说明收入水平更高的流动人口更有能力参加社会保险，与上述流动原因不同的流动人口社会保障情况一致。

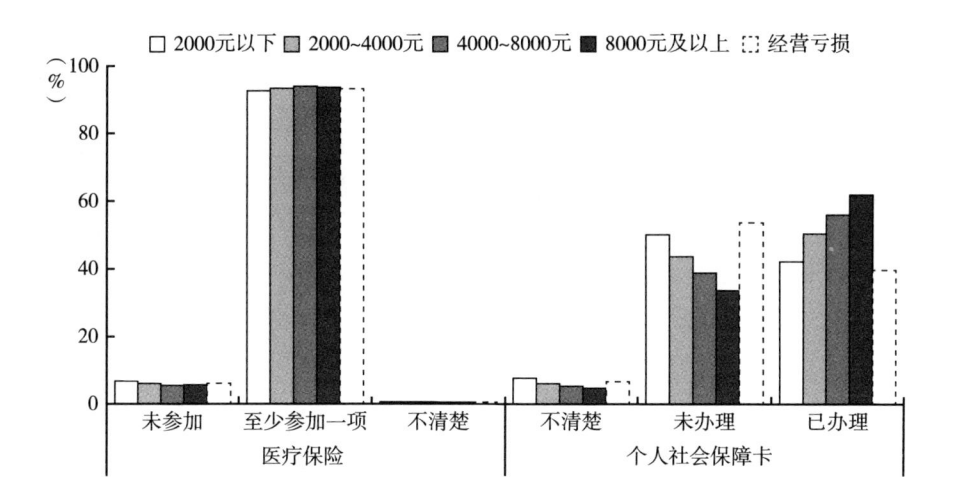

图 11　个人月收入与社会保障

资料来源：2017年全国流动人口动态监测调查数据。

（四）工作稳定性较强的流动人口社会保障水平较高，国家企事业、机关单位的流动人口社会保障情况较好

在我国现行的社会保障制度下，个体社会保障情况与就业状况紧密相关。一方面，社会保障制度设立的初衷在于通过多方共济，增强个体的抗逆力，来降低市场经济给个体带来的收入的不稳定、劳动能力的缺失以及失业等凭借个体无法处理的各种风险。另一方面，普惠型的社会保障制度在我国尚未完全建立，所从事职业的不同很大程度上会影响个体的社会保障水平。同样，社会保障的参与程度在不同劳动就业特征的流动人口中也将体现出一定的差异性。

第一，已就业流动人口的社会保障情况更好。从是否就业来看，无论是医疗保险的参加比例还是个人社会保障卡的办理比例，已就业流动人口都要高于未就业流动人口。具体而言，93.45%的已就业流动人口至少参加一项医疗保险，未就业流动人口的这一比例为90.31%。就个人社会保障卡的办理情况而言，已就业流动人口已办理个人社会保障卡的比例为51.16%，未就业流动人口的这一比例为48.26%，前者高出后者约3个百分点（见图12）。

流动人口社会融合蓝皮书

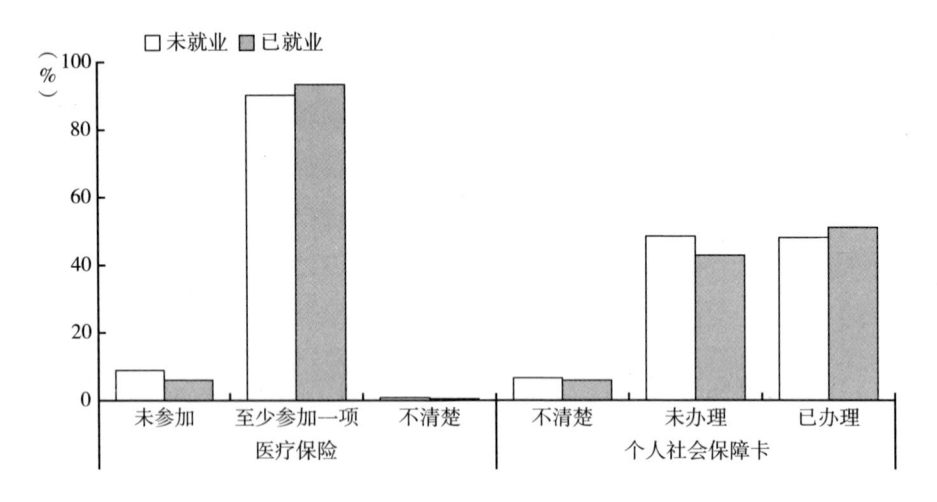

图12 就业情况与社会保障

资料来源：2017年全国流动人口动态监测调查数据。

第二，每周工作时间在80小时及以上的流动人口的社会保障水平最低。从每周工作时间来看，每周工作时间在40~80小时的流动人口至少参加一项医疗保险的比例最高，为95.13%；每周工作时间在80小时及以上的流动人口的比例最低，为91.45%。每周工作时间在40小时以下的流动人口已办理个人社会保障卡的比例最高，为63.65%；每周工作时间在80小时及以上的流动人口的比例最低，为43.23%（见图13）。总体而言，无论是医疗保险参加情况还是个人社会保障卡办理情况，每周工作时间在80小时及以上的流动人口都是最差的。每周工作时间超过80小时的流动人口，工作较为繁重，多为个体工商户，即使在企业上班，也多是从事劳动保护体系较为缺失的职业，因此，社会保障水平普遍不高。

第三，就业于文教卫机关的流动人口的社会保障水平较高。从行业类型来看，在文教卫机关和建筑业工作的流动人口医疗保险参加比例较高：至少参加一项医疗保险的比例分别为94.37%和94.18%。医疗保险参加比例最低的为在农林牧渔业工作的流动人口：至少参加一项医疗保险的比例为89.19%。就个人社会保障卡而言，在文教卫机关工作的流动人口已办理个人社会保障卡的比例最高，为63.43%。同样，从事农林牧渔业的流动人口

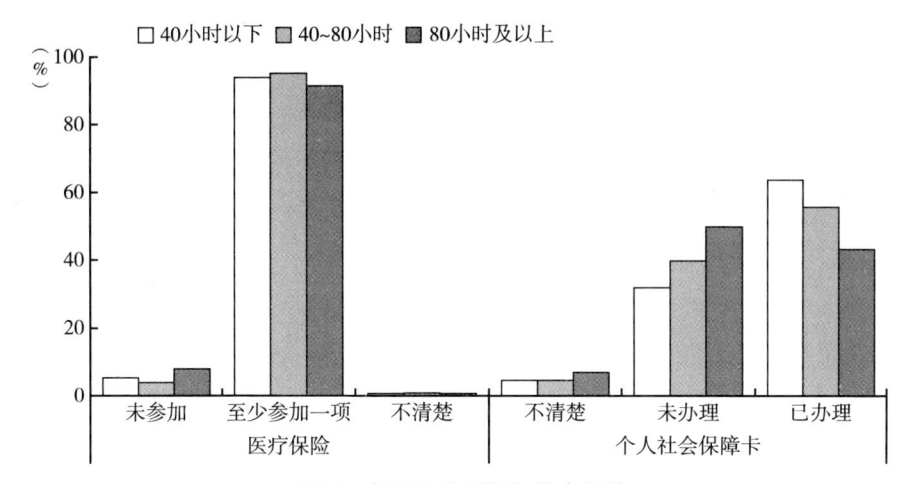

图 13 每周工作时间与社会保障

资料来源：2017年全国流动人口动态监测调查数据。

比例最低，为42.15%（见图14）。其原因在于文教卫机关的工资水平高且相对稳定，而且社会保障偏向强制性参加，但农林牧渔业所对应的医疗保险为自愿参加，在收入水平较低且极不稳定的情况下，从业人员的社会保障情况并不容乐观。

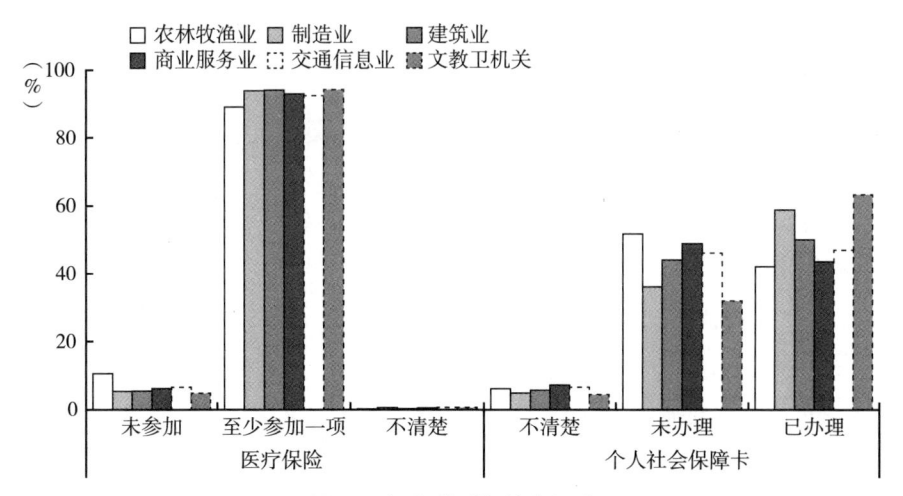

图 14 行业类型与社会保障

资料来源：2017年全国流动人口动态监测调查数据。

第四，国家企事业、机关的流动人口的社会保障水平较高。从单位性质来看，在国家企事业、机关工作的流动人口中，至少参加一项医疗保险的比例为97.11%，已办理个人社会保障卡的比例为76.86%，远高于其他单位性质的流动人口。但在个体工商户的流动人口中，至少参加一项医疗保险的比例为92.57%，已办理个人社会保障卡的比例为41.28%，在单位性质不同的流动人口中的比例最低（见图15）。个体工商户参加社会保障的自愿性更强，参保成本全由自己承担，故其社会保障情况相对会较差。

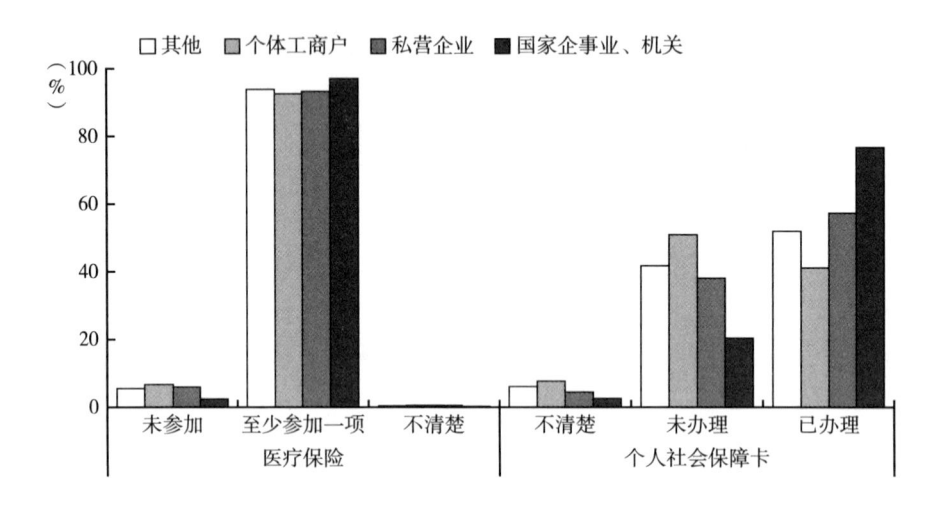

图15 单位性质与社会保障

资料来源：2017年全国流动人口动态监测调查数据。

第五，工作稳定性强的流动人口的社会保障水平较高。从就业身份来看，有固定雇主的雇员的流动人口中，至少参加一项医疗保险的比例最高，为94.06%；自营劳动者的流动人口次之，为93.47%；其他流动人口的比例最低，为91.46%。就个人社会保障卡的办理情况而言，有固定雇主的雇员的流动人口已办理个人社会保障卡的比例最高，为60.52%；自营劳动者的流动人口比例最低，为41.05%；其他流动人口则居于中间位置，已办理个人社会保障卡的比例为42.8%（见图16）。

第六，签订固定期限劳动合同的流动人口的社会保障水平较高。从劳动

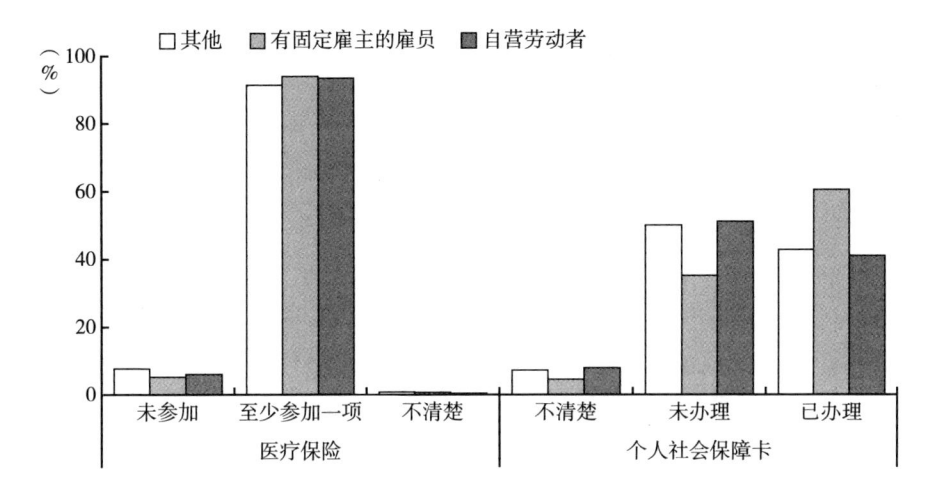

图 16　就业身份与社会保障

资料来源：2017 年全国流动人口动态监测调查数据。

合同来看，签订固定期限劳动合同的流动人口医疗保险参加比例最高，有 95.80% 至少参加一项医疗保险；而未签订劳动合同的流动人口比例则最低，有 90.69% 至少参加一项医疗保险，两者相差约 5 个百分点。就个人社会保障卡办理情况而言，有 72.83% 的签订固定期限劳动合同的流动人口已办理个人社会保障卡，未签订劳动合同的流动人口已办理个人社会保障卡的比例仅为 34.97%，不足前者的一半（见图17）。劳动合同是保证劳动者享有劳动保护和社会保障等权利的重要措施，因此，未签订劳动合同的流动人口体现出较低的社会保障水平。

（五）家庭经济状况较好的流动人口社会保障水平较高，流入地家庭规模越大的流动人口社会保障水平越高

家庭特征不同流动人口的社会保障情况也存在较为明显的差异，家庭经济状况越好的流动人口的社会保障水平也就越高。

流动人口的家庭月总收入与其社会保障情况存在显著关联。家庭月总收入水平越高，至少参加一项医疗保险的比例和已办理个人社会保障卡的比例也就越高。具体而言，家庭月总收入在 1000 元以下的流动人口至少参加一

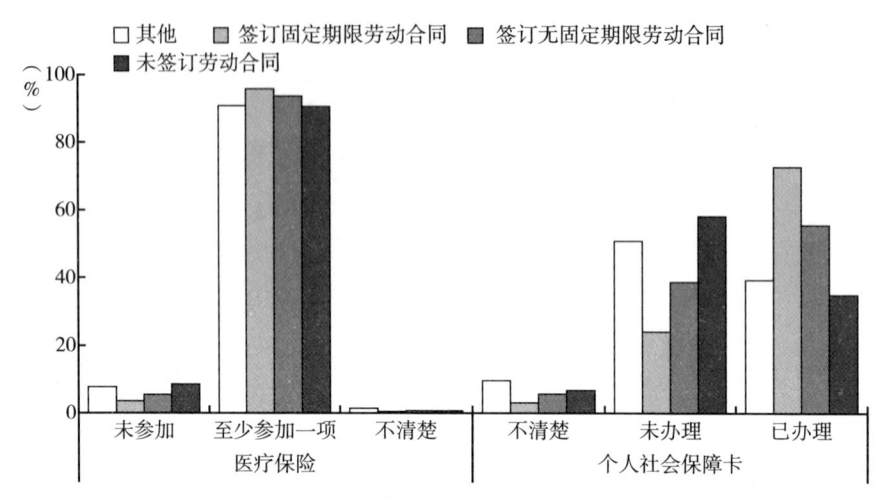

图 17 劳动合同与社会保障

资料来源：2017年全国流动人口动态监测调查数据。

项医疗保险的比例为88.17%，已办理个人社会保障卡的比例为37.41%。当流动人口家庭月总收入在4000元及以上时，至少参加一项医疗保险的比例增加到93.61%，已办理个人社会保障卡的比例达到52.83%，这两项指标的比例均为所有家庭月总收入段的最高值（见图18）。

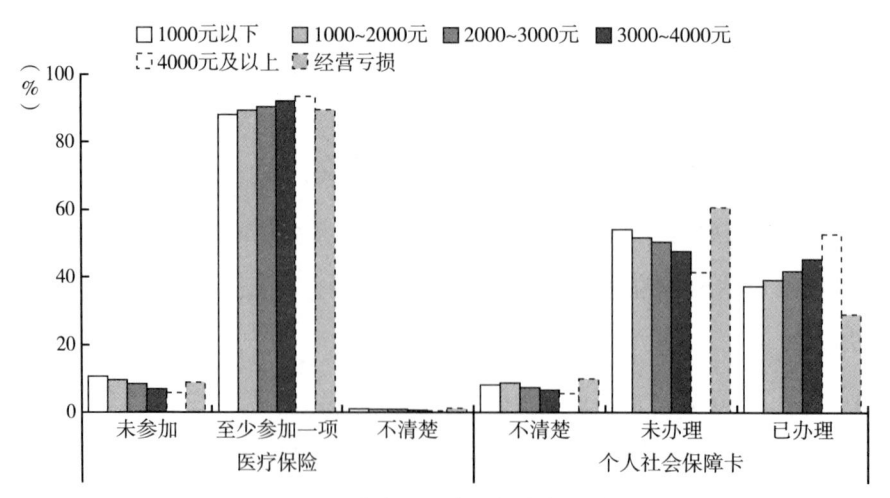

图 18 家庭月总收入与社会保障

资料来源：2017年全国流动人口动态监测调查数据。

从家庭月总支出来看，随着流动人口家庭月总支出水平的提高，至少参加一项医疗保险的比例和已办理个人社会保障卡的比例也随之增加。家庭月总支出在1000元以下的流动人口，至少参加一项医疗保险的比例为91.14%，已办理个人社会保障卡的比例为43.68%，这两项指标的比例均为各家庭月总支出段的最低值。当流动人口家庭月总支出在4000元及以上时，两项指标的比例分别增加至93.57%和57.31%（见图19）。支出水平在很大程度上受个体的富裕程度和收入水平所影响，往往是衡量个体财力状况的重要指标。一般而言，越富裕的个体支出水平也越高，而富裕的个体社会保障的参与能力也越强。

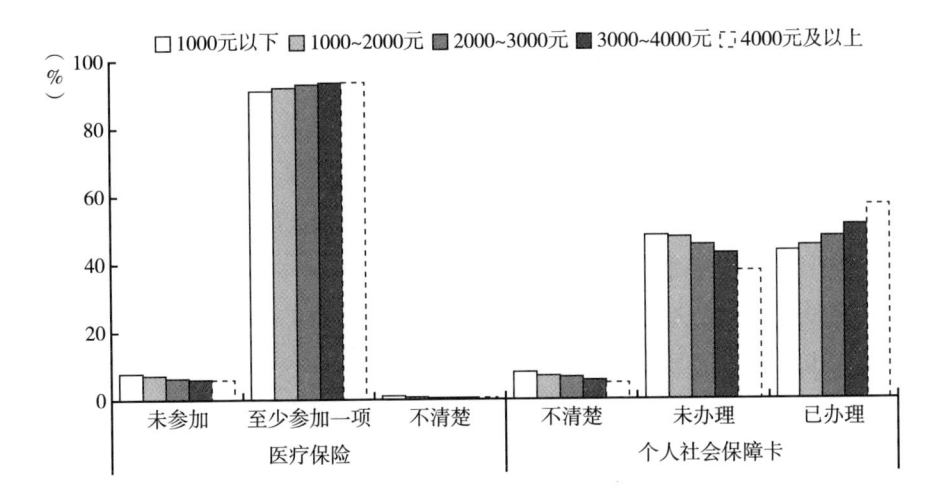

图19　家庭月总支出与社会保障

资料来源：2017年全国流动人口动态监测调查数据。

住房支出水平在一定程度上也代表了个体的富裕程度，故随着住房支出的增加，流动人口社会保障情况也越好。具体而言，住房支出在4000元及以上的流动人口中，至少参加一项医疗保险的比例和已办理个人社会保障卡的比例均最高，分别为93.99%和69.36%。住房支出在1000元以下的流动人口中，至少参加一项医疗保险的比例为92.88%，已办理个人社会保障卡的比例为48.03%，均为较低水平（见图20）。

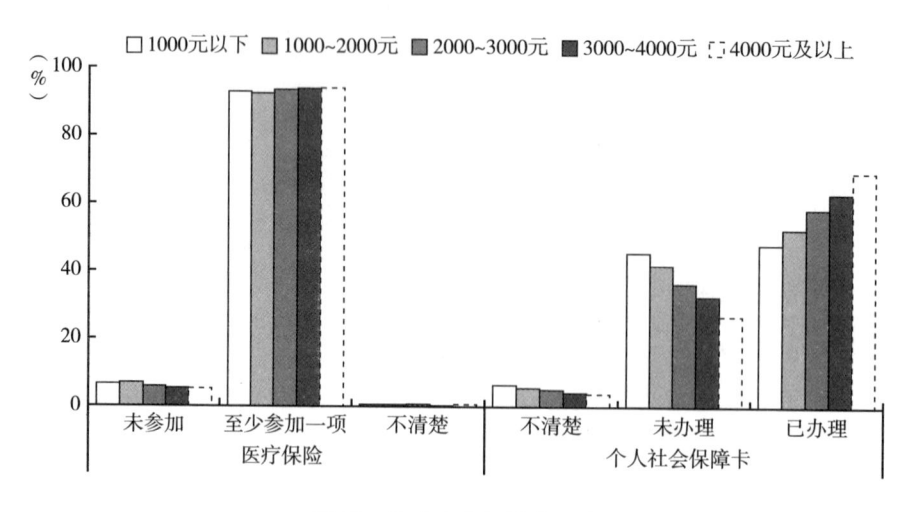

图 20　住房支出与社会保障

资料来源：2017年全国流动人口动态监测调查数据。

相对而言，流入地的家庭规模越大，流动人口的社会保障水平越高。从同住的家庭成员数量来看，随着同住的家庭成员数量增加，至少参加一项医疗保险的流动人口比例随之上升。同住的家庭成员数量为4人和5人及以上时，至少参加一项医疗保险的流动人口比例达到最高，均为94.00%。就个人社会保障卡办理情况而言，同住的家庭成员数量为3人时，已办理个人社会保障卡的流动人口比例最高，为51.39%（见图21）。

从包吃住的家庭成员数量来看，包吃住的家庭成员数量在1人及以上的流动人口，至少参加一项医疗保险的比例为93.40%；数量为0人，即没有包吃住家庭成员的流动人口比例为92.77%，略低于前者。就个人社会保障卡办理情况而言，数量为0人，即没有包吃住家庭成员的流动人口已办理个人社会保障卡的比例为48.26%；包吃住的家庭成员数量在1人及以上的流动人口比例为56.99%，两者相差约9个百分点（见图22）。一般而言，流入地的家庭规模与个体的经济状况相关：经济状况较好的个体，越有可能携家庭成员一起流动，其可获得的社会保障资源也就越多。而且，家庭整体流动的个体定居意愿相对较强，其获得社会保障资源的意愿就越强，实际需求也更强。

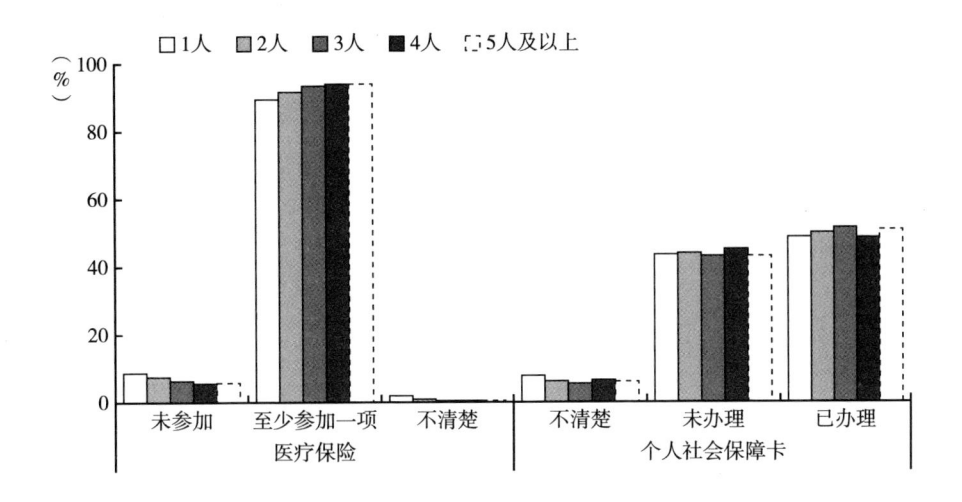

图 21　同住的家庭成员数量与社会保障

资料来源：2017 年全国流动人口动态监测调查数据。

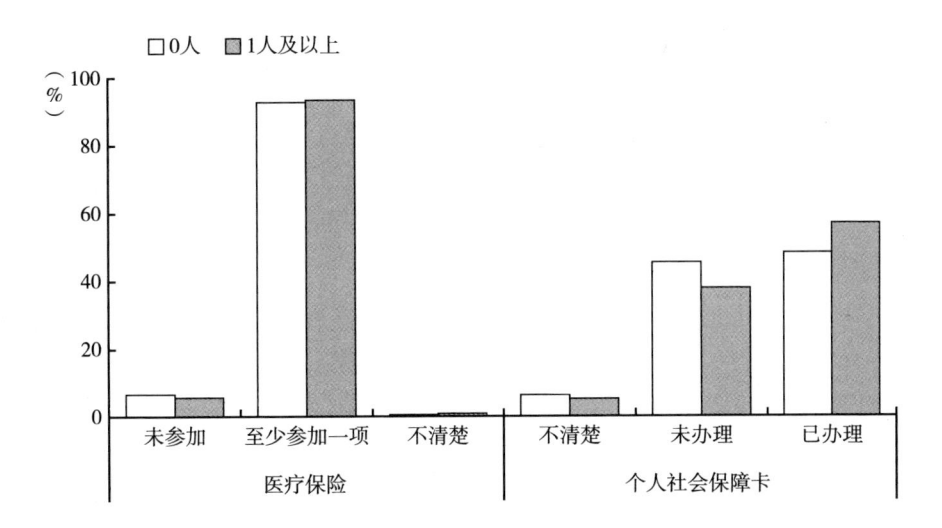

图 22　包吃住的家庭成员数量与社会保障

资料来源：2017 年全国流动人口动态监测调查数据。

流动人口社会融合蓝皮书

（六）特大城市社会保障水平较低，直辖市流动人口个人社会保障卡办理情况最优，长三角城市群个人社会保障卡办理情况、珠三角城市群医疗保险参加情况需改善，东北地区社会保障水平相对较低

城市规模与流动人口社会保障水平呈现较为复杂的关系，就医疗保险而言，中等城市流动人口至少参加一项医疗保险的比例最高，达到了94.11%；特大城市流动人口至少参加一项医疗保险的比例反而最低，仅为90.01%。就个人社会保障卡的办理情况而言，超大城市流动人口已办理个人社会保障卡的比例最高，为67.90%；特大城市流动人口已办理个人社会保障卡的比例则最低，仅为40.48%，两者相差约27个百分点（见图23）。

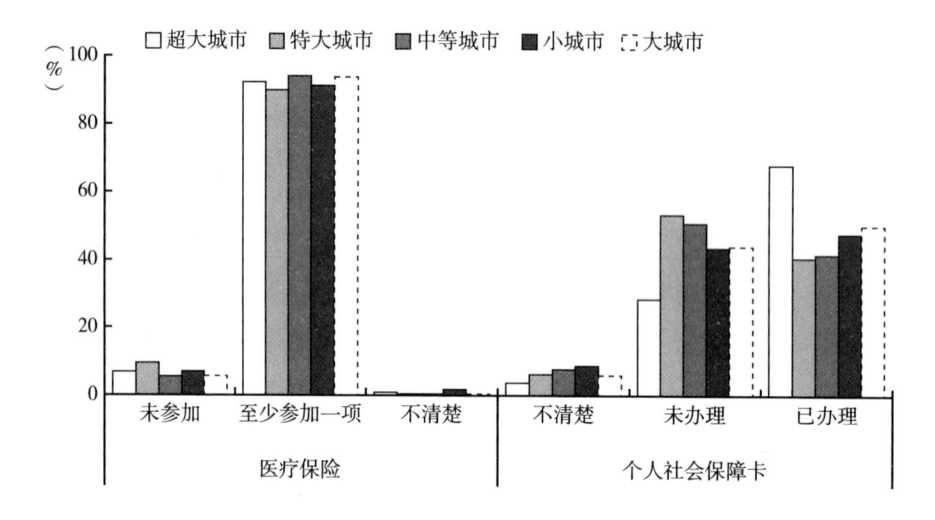

图23 城市规模与社会保障

资料来源：2017年全国流动人口动态监测调查数据。

就城市行政级别而言，流动人口的医疗保险参加比例差别并不明显，个人社会保障卡的办理情况中，直辖市最优。省会城市有92.98%的流动人口至少参加一项医疗保险，其他城市有92.96%的流动人口至少参加一项医疗保险，直辖市流动人口至少参加一项医疗保险的比例为92.45%。流动人口个人社会保障卡的办理情况在不同行政级别的城市间则体现出较大差异，直辖市中，有67.05%的流动人口已办理个人社会保障卡；其他城市次之，比例为48.32%；省会城市最低，比例为45.34%（见图24）。

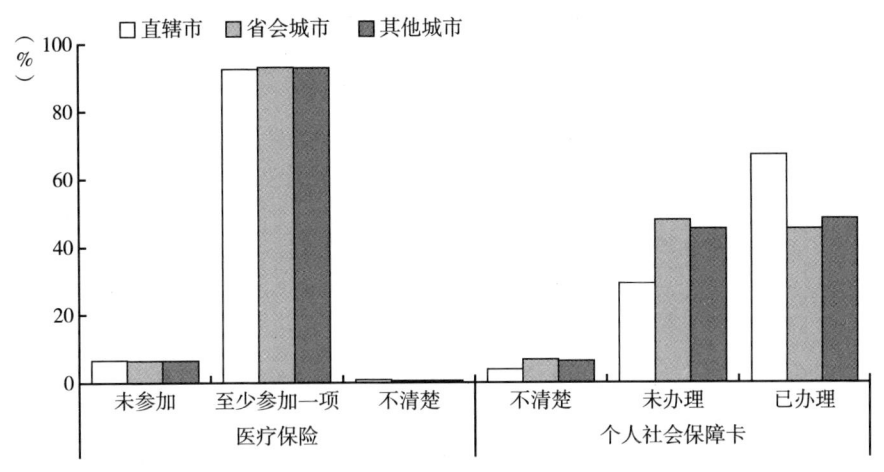

图24 城市行政级别与社会保障

资料来源：2017年全国流动人口动态监测调查数据。

从城市群来看，长三角城市群流动人口医疗保险参加比例最高，有93.72%的流动人口至少参加一项医疗保险；京津冀城市群次之，有92.59%的流动人口至少参加一项医疗保险；珠三角城市群流动人口的比例最低，仅为91.52%。就个人社会保障卡办理情况而言，珠三角城市群流动人口已办理个人社会保障卡的比例最高，为64.84%；京津冀城市群次之，比例为56.37%，长三角城市群流动人口已办理个人社会保障卡的比例最低，仅为52.22%（见图25）。

流动人口社会保障水平与地区经济发展水平呈现较大关联，华中地区的流动人口医疗保险参保率最高，该地区有95.74%的流动人口至少参加一项医疗保险；华东地区次之，有93.92%的流动人口至少参加一项医疗保险；东北地区则最低，仅有84.13%的流动人口至少参加一项医疗保险。就个人社会保障卡的办理情况而言，华东地区有57.40%的流动人口已办理个人社会保障卡；华南地区次之，比例为55.96%；东北地区流动人口已办理个人社会保障卡的比例最低，仅为28.42%（见图26）。

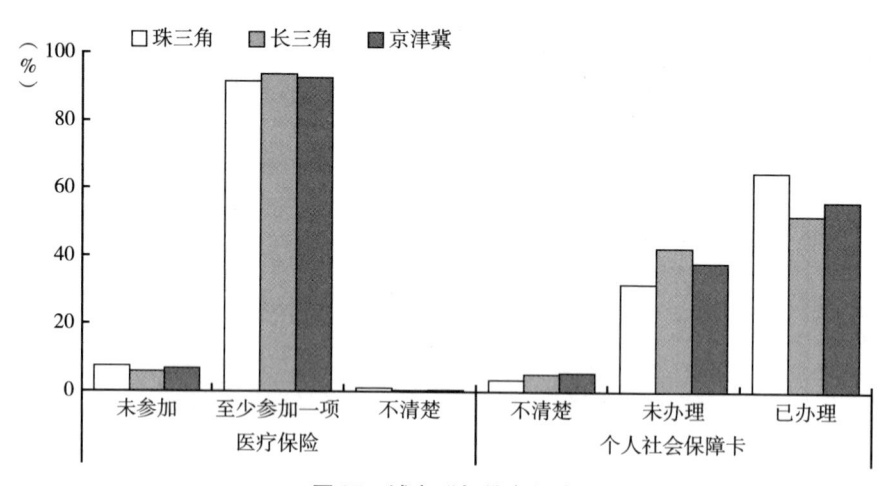

图 25 城市群与社会保障

资料来源：2017年全国流动人口动态监测调查数据。

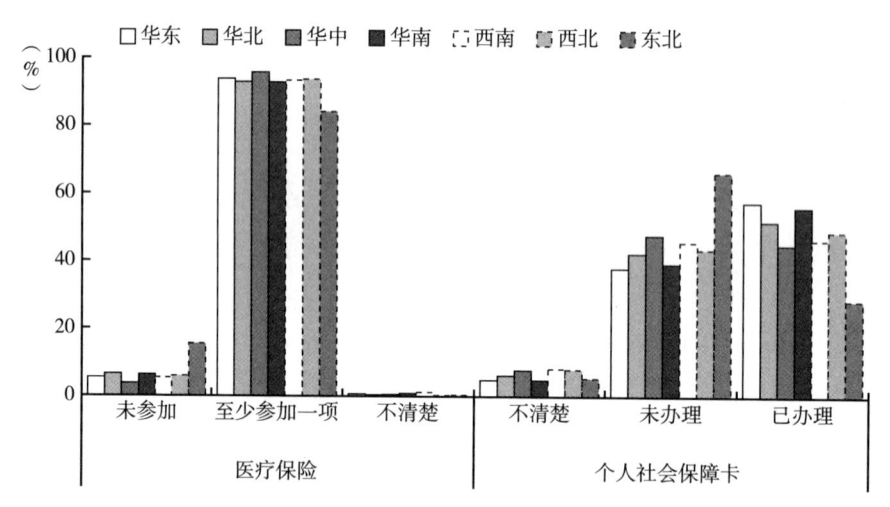

图 26 社会保障的地区差异

资料来源：2017年全国流动人口动态监测调查数据。

三 存在的问题

近年来，随着人口流动进程的推进，国家对流动人口社会保障的重视程度不断加强。2016年出台的《人力资源社会保障部关于加强和改进人力资源社会保障领域公共服务的意见》提出，要提高社保关系转移接续等异地业务经办的效率，到2020年实现同一省级辖区内"信息一点登记、业务协同办理、数据全域共享"，以解决社保断档接续、异地迁移两大难题，降低流动人口的参保门槛，提高流动人口的参保意愿。但上述分析发现，流动人口的社会保障仍然存在一些问题，具体表现在以下几方面。

（一）流动人口社会保障水平总体亟须进一步提升

大部分流动人口集中在一些层次较低的行业，如餐饮、快递和中介服务行业，或成为个体工商户，在街边经营小摊。流动人口普遍面临工作场所卫生条件差、雇主用工不规范、无劳动合同等问题，故流动人口社会保障水平低于本地居民，且社会保障管理的地域分割特点导致难以确保流动人口社会保障的连续性。2017年的相关数据显示，流动人口医疗保险参加水平令人满意，至少参加一项医疗保险的比例高达92.89%，其中95.80%的流动人口在户籍地参加了新型农村合作医疗（简称新农合），86.26%的流动人口在本地参加了城镇职工医疗保险。但现阶段的新农合与城镇职工医疗保险、户籍地与本地医保体系仍然缺乏有效的衔接，回乡报销提高医疗成本，会降低流动人口医疗保险利用效率。而就流动人口个人社会保障卡办理情况而言，已办理的比例仅稍高于50.00%。可见整体而言，流动人口的社会保障水平仍然较低。

（二）户籍制度与内外之别是限制流动人口社会保障可获得性的主要因素

户籍制度是我国特有的行政制度，已有研究表明，户口类型造成的城乡差分以及户籍地引起的内外之别会共同作用于个体社会保障的可获得性，故乡城流动人口处于双重弱势的地位，其社会保障获得情况需要获得更多的关切[1]。户

---

[1] 杨菊华：《城乡差分与内外之别：流动人口社会保障研究》，《人口研究》2011年第5期。

籍制度的功能也非常丰富，在户籍制度的基础上异化出控制人口自由迁移等作用——户籍制度是中国社会具有独特迁移控制功能的一项基本制度，构成了城乡二元经济结构的制度基础，是当前农业转移人口经济接纳、社会拒入的制度根源①。

以户籍管理人口，是符合新中国成立初期的工业化发展路线的。而自改革开放以来，人口大规模流动，城乡差别逐步缩小，但以户籍制度为代表的城乡分割、地域分治的局面仍然存在。当前，包括社会保障在内的许多社会权利都是以户籍为依据的。流动人口作为外来者，难以真正融入本地的社会保障体系，而又因在空间上远离家乡，即使被家乡社会保障体系覆盖，也难以真正享受到家乡社会保障的支持。

（三）社会保险的转移接续难降低了流动人口的参保意愿

由于地区社会经济发展水平不平衡和社会保险统筹层次较低，跨省流动或转换工作时，流动人口的社会保险转移接续的通道仍不完善，转移接续手续十分复杂。因此，在流动群体中，极易出现频繁参保、退保的现象，流动人口在流入地的参保意愿较低，部分流动人口只能回到流出地参加医疗保险，享受流出地的社会保障。

总体而言，社会保险的转移接续难表现为跨地区转移难、跨类型转移难。一方面，在现有的社会保障管理制度下，各地政府社会保险资金无法统筹合并，因此，大部分流动人口在跨地区流动时，不得不被迫中断社会保险。另一方面，不论是医疗保险还是养老保险，各项社会保障制度都将其区分为城镇职工、城镇居民、农村居民等若干类别，各类别之间因为资金来源、支付水平等差异，难以实现保险的顺利转移。

（四）相对发达的城市与东北地区的流动人口社会保障情况较差

流动人口社会保障水平呈现城市不一、区域不平衡的特点。就城市规

---

① 李强：《当前我国城市化和流动人口的几个理论问题》，《江苏行政学院学报》2002年第1期。

模而言，社会经济发展较好的城市，对流动人口的接纳能力较强，流动人口的社会保障水平应当较高，但实际情况是，特大城市的社会保障水平最低。这主要是因为社会保障制度和户籍制度挂钩，特大城市的就业机会多、人力资本回报高等对流动人口极具吸引力，流动人口的大量涌入，对这些地区造成一定的压力，导致以户籍制度、积分落户制度等方式加强对流动人口的管理，流动人口想要获得与本地居民等同的社会保障难度进一步加大。

就空间区域而言，虽然经济发展水平高、社会保障制度较为完善的地区可以为流动人口提供更多的社会保障资源，但在实际操作层面，户籍制度、就业状态等诸多因素会限制流动人口的社会保障资源的获得，因此，社会保障水平较高的地区是华中地区和华东地区。而东北地区由于地理环境、人文环境以及基础经济发展水平的影响，人口以净迁移为主，社会经济发展水平较低，因此，无论是从医疗保险这一指标，还是从个人社会保障卡这一指标来看，东北地区的社会保障情况都并不乐观。

四 对策建议

社会保障水平是影响流动人口生活质量的关键性因素，是流动人口社会融合的重要指标之一，更是流动人口在流入地留居的主要影响因素。根据目前流动人口社会保障情况及其存在的问题，为促进社会保障体系的完善和发展，保障流动人口的社会保障权利，本报告提出以下几个方面的建议。

（一）加大政府统筹力度，增加经费投入

流动人口的社会保障情况主要由人力资源和社会保障部负责，但因其涉及地域转移，以及社会保障相关的多种公共资源的获得，因此，需要依靠其他部门的配合，共同促进流动人口社会保障水平的提高。在实际工作中，可根据各部门的具体职责，统筹安排流动人口社会保障工作，同时要加快数据开放共享，整合资源，简化办事手续。而且，中央和地方财政部门应根据各

地实际情况，全面了解流动人口的类型、特征，统筹安排流动人口社会保障的财政投入，为流动人口平等享受社会保障、实现地区间和社会保障项目间的统筹管理提供经费保障。

（二）完善社会保障统筹机制，解决流动人口社会保险转移接续难的问题

针对流动人口社会保障水平低的问题，一是从全国层面建立统筹机制，合理制定费率、参保条件与享受待遇，加强风险管理，提高流动人口社会保险的投资回报率，鼓励流动人口积极参加社会保险；二是加强地方合作，完善社会保障的信息化平台建设，提高社会保障的知晓率，解决转移接续难的问题。同时，加快完善社会保障体系建设，切实解决流动人口个人参保，城镇社保与农村社保对接，医疗保险跨区转移、跨区报销等问题，提出可携带、可转移、易接续的流动人口社会保险办法，解除流动人口的后顾之忧。

（三）加强流动人口继续教育，增加流动人口人力资本

流动人口社会保障水平与其收入水平具有正相关关系，收入水平较高的流动人口，社会保障水平也较高，因此可以通过继续教育，增加流动人口人力资本，改善就业环境，提高收入水平。一是建立健全流动人口职业教育保障制度，广泛开展流动人口技能培训。加强政府与第三方的合作，形成由政府牵头，第三方机构参与，共同制定针对不同流动人口群体的技能培训方案，再由第三方机构切实实施的流动人口技能培训体系，以增加流动人口人力资本。同时，在此过程中，政府应当发挥好市场监管者的作用，对流动人口培训资源进行质量检测和评估，对第三方机构进行监管，保证流动人口技能培训落到实处。二是保障流动人口劳动就业的合法权益，加强监管，注重流动人口劳动合同的签订，增强其工作的稳定性，从法律层面保障流动人口的社会保障资源的获得。

（四）促进社会保障信息一体化，实现流动人口就地参保

城市和农村的二元分割体制，给农业户口流动人口的社会保障整合带来很大的挑战。应当针对流动人口中"稳定型"群体（比如以已在流入地居住 5 年以上为标准），解决其社会保障问题，可通过税收减免等手段鼓励企业、公司为流动人口缴纳社会保障参保费用，并鼓励个体缴纳相应参保费用，允许其进入当地的社会保障覆盖范围，享受与当地人相同的社会保障待遇。

首先，社会保险基金的统筹可以在一定区域内进行，政府可以尝试在不同省份之间、省内不同市之间统筹城市和农村的社会保险基金，从社会保障体系开始消除城乡二元分割体制的缺陷。其次，建构社会保障信息共享机制，加强不同地区、不同社会保障项目之间的网络连接和信息共享，为整合社会保障体系奠定基础，而且，信息技术的科学运用，也是解决社会保障制度属地化设计与人群流动性矛盾的重要技术基础。最后，可以在国家相关部门的领导下，尽快建立不同地区的社会保障管理信息系统的互联互通，大力推行个人社会保障卡等信息管理手段的使用，方便社会保障管理经办部门、评估机构等对参保人员信息的查询、审核、结算等。

（五）扩大宣传，缩小地区差异

在流动人口社会保障方面，既需要流入地不断增加供给，也需要通过广泛宣传，提高流动人口对社会保障的知晓率，发挥流动人口的积极性，鼓励流动人口参与其中，保障其自身基本权益。一方面可以通过短信、微信等平台，向流动人口宣传、介绍社会保障的类型、参加方式、基本标准等；另一方面可以通过搭建互动平台，鼓励流动人口参与表达其诉求。此外，可以基于各项研究，选择社会保障水平较高的代表城市，将其在流动人口社会保障方面的经验进行推介，总结经验和不足，不断完善各地的社会保障体系，以缩小地区差异。

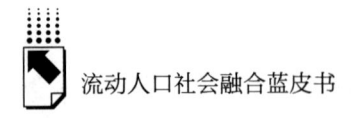

参考文献

焦晓云、王金：《农民工"半城镇化"现象的本质向度及其生成机理》，《税务与经济》2017年第6期。

杨菊华：《城乡差分与内外之别——流动人口劳动强度比较研究》，《人口与经济》2011年第3期。

杨菊华：《中国流动人口经济融入》，社会科学文献出版社，2013。

B.7 中国城市流动人口住房保障评估研究报告

李君甫 饶曼莉[*]

摘　要： 本报告基于2017年、2016年流动人口动态监测数据及各城市保障性住房政策，对流动人口的住房可支付性、住房保障政策包容性以及住房保障政策覆盖率进行了分析。研究发现，在中国流动人口数量最多的前20个城市中存在住房可支付性低、住房保障政策包容性低、住房保障政策覆盖率低等问题。对此，需要重视流动人口的住房保障，通过取消对流动人口在城镇购买首套房的限制、把流动人口纳入保障房体系、建设集体宿舍等措施来解决流动人口住有所居问题。

关键词： 流动人口　住房保障政策　保障性住房

一　流动人口住房保障评估的背景

（一）党的十九大提出要让全体人民住有所居

党的十九大报告中提出"坚持房子是用来住的、不是用来炒的定位，

---

[*] 李君甫，博士，北京工业大学文法学部社会学系教授，主要研究方向为社会政策、城乡发展和流动人口；饶曼莉，北京工业大学文法学部社会学系2017级硕士研究生，主要研究方向为社会政策和城乡发展。

加快建立多主体供给、多渠道保障、租购并举的住房制度，让全体人民住有所居"。全体人民当然包含了城市中的流动人口，也就是说，党的十九大住房政策的重要目标是要让城市流动人口也要住有所居。长期以来，流动人口被排除在城市住房保障体系之外，跟住房保障无缘。然而，如果不把流动人口纳入住房保障体系，全体人民住有所居的目标就难以实现。因此，对流动人口的住房保障状况进行评估，分析流动人口住房保障问题具有十分重要的现实意义。

（二）流动人口住房保障评估的必要性

1. 流动人口的住房是个大问题

目前我国流动人口总数超过2.5亿人，如果他们的住房问题不能得到妥善解决，就意味着30%以上的城镇常住人口住无所居、住房困难或者非法居住。由于大多数城市并没有把流动人口纳入住房保障体系，流动人口在城镇居住在城中村、群租房甚至其他违章建筑里。这些房屋质量达不到居住标准，居住环境恶劣，安全隐患也很大。然而，要让2.5亿流动人口获得适足的住房，也不是一件简单的事情。2.5亿人，需要1亿套住房，平均每个省市需要为流动人口准备323万套住房，东部省市的流动人口的住房需求更大，解决起来殊为不易。这就需要从中央到地方对事关民生，也事关城市良性运行的流动人口住房问题给予足够的重视。

2. 流动人口住房保障已有多年的实践

流动人口收入相对较低，要靠他们自己去市场上购房有很多困难，只有流动人口中的少数精英才可能在大城市购房，少部分人有可能在中小城镇购房。绝大多数流动人口难以承受价格高昂的城市商品房。根据2018年国家统计局农民工监测报告，在进城农民工中，购买住房的比例为19.00%，与上年持平，其中，购买商品房的比例为17.40%，与上年持平；租房居住的比例为61.30%，比上年提高0.3个百分点；单位或雇主提供住房的比例为12.90%，比上年下降0.4个百分点。在进城农民工中，2.90%享受保障性住房，比上年提高0.2个百分点。其中，1.30%租赁公租房，比上年提高

0.2个百分点；1.60%自购保障性住房，与上年持平。尽管比例很低，我们可以看到还是有部分农民工购买保障房或者租赁公租房，这说明一些地方城市已经对农民工放开了保障性住房政策。事实上，2005年湖南长沙就建设了农民工江南公寓，苏州也在工业园区建设了很多的外来工公寓。这些保障性住房政策经过10多年的实践，需要我们对其进行总结和梳理，为政策的完善提供理论依据。

3. 流动人口住房保障政策实践需要评估和改进

尽管已经有了10多年的流动人口住房保障政策的实践，但是我们要看到，各个城市流动人口规模差异较大，针对流动人口的住房保障政策差异也比较大，政策实施的时间也长短不一，政策实践的效果也差异悬殊。那么，分析哪些城市的政策实践是有效的，哪些城市的流动人口住房保障政策力度较大，对解决流动人口住房问题，使其融入城市有较大的帮助；下一步，流动人口住房保障政策如何调整。这些问题的解决都需要我们对流动人口住房保障已有的政策进行评估，从而改善现有的流动人口住房保障政策。

二 流动人口住房保障评估的方法与基本框架

（一）概念界定

住房保障政策、保障性住房、住房可支付性、住房保障政策包容性、住房保障政策覆盖率是本报告涉及的一些基本概念。

住房保障政策是我国重要的社会保障制度，"其实质是政府利用国家和社会的力量，通过国民收入再分配，为中低收入阶层、住房困难群体及其他特殊社会群体提供适当住房，以保障其基本居住水平的制度，是对市场化住房分配机制的必要补充"[①]。

---

① 孙守纪、孙洁：《完善我国社会保障性住房制度：基于政府视角》，《中国行政管理》2013年第10期，第57~60页。

我国保障性住房主要分为两大类：一类是租赁型保障住房，包括廉租房和公租房；另一类是售卖型保障房，主要包括经济适用房、限价房和定向安置房[①]。

住房可支付性指的是一个家庭在支付完维持正常生理需要且必须的开支后，仍然能够负担当地人均居住面积住宅价格的程度。影响住房可支付性的因素主要包括家庭总收入、住宅单价、住宅面积、首付、月供、还款期限、利率、生活必须开支、住房消费倾向及融资方式等。当前对住房可支付性的衡量有单一指标评价法和多指标评价法两大类。比较常见的单一衡量指标包括房价收入比、住房可支付性指数（Housing Affordability Index，HAI）和住房租金收入比。国内一些学者采用房价收入比指标衡量各地房价的合理性，并认为4～6倍是一个比较合理的范围。

此外，本报告涉及的概念还包括住房保障政策包容性，即在现有的住房保障政策之下，是否把流动人口纳入住房保障；住房保障政策覆盖率，主要包括流动人口保障性住房覆盖率和住房公积金参与率。

（二）数据来源

本报告的数据来源包括各城市政府官网、官方统计资料以及国家卫计委流动人口监测数据，研究的范围是我国流动人口数量最多的前20个城市。这20个城市分别为上海、深圳、北京、苏州、东莞、成都、郑州、杭州、广州、天津、宁波、石家庄、佛山、昆明、武汉、温州、南京、厦门、哈尔滨以及青岛。我们通过收集20个城市政府官网和官方统计资料，掌握各个城市住房保障的相关政策，并计算这些城市流动人口住房可支付性指标，包括房价收入比和住房租金收入比，对各城市的住房保障进行评估。

国家卫计委全国流动人口动态监测数据抽样总体为在流入地居住1个月

[①] 吕萍、修大鹏、李爽：《保障性住房共有产权模式的理论与实践探索》，《城市发展研究》2013年第2期，第144～148页。

及以上，非本区（县、市）户口的15周岁及以上流动人口。数据分析主要包括保障性住房覆盖率和住房公积金参与率两个部分。2017年流动人口动态监测数据没有涉及住房公积金参与状况的调查，因此本报告使用2016年流动人口动态监测数据进行住房公积金参与率分析。我们从流动人口动态监测数据中选取了以上20个城市的流动人口数据，在对缺失数据进行处理后，获得了2016年的城市样本47479个，2017年的城市样本51875个。从这些样本中，又选择了深圳和苏州两个城市的样本，得到2016年的深圳样本2000个，苏州样本1160个；2017年的深圳样本1999个，苏州样本2000个。而后，使用SPSS对数据进行交叉表统计分析，计算20个城市的保障性住房覆盖率和住房公积金参与率，试图从各个方面理解不同地区流动人口的住房保障状况。

（三）评估对象

本报告的评估对象为各城市的住房保障状况。通过梳理各城市住房保障政策，计算各城市住房保障状况的相关指标，包括住房可支付性（房价收入比、住房租金收入比），住房保障政策包容性，住房保障政策覆盖率（流动人口住房公积金参与率、流动人口保障性住房覆盖率），来评估各城市的住房保障政策。

（四）指标

采用的指标包括住房可支付性、住房保障政策包容性以及住房保障政策覆盖率。其中，一级指标住房可支付性包括房价收入比、住房租金收入比两个二级指标；一级指标住房保障政策包容性，即该城市的住房保障政策是否包括流动人口；一级指标住房保障政策覆盖率包括住房公积金参与率、保障性住房覆盖率两个二级指标。

（五）评估方法

采用定量评估和定性评估相结合的评估方法，根据不同的评估指标和资

料获得情况的不同而选择不同的评估方法。对住房可支付性以及住房保障政策覆盖率采用定量的评估方法，对住房保障政策包容性采用定性的评估方法。

三 2017年度流动人口住房保障的现状与特点

在全国选取了流动人口数量排序前20的城市，并对这20个城市流动人口住房可支付性、住房保障政策包容性以及住房保障政策覆盖率进行评估和分析。

（一）城市流动人口住房可支付性低

1. 各城市房价收入比差异大

按每个家庭平均有2.5人，住房面积为60m^2计算了这20个城市的房价收入比，计算公式为：房价收入比=（城市房均价×60）/（城镇居民可支配收入×2.5）。结果显示，就房价收入比来看，深圳房价收入比最高，达到了25.66。除深圳外，北京、上海和厦门3个城市的房价收入比均超过了20.00。天津、广州、温州、杭州、南京5个城市的房价收入比也在10.00以上。哈尔滨的房价收入比在20个城市中最低，为5.16。房价收入比在20个城市之间的差异也很明显，房价收入比最高的深圳与房价收入比最低的哈尔滨相比，深圳的房价收入比约为哈尔滨的5倍。可见，各城市房价收入比差异大，其中深圳、北京、上海、厦门4个城市明显高于其他城市，流动人口购房压力大（见表1）。

表1 各城市房价收入比

单位：元，元/m^2

城市	城镇居民可支配收入	2017年城市房均价	房价收入比
深圳	52938	56600	25.66
北京	62406	64773	24.91
上海	62596	54685	20.97
厦门	50019	41760	20.04

续表

城市	城镇居民可支配收入	2017年城市房均价	房价收入比
天津	37022	23343	15.13
广州	55400	32863	14.24
温州	33301	16174	11.66
杭州	56176	25713	10.99
南京	54538	23489	10.34
青岛	38763	15861	9.82
郑州	36050	13368	8.90
武汉	43405	14439	7.98
苏州	58806	17693	7.22
成都	38918	11570	7.14
石家庄	32929	9438	6.88
东莞	46739	13086	6.72
佛山	46849	11914	6.10
昆明	39788	9396	5.67
宁波	55656	12935	5.58
哈尔滨	35546	7638	5.16

资料来源：城镇居民可支配收入来自各城市统计公报，城市房均价来自中国住房行情网。

2. 各城市住房租金收入比差异明显

同样，我们按每个家庭平均有 2.5 人，住房面积为 60m² 计算了 20 个城市的住房租金收入比，计算公式为：住房租金收入比 = （城市月均房租 × 12 × 60）/ （城镇居民可支配收入 × 2.5）。结果显示，大部分城市的住房租金收入比在 0.20~0.30。就住房租金收入比来看，在流动人口较多的 20 个城市中，有 15 个城市的住房租金收入比在 0.20 及以上，其中深圳的住房租金收入比最高，达到了 0.43。与其他城市相比，石家庄、东莞、宁波、佛山和苏州 5 个城市的住房租金收入比较低，均在 0.20 以下。此外，20 个城市的住房租金收入比差异也很明显，深圳和北京 2 个城市的住房租金收入比均在 0.40 以上，上海和温州尾随其后，住房租金收入比超过了 0.30，这些城市的住房租金收入比都是苏州的 2 倍以上（见表 2）。住房租金收入比较高，意味着如果要住上比较体面的房子，流动人口用于住房租金这一方面的支出占据了其收入的较大部分，会对流动人口造成沉重的负担。深圳和北京的住房租金负担极重，上海和温州的住房租金负担很重，哈尔滨、天津、杭州、广州、厦门的住房租金负担较重。石家庄、东莞、宁波、佛山和苏州的住房租金负担相对较轻。

表2 各城市住房租金收入比

单位：元，元/（月·m^2）

城市	城镇居民可支配收入	城市月均房租	住房租金收入比
深圳	52938	78.30	0.43
北京	62406	89.96	0.42
上海	62596	73.51	0.34
温州	33301	35.78	0.31
哈尔滨	35546	35.95	0.29
天津	37022	35.68	0.28
杭州	56176	52.55	0.27
广州	55400	51.54	0.27
厦门	50019	42.88	0.25
成都	38918	32.23	0.24
青岛	38763	30.75	0.23
南京	54538	43.20	0.23
郑州	36050	28.19	0.23
武汉	43405	32.85	0.22
昆明	39788	27.28	0.20
石家庄	32929	20.86	0.18
东莞	46739	28.48	0.18
宁波	55656	33.49	0.17
佛山	46849	28.19	0.17
苏州	58806	29.24	0.14

资料来源：城镇居民可支配收入数据来自各城市统计公报，城市月均房租数据来自中国房价行情网。

（二）住房保障政策包容性有待提高

为了解20个城市住房保障政策包容性，我们梳理了20个城市的公共租赁住房政策来进行考察。

1. 上海

流动人口申请上海市筹公共租赁住房准入资格应当符合以下条件之一：

（一）具有本市常住户口，且与本市单位签订一年以上（含一年）劳动合同；（二）持有有效期内《上海市居住证》达到二年以上（之前持有有效《上海市临时居住证》年限可合并计算），在沪连续缴纳社会保险金达到一年以上，且与本市单位签订一年以上（含一年）劳动合同；（三）持有有效期内《上海市居住证》（或《上海市临时居住证》），在沪缴纳社会保险金，与本市单位签订二年以上（含二年）劳动合同，且单位同意由单位承租公共租赁住房的①。

上海市筹公共租赁住房的供应对象不限上海户籍人口，准入标准不设收入线。只要取得上海市居住证满2年，在沪连续缴纳社会保险满1年并且合法稳定就业，在本市无自有住房或人均住房建筑面积低于15m²，申请时未享受本市其他住房保障政策的对象均可申请市筹公共租赁住房。

2. 深圳

2019年深圳住房和建设局颁发的《深圳市公共租赁住房轮候与配租暂行办法》中有以下规定：

第七条 申请轮候公共租赁住房，应当符合下列条件：（一）申请人年满18周岁，且具有本市户籍，但投靠子女取得本市户籍的居民不

---

① 《关于印发〈市筹公共租赁住房准入资格申请审核实施办法〉的通知》，2017年12月15日，http://service.shanghai.gov.cn/xingzhengwendangku/XZGFDetails.aspx?docid=REPORT_NDOC_002253，最后访问日期：2019年8月6日。

能作为申请人；（二）申请人参加本市社会保险（养老保险或者医疗保险，不含少儿医疗保险，下同）累计缴费3年以上，申请人具有大学本科及以上学历或者中级及以上职称的，参加本市社会保险累计缴费1年以上……

第三十五条 市、区主管部门可以根据本市人才安居的有关政策和法律规定，确定一定比例的公共租赁住房房源，定向配租给符合条件的人才或者企事业单位。

第三十六条 非户籍住房困难群体可以根据市政府制定的产业配套住房相关规定，享受住房保障政策①。

深圳实行公共租赁住房轮候申请，对一般居民来说，需要满足深圳户籍要求才具有公共租赁住房申请资格。但是符合人才安居政策的可以配租公共租赁住房或者通过企事业单位获得公共租赁住房，非本市户籍困难群体根据产业配套住房的规定，享受住房保障政策。因此，深圳允许达到一定条件的流动人口申请公共租赁住房，或者享受产业配套住房。

3. 北京

北京申请公共租赁住房的对象包括"三房"轮候家庭、其他具有本市城镇户籍家庭、外省市来京家庭以及产业园区就业人员。北京公共租赁住房申请条件具体包括：

（一）廉租住房、经济适用住房、限价商品住房（以下统称"保障性住房"）轮候家庭。（二）申请人具有本市城镇户籍，家庭人均住房使用面积15平方米（含）以下；3口及以下家庭年收入10万元（含）以下、4口及以上家庭年收入13万元（含）以下。市住房城乡建设主管部门会同市相关部门根据本市人均可支配收入水平变化等对上述标准

---

① 《深圳市公共租赁住房轮候与配租暂行办法》，2019年12月20日，http://www.gd.gov.cn/zwgk/wjk/zcfgk/content/post_2724261.html，最后访问日期：2020年8月2日。

及时进行动态调整。(三)外省市来京连续稳定工作一定年限,具有完全民事行为能力,家庭收入符合上款规定标准,能够提供同期暂住证明、缴纳住房公积金证明或社会保险证明,本人及家庭成员在本市均无住房的人员。具体条件由各区县人民政府结合本区县产业发展、人口资源环境承载力及住房保障能力等实际确定①。

可见,北京对于达到一定条件的流动人口,也是允许申请公共租赁住房的,条件包括无房、连续稳定工作一定年限、缴纳住房公积金或社会保险。

4. 苏州

苏州公共租赁住房保障对象为城市中等偏下收入住房困难家庭、新就业人员、外来务工人员等。

外来务工人员申请承租公共租赁住房,应同时具备以下条件:(一)在本地有手续完备的劳动合同或聘用合同,并缴纳社会保险金;(二)申请人及配偶在本地无私有住房,未租住公有住房;(三)申请政府提供家庭型成套住房的申请人,应当是在本地居住就业并已有一定的年限;(四)市、县级市、区人民政府和相关部门规定的其他条件②。

苏州针对新就业人员、外来务工人员除了有其他住房保障政策方面的要求,还要求这两类流动人口签订了劳动合同并缴纳社会保险,对于外来务工人员还有居住以及就业年限的要求。

5. 东莞

东莞公共租赁住房保障对象为城市中等偏下收入住房困难家庭、新就业

---

① 《关于印发〈北京市公共租赁住房申请、审核及配租管理办法〉的通知》,2011年11月30日,http://www.beijing.gov.cn/zhengce/gfxwj/sj/201905/t20190522_57006.html,最后访问日期:2020年8月2日。

② 《市政府关于印发苏州市公共租赁住房保障办法的通知》,2016年11月14日,http://www.suzhou.gov.cn/szsrmzf/bzxzf/201601/H6EZQET_PSYP5YYGKF0D3IC3AF3W0I4LG.shtml,最后访问日期:2020年8月2日。

无房职工、外来务工人员等。

同时具备下列条件的外来务工人员可以申请公共租赁住房：
（一）申请人在本市工作及参加社会养老保险逐月缴费累计满5年；
（二）在本市工作且与用人单位签订1年及以上劳动合同，该单位在本市为其缴纳社会养老保险、缴存住房公积金；
（三）申请人及其配偶在本市无自有住房；
（四）申请人及其配偶未正在租住公共租赁住房、领取租赁补贴，未享受经济适用住房、人才住房及房屋修葺等优惠政策[①]。

从东莞针对流动人口申请公共租赁住房的资格要求可以看出，与其他城市相比，除签订一定期限的劳动合同以及保障性住房政策方面的要求之外，东莞要求外来务工人员在本地工作时间以及参加社会养老保险逐月缴费累计满5年，这对于流动性较大的流动人口来说，无疑是一个较高的门槛。

6. 成都

成都中心城区公共租赁住房保障对象为中等及以下收入的中心城区户籍家庭、中心城区户籍单身居民、外来务工人员。家庭年收入10万元以下（含10万元）或个人年收入5万元以下（含5万元），申请人及共同申请的家庭成员在中心城区无城镇自有产权住房且未承租公房，并符合条件的外来务工人员，可申请成都公共租赁住房。要求外来务工人员应当具有本市非中心城区户籍或持有成都市居住证，主申请人在中心城区工作，与用人单位签订劳动（聘用）合同并缴纳城镇职工社会保险。如果同一单位有3人及以上新就业职工或者外来务工人员申请公共租赁住房，要求必须通过单位统一组织申请[②]。

[①] 《东莞市人民政府关于印发〈东莞市公共租赁住房管理办法〉的通知》，2019年5月7日，http://www.dg.gov.cn/ggzypzlyxxgkzl/gzfa/bm/content/post_2830302.html，最后访问日期：2020年8月2日。

[②] 《成都市城乡房产管理局、成都市民政局关于印发〈成都市中心城区公共租赁住房管理办法〉的通知》，2015年5月13日，http://cdzj.chengdu.gov.cn/cdzj/bzzc/2015-05/18/content_ebca2721651549bd 91382e5d9e7f，最后访问日期：2020年8月2日。

外来务工人员申请租赁补贴，须同时符合以下条件：（1）个人年收入在规定标准以内；（2）在成都市稳定就业，与用人单位签订劳动（聘用）合同，连续缴纳城镇职工社会保险3年及以上且处于参保缴费状态，并连续缴交住房公积金3年及以上且处于在缴存状态；（3）本人及配偶在成都市无自有住房，且未享受其他方式的住房保障；（4）在成都市行政区域内租房居住并办理租赁备案；（5）持有成都市居住证且积分达到100分以上（含100分）[①]。

成都对于外来务工人员申请公共租赁住房要求满足一定的收入条件，要有劳动合同并缴纳社会保险。申请租赁补贴要求一定的收入上限、无房，也要求稳定就业，签署劳动合同、连续缴纳社会保险和住房公积金3年及以上。

7. 郑州

外地户籍住房困难家庭申请郑州公共租赁住房需要同时符合以下条件：（1）持有郑州市居住证；（2）已与用人单位签订劳动合同1年以上；（3）缴纳社会保险；（4）在本市市区范围内无自有住房且未租住公有住房；（5）家庭人均月收入符合规定标准。

此外，还要求申请人应当具备完全民事行为能力。单个申请人员除应当符合前款规定条件外，申请时应年满法定结婚年龄，共同申请人在符合申请条件的基础上（配偶除外），与申请人之间应当具有法定的赡养、扶养或者抚养关系。户籍属城中村的申请人按照拆迁安置补偿政策，未享受任何拆迁安置补偿。已享受过政策性住房（房改、经适房、货币化补贴）的申请人，原则上不再纳入公共租赁住房保障[②]。

---

① 《成都市人民政府办公厅关于进一步完善公共租赁住房租赁补贴工作的实施意见》，2018年1月29日，http://cdzj.chengdu.gov.cn/cdzj/bzzc/2018-04/08/content_c558454b85234660a35cbd0ffe9f，最后访问日期：2020年8月2日。

② 《关于进一步完善公共租赁住房租赁资格认定和动态审核工作有关问题的通知》，2016年8月19日，http://public.zhengzhou.gov.cn/10BCZ/173029.jhtml，最后访问日期：2020年8月2日。

8. 杭州

杭州公共租赁住房的申请对象包括城市中等偏下收入住房困难家庭、新就业大学毕业生以及创业人员。针对新就业大学毕业生和创业人员不要求具有本地户籍，可以是具有居住证的人。新就业大学毕业生、创业人员申请公共租赁住房须同时符合下列条件：

> 1. 申请人具有市区常住户籍，或持有市区、萧山区及余杭区公安机关签发的有效期内的浙江省居住证；2. 申请人具有中级（含）以上职称，或高级职业资格证书且持证满2年，或本科及以上学历且毕业未满7年（具有硕士及以上学历的不受毕业年限限制）；3. 申请人在市区用人单位工作，并签订1年（含）以上劳动合同，且连续缴纳住房公积金或社会保险金6个月（含）以上，或持有市区营业执照和1年（含）以上完税证明；4. 申请家庭上年度人均收入低于61172元；5. 申请家庭在市区、萧山区及余杭区无房；6. 申请人（配偶）直系亲属在本市区、萧山区及余杭区无住房资助能力，具体标准如下：申请人（配偶）直系亲属在市区、萧山区及余杭区拥有2套以下住房或人均住房建筑面积小于50.55平方米的，认定为直系亲属在本市区、萧山区及余杭区无住房资助能力。申请人具有副高级（含）以上职称或硕士及以上学历的，其申报的经济收入不作为审核条件①。

与其他城市相比，杭州对于新就业大学毕业生的划定延长到了毕业未满7年，但对于申请人的职业、职称具有明确的规定。

对于流动人口相关的住房政策规定如下："外来务工人员集中的开发区、工业园区应以建设集体宿舍为主，由各区、县（市）政府（管委会）

---

① 《公共租赁住房承租资格确认》，2015年12月25日，http：//hz.zjzwfw.gov.cn/art/2015/12/25/art_ 49352_ 84376.html？webId=2&tabid=00002，最后访问日期：2020年8月2日。

独立选址建设,以解决符合条件的外来务工人员的住房问题。"①

9. 广州

在广州,以下两类来穗务工人员,可以申请承租市本级公共租赁住房:

(一)来穗时间长、稳定就业的来穗务工人员。此类人员须同时符合以下条件:1.申请人在广州市申报居住登记,办理并持有《广东省居住证》3年以上,且申请时仍在有效期内。2.申请人在广州地区参加社会保险(含广东省、广州市社会保险,社会保险的内容包括基本养老、职工社会医疗、工伤、失业和生育保险,下同)连续缴费(含补缴)满2年或者5年内累计缴费满3年,且申请时处于在保状态。3.申请人在申请时已在本市办理就业登记,已与本市用人单位签订2年以上期限的劳动合同,且申请时处于合同有效期内;或者属于在本市辖区内办理了工商登记的企业出资人或者个体工商户经营者,且申请时工商登记未被注销、吊销。4.申请人及共同申请的家庭成员在本市无自有产权住房,在本市未承租直管公房或者单位自管房,且申请时在本市未享受公共租赁住房(含廉租住房)保障。5.申请人及其配偶未违反计划生育政策。6.申请人及共同申请的家庭成员没有犯罪记录及在申请之日前5年内没有公安机关作出的处以行政拘留、责令社区戒毒、强制隔离戒毒、收容教育、收容教养等治安违法记录(以下简称犯罪违法记录)。

(二)高技能人才或者获得荣誉称号的来穗务工人员。1.持有高级工、技师、高级技师(或者三级、二级、一级)职业资格证书的高技能人才。2.获国家、省和本市党委、政府授予的荣誉称号,或者获得"广州市优秀异地务工人员"、"广州市优秀异地务工技能人才"称号人员。3.本市及以上见义勇为评定委员会表彰或者奖励人员。上述人员

---

① 《杭州市人民政府办公厅关于印发杭州市公共租赁住房建设租赁管理暂行办法的通知》,2016年1月15日,http://hzla.zjzwfw.gov.cn/art/2016/1/15/art_ 9957_ 8330.html,最后访问日期:2020年8月2日。

须持有《广东省居住证》、在广州地区参加社会保险、已在本市办理就业登记或者工商登记（申请时上述证件及证明仍在有效期内），且符合第四条第（一）项第4、5、6目条件①。

广州对流动人口申请公共租赁住房的居住年限、缴纳社会保险年限、劳动合同签订年限以及居住状况做出了明确详细的规定，外来务工人员只有同时满足社会保险、居住年限、无房、未违反计划生育政策、无违法犯罪记录等多方面的条件才有申请公共租赁住房的资格。对于高技能人才或者获得荣誉称号的外来务工人员没有居住年限的限制，但对其职业资格或荣誉称号有明确的规定。

10. 天津

《天津公共租赁住房管理办法（试行）》没有对外来务工人员申请公共租赁住房的具体条件予以说明。但在天津符合下列条件之一的，可以申请市内六区、环城四区公共租赁住房：

（一）具有本市市内六区、环城四区非农业户籍，符合廉租住房实物配租补贴、廉租住房租房补贴和经济租赁房租房补贴条件且尚未租赁住房的家庭。已领取廉租住房实物配租补贴或廉租住房租房补贴或经济租赁房租房补贴，且房屋租赁登记备案未到期的家庭不得申请。

（二）具有本市市内六区、环城四区非农业户籍，上年人均年收入3万元（含）以下、人均住房建筑面积12平方米（含）以下且尚未享受其他住房保障政策的家庭（包括年满18周岁以上单人户）。上年人均年收入、人均住房建筑面积的标准根据社会经济发展情况适时调整。

（三）经市人民政府确定的其他类型中等偏下收入住房困难家庭，

---

① 《广州市住房保障办公室 广州市来穗人员服务管理局关于印发来穗务工人员申请承租市级公共租赁住房实施细则的通知》，2017年9月18日，http://www.gz.gov.cn/zwgk/zdly/zfbz/zfbzfgzc/content/post_3094303.html，最后访问日期：2020年10月5日。

包括外地来津工作的无房人员。

使用住房公积金贷款建设的公共租赁住房,同等条件下,申请人本人、配偶或与其共同申请的其他家庭成员连续缴存住房公积金1年(含)以上的家庭优先租赁[1]。

11. 宁波

根据《宁波市公共租赁住房管理暂行办法》规定,外来务工人员若符合"引进人才"或"外来务工人员"的条件,可申请公共租赁住房。

引进人才。需同时具备下列条件:1. 符合市人才办或当地人才部门认定的高技术人才和高层次人才;2. 已与当地用人单位签订劳动(聘用)合同;3. 申请前6个月连续在本市缴纳社会保险费或住房公积金;4. 申请人及其配偶、未婚子女在当地无房,且申请人及其配偶的直系亲属在当地无住房资助能力;5. 申请时没有享受其他住房保障政策。

(三)外来务工人员。需同时具备下列条件:1. 根据《宁波市外来务工人员积分落户暂行办法》(甬政办发〔2010〕25号)规定达到一定分数线或符合《宁波市优秀外来务工人员户籍登记管理办法》(甬政办发〔2007〕192号)所规定的优秀外来务工人员。具体分数线由各县(市)区政府确定。2. 申请人及其配偶、未婚子女在当地无房。3. 申请时没有享受其他住房保障政策[2]。

与其他城市有所不同,宁波将外来务工人员申请公共租赁住房与当地的外来务工人员积分落户暂行办法相结合,外来务工人员需要达到一定分数线或被确定为优秀外来务工人员才能有申请公共租赁住房的资格。

---

[1] 《天津市公共租赁住房管理办法(试行)》,2013年3月25日,http://ms.enorth.com.cn/system/2013/03/25/010781052.shtml,最后访问日期:2020年8月2日。
[2] 《宁波市公共租赁住房管理暂行办法》,2011年5月9日,http://gtog.ningbo.gov.cn/art/2011/5/9/art_ 750_ 299137.html,最后访问日期:2020年8月2日。

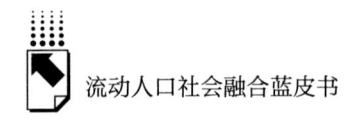

12. 石家庄

石家庄具有申请资格的申请人除了具有本地户籍的城镇低保、低收入家庭和城镇中等偏下收入家庭，没有本地户籍限制的还包括新就业职工和外来务工人员。

外来务工人员申请公共租赁住房，应同时具备以下条件：1. 持有市区居住证满6个月，且在市区实际居住；2. 收入稳定且与用工单位签订劳动（聘用）合同，家庭人均年收入低于上年度市区居民人均可支配收入（2018年为2744元/月）；3. 家庭人均住房建筑面积低于15平方米，且家庭总住房建筑面积低于50平方米、1人户在30平方米以下；未购买商业用房、写字楼或其他投资性房产；4. 申请人在市区连续6个月或累计12个月缴纳养老保险；5. 单身申请人须满18周岁①。

石家庄对外来务工人员持有居住证的时间放宽到了6个月，但同样对新就业职工和外来务工人员的社会保险缴纳情况、劳动合同的签订、收入水平以及住房建筑面积等有明确的规定。

13. 佛山

公共租赁住房的供应对象包括佛山户籍的中等以下收入住房困难家庭、新就业无房职工、符合条件的新市民。流动人口符合下列条件之一的，可按相应类别和渠道申请公共租赁住房。

（二）在本市常年生活或工作，持有本市居住证，并在本市连续按月缴纳社会保险费满3年且申请家庭当年人均可支配收入低于上一年度本市人均可支配收入，在本市没有自有住房的非本市户籍家庭。该类申

---

① 《石家庄市公共租赁住房申请条件、申报资料及办理流程》，2018年4月2日，http://www.sjzfgj.gov.cn/html/zwgk/bszn/20180402/4485.html，最后访问日期：2020年8月2日。

请纳入佛山市新市民积分制服务管理体系,在新市民积分制窗口受理申请。

(三)达到积分制入户条件并已申领《入户卡》,申请当年家庭人均可支配收入低于上一年度本市人均可支配收入,且在本市没有自有住房的非本市人员。

(四)园区新就业无房职工、外来务工人员,可申请租住产业园区内配建的公共租赁住房。具体申请条件由公共租赁住房项目产权单位按"保障住房困难家庭或个人"的原则制定,报所属区住建部门批准后,报市住建管理局备案[①]。

根据佛山的规定,企业投资建设以及工业园区和产业园区纳入政府公共租赁住房管理的住房供应对象均不受户籍限制。有本市居住证、缴纳社会保险3年以上,且收入低于本市人均可支配收入的新市民纳入佛山积分制服务管理体系进行申购。

14. 昆明

昆明的公共租赁住房针对在昆明工作或者创业、居住的无住房或者人均住房建筑面积低于 $18m^2$ 的城市中等偏下收入家庭或者单身人士。针对外来务工人员的具体要求是:

非当地户籍的外来务工人员、大中专院校毕业生,持有当地公安派出所核发的居住证,并在当地工作满1年(含)以上,缴纳社会保险[②]。

[①] 《佛山市人民政府办公室关于印发佛山市保障性公共租赁住房管理办法的通知》,2018年11月22日,http://fszj.foshan.gov.cn/gkmlpt/content/2/2029/post_2029112.html?jump=false#347,最后访问日期:2019年8月10日。

[②] 《昆明市公共租赁住房管理暂行办法》,2016年12月15日,http://zfjs.km.gov.cn/c/2016-12-15/1655038.shtml,最后访问日期:2019年8月6日。

15. 武汉

武汉对流动人口的公共租赁住房政策规定如下：

> 在汉稳定就业的外来务工人员实行阶段性保障，保障方式为发放租赁补贴，保障期限累计不超过36个月……外来务工人员申请住房租赁补贴的，应当同时具备下列条件：（一）持有有效《武汉市居住证》；（二）在本市中心城区注册登记的用人单位就业，连续缴纳社会保险费和住房公积金1年以上且处于在缴状态；（三）申请人月均收入符合规定标准；（四）申请人及配偶、未成年子女在本市无房产，且3年内无房产转移、注销记录①。

从政策文本可见，武汉没有给流动人口提供公共租赁住房，但是在武汉有居住证、连续缴纳社会保险和住房公积金、收入符合规定的无房流动人口可以申请住房租赁补贴，享受补贴时间最长不超过36个月。

16. 温州

温州2014年11月1日开始施行《温州市区公共租赁住房保障办法》（温政令〔2014〕147号）（以下简称《办法》）。《办法》第三条涉及流动人口包括新就业大学毕业生和在市区稳定就业的新居民。

> 第三条 本办法所称公共租赁住房保障，是指政府通过租赁补贴或者实物配租的方式，为符合规定条件的城镇中低收入住房困难家庭、新就业大学毕业生和在市区稳定就业的新居民提供住房保障……新就业大学毕业生申请公共租赁住房保障，依照《温州市人民政府关于完善市区人才住房政策的实施意见》（温政发〔2013〕103号）执行。在市区稳定就业达到规定年限的新居民，通过参与积分制管理申请公共租赁住

---

① 《市人民政府关于印发武汉市公共租赁住房保障办法的通知》，2020年4月20日，http://www.wuhan.gov.cn/zwgk/tzgg/202004/t20200420_1033311.shtml，最后访问日期：2020年8月2日。

房租赁补贴，具体办法另行制定①。

但是在《办法》中，仅仅明确了本地户籍居民的准入条件，新就业大学毕业生业纳入人才房住房政策。《温州市人民政府关于完善市区人才住房政策的实施意见》（温政发〔2013〕103号）中，并未区分新就业大学毕业生的户籍，根据上下文，新就业大学毕业生主要是指没有本地户籍的新就业大学毕业生。而对流动人口中的稳定就业的新居民申请公共租赁住房租赁补贴的具体办法将另行制定。《新居民工作中》提到"起草《温州市区稳定就业新居民住房租赁补贴管理暂行办法》，将流动人口纳入公共租赁住房租赁补贴发放对象，鹿城区、龙湾区、瓯海区、洞头区、温州浙南沿海先进装备产业集聚区（温州经济技术开发区）流动人口可通过积分排名享受公共租赁住房租赁补贴"②，政策落实的实际情况并未有相关资料。

17. 南京

南京公共租赁住房实物配租对象为符合规定条件的中低收入住房困难家庭、新就业人员、外来务工人员以及经市政府认定的其他住房困难人员。中低收入住房困难家庭、新就业人员申请公共租赁住房均要求具有南京户籍，外来务工人员申请政府投资建设（筹集）的公共租赁住房保障，应同时具备下列条件：

（1）在本市连续工作5年及以上；（2）在本市连续缴存社会保险和住房公积金5年及以上；（3）家庭人均年收入低于上一年度本市城市居民人均可支配收入50%的；（4）本人、配偶及未成年子女在本市无住房。在本市务工期间获得市级及以上表彰，职工职业技能竞赛活动

---

① 《温州市区公共租赁住房保障办法》（温政令〔2014〕第147号），2014年9月24日，http://wzszjw.wenzhou.gov.cn/art/2018/5/9/art_1355645_18058998.html，最后访问日期：2019年4月6日。

② 《温州新居民工作》，2017年7月25日，http://www.wenzhou.gov.cn/art/2017/7/25/art_1339954_8628958.html，最后访问日期：2020年8月1日。

市级及以上技术能手称号或竞赛综合成绩前三名，取得技师及以上职业资格证书或高级工资格证书，经市相关部门认定的，在南京市连续工作年限、缴存社会保险和住房公积金最低年限放宽至2年①。

南京对于外来人口申请公共租赁住房的租住年限和社会保险缴存年限均规定为5年，这个年限相对于石家庄等城市来说依然较长，此外，外来务工人员还需同时满足收入、住房方面的要求才可申请公共租赁住房。

18. 厦门

根据《厦门市市级公共租赁住房管理办法》，各类引进人才以及在厦稳定就业的其他无住房职工不要求具有厦门户籍。

> 公共租赁住房的租赁对象为：（一）具有本市户籍的家庭年收入为中等收入、中等偏上收入的住房困难家庭；（二）未享受政府其他住房优惠政策且在厦无住房的各类引进人才；（三）在厦稳定就业的其他无住房职工，优先保障从事城市公共服务领域、特殊艰苦岗位和本市重点发展产业的在厦无住房职工……在厦稳定就业的其他无住房职工申请条件：1. 在厦无住房；2. 申请人应当与单位签订1年以上（含1年）的劳动合同；3. 符合具体批次的所属行业、工作岗位、社保缴交等其他要求②。

从厦门公共租赁住房的申请资格来看，厦门针对非本地户籍的家庭申请公共租赁住房办法主要是针对各类引进人才、城市公共服务领域、特殊艰苦岗位和城市重点发展产业的在厦无房职工。因此，针对申请公共租赁住房的在厦稳定就业的其他无住房职工的所属行业、工作岗位都有明确的要求。

---

① 《南京市公共租赁住房管理办法》，2015年5月15日，http://www.nanjing.gov.cn/xxgk/szf/201505/t20150515_3309415.html，最后访问日期：2020年8月1日。
② 《厦门市市级公共租赁住房管理办法》，2018年2月2日，http://www.xmjs.gov.cn/xxgk/zfxxgk/ml/gzdt/11/201802/t20180202_1846343.htm，最后访问日期：2020年8月1日。

19. 哈尔滨

哈尔滨具有公共租赁住房申请资格的申请者具体分为城镇中等偏下收入住房困难家庭、新就业无房职工、外来务工人员以及外籍来哈务工人员。除外来、外籍来哈务工人员以外，其他两类申请者都要求具有本市城镇常住居民户口或者单位公共户口。外来务工人员申请公共租赁住房，应当符合下列条件：

（一）具有本市外来人口居住证明；（二）已经与用人单位签订三年以上经人力资源和社会保障部门备案的劳动（聘用）合同，并且在本市连续缴纳社会保险两年以上或者累计缴纳社会保险三年以上；（三）在本市家庭收入、家庭财产低于规定标准；（四）在本市家庭住房面积低于规定标准[①]。

可见，哈尔滨与大部分城市一样，对申请公共租赁住房的外来务工人员的劳动合同签订期限、社会保险缴纳年限、家庭收入以及家庭住房面积都做了明确的限定。

20. 青岛

青岛具有公共租赁住房申请资格的申请者包括低收入户籍家庭、新就业职工和外来务工人员。其中，低收入户籍家庭和新就业职工均要求申请者具有本地户籍。外来务工人员申请市区住房保障须同时符合下列条件：

（1）应在公安机关连续办理市区范围内居住登记 1 年以上；（2）已与用人单位签订 1 年以上的劳动（聘用）合同；（3）在青岛市连续缴纳社会保险 1 年以上或累计缴纳社会保险 3 年以上；（4）在青岛市市区范围内无私有住房。

---

① 《哈尔滨市人民政府关于印发〈哈尔滨市公共租赁住房配租和使用管理办法〉的通知》，2013 年 8 月 12 日，http：//www.harbin.gov.cn/art/2013/8/12/art_3898_59879.html，最后访问日期：2020 年 8 月 1 日。

城阳区、黄岛区和高新区等区域房源数量较多，但需求数量较少的公共租赁住房项目，申请条件适当放宽为：应在公安机关办理市区范围内居住登记、具有本市社会保险缴纳证明，其他申请条件不变[①]。

通过对20个城市的住房保障政策的考察可以发现，大部分城市的公共租赁住房对非本地户籍人口开放。但同时发现，这些不限制户籍的住房保障政策需要申请者同时满足多方面的条件，包括居住年限的要求、签订一定年限的劳动合同、缴纳一定年限的社会保险或住房公积金，还包括受教育程度符合当地的人才引进计划等，流动人口往往需要同时满足这些要求才能获得公共租赁住房的申请资格。但流动人口的流动性较大、受教育程度相对较低，加之社会保险或住房公积金的参保率也较低，这些因素限制了流动人口获得公共租赁住房的可能性。由此可见，各城市住房保障政策包容性依然有待提高。

（三）住房保障政策覆盖率低

1.流动人口住房公积金参与率总体较高且差异较大

在47479个样本中，共有7812个参与了住房公积金，20个城市的流动人口住房公积金总参与率为16.45%。各城市住房公积金参与率如下（见表3）。

表3 流动人口住房公积金参与率

单位：个，%

城市	参与		未参与		不清楚		合计
	频数	比例	频数	比例	频数	比例	频数
苏州	367	31.64	789	68.02	4	0.34	1160
上海	2049	29.78	4678	67.99	153	2.22	6880
北京	1864	26.63	5045	72.08	90	1.29	6999
深圳	501	25.05	1417	70.85	82	4.10	2000

---

① 《青岛市外来务工人员申请保障房的条件》，2019年6月19日，http://www.qdzfbz.gov.cn/workGuideWeb! detail.action? id=311507，最后访问日期：2020年8月1日。

续表

城市	参与		未参与		不清楚		合计
	频数	比例	频数	比例	频数	比例	频数
广州	358	18.27	1586	80.92	16	0.82	1960
东莞	291	16.17	1368	76.00	141	7.83	1800
天津	758	15.41	4140	84.15	22	0.45	4920
南京	299	14.95	1686	84.30	15	0.75	2000
厦门	241	12.05	1756	87.80	3	0.15	2000
青岛	182	11.10	1458	88.90	0	0.00	1640
杭州	165	8.97	1584	86.09	91	4.95	1840
成都	122	7.09	1586	92.21	12	0.70	1720
宁波	73	7.02	956	91.92	11	1.06	1040
郑州	134	6.98	1779	92.66	7	0.36	1920
武汉	136	6.80	1860	93.00	4	0.20	2000
佛山	72	4.39	1552	94.63	16	0.98	1640
石家庄	73	4.35	1605	95.54	2	0.12	1680
哈尔滨	66	3.51	1813	96.44	1	0.05	1880
昆明	44	2.56	1649	95.87	27	1.57	1720
温州	17	2.50	660	97.06	3	0.44	680
合计	7812	16.45	38967	82.07	700	1.47	47479

资料来源：作者根据2017年流动人口动态监测数据计算。

与其他城市相比，苏州、上海、北京、深圳4个城市的流动人口住房公积金参与率较高，均在25.00%以上。其中，苏州流动人口住房公积金参与率达到了31.64%，在20个城市中参与率最高。但是，也有10个城市的流动人口住房公积金参与率不足10.00%。佛山、石家庄、哈尔滨、昆明和温州流动人口住房公积金参与率均在5.00%以下，其中温州流动人口住房公积金参与率最低，仅为2.50%。

此外，各个城市的流动人口住房公积金参与率差异较大，流动人口住房公积金参与率展现出明显的分化。对于大部分的城市来说，流动人口住房公积金参与率依然有待提高，流动人口住房保障问题仍然需要不断地加以重视和完善。

2. 流动人口保障性住房覆盖率低

根据2017年流动人口动态监测数据，将保障性住房分为政府提供公租房和自购保障性住房两类进行分析，来看20个城市的流动人口保障性住的状况。从住房性质为政府提供公租房来看，郑州流动人口中，住房性质为政府提供公租房的比例最高，达到了6.75%；杭州流动人口住房性质为政府提供公租房的比例为1.05%。除这两个城市外，其余18个城市中，住房性质为政府提供公租房的流动人口比例均不足1.00%。广州、深圳、东莞、石家庄、佛山、青岛6个城市均没有居住在政府提供公租房里的流动人口。

天津自购保障性住房的流动人口比例最高，达到1.96%。北京自购保障性住房的流动人口比例为1.20%。哈尔滨自购保障性住房的流动人口比例也为1.20%。苏州自购保障性住房的流动人口比例为1.15%。除以上4个城市之外，其余城市自购保障性住房的流动人口比例均不足1.00%。深圳、佛山、温州、厦门4个城市流动人口自购保障性住房比例均为0.00%（见表4）。

表4 流动人口保障性住房覆盖率

单位：%

城市	政府提供公租房 百分比	自购保障性住房 百分比	合计 百分比
苏州	0.40	1.15	1.55
上海	0.21	0.43	0.64
广州	0.00	0.05	0.05
北京	0.77	1.20	1.97
昆明	0.30	0.15	0.45
天津	0.26	1.96	2.22
深圳	0.00	0.00	0.00
宁波	0.05	0.15	0.20
郑州	6.75	0.15	6.90
南京	0.10	0.75	0.85
东莞	0.00	0.06	0.06
成都	0.10	0.75	0.85
杭州	1.05	0.10	1.15
石家庄	0.00	0.40	0.40
佛山	0.00	0.00	0.00
武汉	0.20	0.75	0.95
温州	0.83	0.00	0.83
厦门	0.05	0.00	0.05
哈尔滨	0.05	1.20	1.25
青岛	0.00	0.70	0.70

资料来源：作者根据2017年流动人口动态监测数据计算。

将以上两类性质的住房合起来看，郑州居住在保障性住房里的流动人口比例最高，北京居住在保障性住房里的流动人口比例为1.97%，天津居住在保障性住房里的流动人口比例为2.22%，但仍有14个城市居住在保障性住房里的流动人口比例不足1.00%。其中深圳和佛山，住房性质为政府提供公租房或自购保障性住房的流动人口比例为0.00%。总的来说，流动人口享受住房保障政策的比例低。

四 典型城市流动人口住房保障案例分析

（一）典型城市流动人口住房保障分析——深圳

从流动人口住房可支付性来看，截至2017年底，深圳外来常住人口达到了839.39万人，外来常住人口数居全国第2。2017年，深圳城镇居民可支配收入为52938元，房均价达到了56600元/m²，房均价在20个城市中仅次于北京，居第2。房价收入比更是以25.66在20个城市中最高。

为了解深圳外来务工人员在深圳可以享受哪些住房保障政策，我们对深圳针对外来务工人员的住房保障政策进行了梳理。

首先，所在单位可自主建设产业配套住房或向政府申请租、购产业配套住房，再将住房配租给外来务工人员居住。根据《深圳市人民政府办公厅关于加快发展产业配套住房的意见》（深府办〔2013〕4号）相关规定，产业单位可在自有产权的待建土地上按一定比例配套建设产业配套住房，满足本单位住房困难职工（含外来务工人员）租住需求。外来务工人员所在单位属于符合深圳产业转型升级发展方向的重点企业的，可根据《深圳市人民政府办公厅关于加快发展产业配套住房的意见》（深府办〔2013〕4号）相关规定，向政府申请租住或购买定向房源作为人才公寓，再由该企业通过出租的方式提供给产业员工居住，员工户籍不受限制。

其次，外来务工人员所在单位可根据深圳人才安居政策申请定向配租（售）住房，再将住房配租给符合条件的职工。根据《深圳市人民政府令

(第273号)深圳市人才安居办法》第二十五条、第二十九条规定,"市、区住房保障部门可以将公租房定向配租给重点企事业单位或者经本级政府批准的企事业单位";"市、区住房保障部门可以将公租房或者安居型商品房出售给经本级政府批准的企事业单位";"实行定向配租(售)的住房由承租(买受)单位负责日常管理。承租(买受)单位只能出租给本单位在本市未拥有商品住房或者政策性住房的职工"。因此,外来务工人员所在单位列入深圳人才安居重点企事业单位名录的,可按规定申请定向配租(售)住房,再将住房出租给符合条件的职工,职工户籍不受限制。

外来务工人员可视本人及其配偶入户深圳情况,在符合政策规定的情况下申请轮候安居型商品房或公共租赁住房。如外来务工人员或其配偶入户深圳,共同申请人持有深圳居住证满一年,且符合《深圳市公共租赁住房轮候与配租暂行办法》所规定的申请条件,可申请轮候公共租赁住房;如外来务工人员及其配偶入户深圳,符合《深圳市安居型商品房轮候与配售办法》所规定的申请条件,可申请轮候安居型商品房。

最后,2016年7月30日《中共深圳市委深圳市人民政府印发〈关于完善人才住房制度的若干措施〉的通知》(深发〔2016〕13号)(以下简称《若干措施》)规定,将属于符合深圳产业发展需要的技能型人才(国家职业资格二级及以上)和列入市人力资源保障部门发布的特殊紧缺专业人才目录且与深圳用人单位签订聘用合同或服务协议的各类人才纳入深圳人才住房政策适用范围。待《若干措施》中相关配套实施细则正式出台后,符合此条件的外来务工人员将可通过申请人才住房解决住房困难问题。

通过政策的梳理我们可以发现,在深圳,外来务工人员想要获得保障性住房,其中一个非常重要的途径便是通过所在单位的申请,间接获得保障性住房。此外,就职于深圳产业转型升级发展方向的重点企业以及符合深圳人才政策的外来务工人员,相对于其他类型的外来务工人员来说,更有机会获得深圳的保障性住房。此外,外来务工人员要想申请安居型商品房或者公共租赁住房,则需他们或其配偶获得入户深圳的资格,这对外来务工人员来说无疑是有难度的。

从住房保障政策覆盖率来看,在所选取的样本中,深圳流动人口参与住房公积金的比例为25.05%,这个比例在20个城市中排名第4,处于前列;获得政府提供公租房或者自购保障性住房的比例均为0.00%,在20个城市中列于末位。

为了解决住房难题,深圳着力构建面向2035年的住房供应与保障体系,努力实现全体市民住有所居。2018年6月5日,《〈深圳市人民政府关于深化住房制度改革加快建立多主体供给多渠道保障租购并举的住房供应与保障体系的意见(征求意见稿)〉今起征求意见》中,针对不同收入水平的居民和专业人才等各类群体,构建多层次、差异化、全覆盖的住房供应与保障体系,把住房分为三大类:

第一类是市场商品住房,占住房供应的40%左右,让有能力的市民通过市场商品房来解决住房需求。我们将继续严格实施房地产市场调控政策,坚持房子是用来住的、不是用来炒的定位,坚持以中小户型商品房为主,努力促进房地产市场平稳健康发展。

第二类是政策性支持住房,占住房供应的40%左右,包括人才住房和安居型商品房,分别占20%;其中人才住房重点面向符合条件的各类人才供应,可租可售,建筑面积以小于90平方米为主,租售价为市场价的60%左右;安居型商品房重点面向符合收入财产限额标准等条件的本市户籍居民供应,可租可售、以售为主,建筑面积以小于70平方米为主,租售价为市场价的50%左右。

第三类是公共租赁住房,占住房供应的20%左右,重点面向符合条件的户籍中低收入居民、为社会提供基本公共服务的相关行业人员、先进制造业职工等群体供应,建筑面积以30~60平方米为主,租金为市场价的30%左右,特困人员及低保、低保边缘家庭租金为公共租赁住房租金的10%。特别是我们在过去保障的基础上,进一步扩大了保障的覆盖面,将公交司机、地铁司机、环卫工人等为社会提供基本公共服务的从业人员和先进制造业蓝领产业工人等群体纳入公共租赁住房保障范围[1]。

深圳希望通过完善住房供应与保障体系，努力让深圳全体居民对未来住房有良好的预期，实现住有所居。深圳在统筹考虑未来新增人口对各类住房的需求基础上，计划到2035年，分近期、中期、远期三个阶段，筹集建设各类住房170万套，其中人才住房、安居型商品房和公共租赁住房总量不少于100万套，以此进一步解决各类群体的住房问题。其中包括为社会提供基本公共服务的相关行业人员和先进制造业的职工，对这部分人没有限定户籍。

（二）典型城市流动人口住房保障分析——苏州

从流动人口住房可支付性来看，苏州的房均价不算很高，住房可支付性较高。截至2017年底，苏州外来常住人口达到了679.4万人，外来常住人口数居全国第4。2017年，苏州城镇居民可支配收入为58806元，房均价达到了17693元/m²，房价收入比为7.22，房价收入比在20个城市中居第13。

从住房保障政策包容性来看，苏州公共租赁住房保障对象为城市中等偏下收入住房困难家庭、新就业人员、外来务工人员（其申请条件已具体分析故不再列出）等，住房政策覆盖了流动人口。

> 城市中等偏低收入以下住房困难家庭承租公共租赁住房，应同时具备以下条件：（一）具有当地户籍，并符合现行城市居民住房保障条件；（二）申请人及家庭成员未享受廉租住房实物配租和购买经济适用住房政策，但已通过廉租住房、经济适用住房资格审核尚在轮候的家庭除外；（三）市、县级市、区人民政府和相关部门规定的其他条件……新就业人员申请承租公共租赁住房，应同时具备以下条件：（一）持有大中专院校毕业

---

[1] 《〈深圳市人民政府关于深化住房制度改革加快建立多主体供给多渠道保障租购并举的住房供应与保障体系的意见（征求意见稿）〉今起征求意见》，2018年6月5日，http://sso.sz.gov.cn/pub/zjj/csml/bgs/xxgk/tzgg_1/201806/t20180605_12082438.htm，最后访问日期：2019年8月10日。

证，从毕业当月计算未满60个月；（二）在本地有手续完备的劳动合同或聘用合同，并缴纳社会保险金；（三）申请人及配偶在本地无私有住房，未租住公有住房；（四）市、县级市、区人民政府和相关部门规定的其他条件[①]。

与本地城市中等偏下收入住房困难家庭相比，新就业人员以及外来务工人员除了现行城市居民住房保障条件——本地无私有住房、未享有其他类型保障性住房，还多了在本地有手续完备的劳动合同或聘用合同，并缴纳社会保险等要求。此外，针对外来务工人员还要求在苏州本地就业并居住一定的年限，符合市、县级市、区人民政府和相关部门规定的其他条件。

从住房保障政策覆盖率来看，苏州流动人口住房公积金参与率为31.64%，这个比例在20个城市中居于首位，可见在苏州，接近1/3的流动人口有机会参与住房公积金。苏州流动人口获得政府提供公租房的比例为0.40%，这个比例在20个城市中居第5；自购保障性住房的比例为1.15%，该比例更是在20个城市中最高，可见苏州流动人口相对于其他城市的流动人口来说获得了更多的住房保障，但是从整体上看，获得保障的流动人口数量依然很有限。

五 流动人口住房保障存在的问题

在对流动人口住房保障的相关指标以及20个城市流动人口住房保障政策进行梳理分析后，我们认为，流动人口住房保障存在的问题可归纳为住房可支付性低、住房保障政策包容性低，以及住房保障政策覆盖率低三个方面。

（一）住房可支付性低

就20个城市的房价收入比和住房租金收入比来看，在全国流动人口数

[①]《市政府关于印发苏州市公共租赁住房保障办法的通知》，2016年1月14日，http://www.suzhou.gov.cn/szsrmzf/bzxzf/201601/H6EZQETPSYP5YYGKF0D3IC3AF3W0I4LG.shtml，最后访问日期：2020年8月1日。

量最多的20个城市里,房价收入比最高为25.66,最低也达到了5.16,且近一半的城市在10.00以上。这就意味着,一个人均数为2.5人的家庭,就目前的收入来看,其房均价最低也是城镇居民可支配收入的5倍。而房价收入比最高的深圳,其房均价更是在深圳城镇居民可支配收入的25倍以上。流动人口的工资一般比当地职工要低,这样的房价收入情况下,流动人口买房难度较大,要承受更大的房贷压力。此外,在这20个城市里,有15个城市的住房租金收入比(以城镇居民可支配收入计算)都在0.20及以上。其中深圳的住房租金收入比达到0.43,意味着深圳的住房租金达到城镇居民可支配收入的43.00%。流动人口的收入一般低于城镇居民可支配收入,意味着他们的住房租金负担更重。住房租金收入比最低的城市是苏州,但也达到了0.14。由于流动人口主要靠工资收入维持生活,并且工资收入水平低于本地职工的平均收入水平,这样的工资收入比,意味着流动人口租住一个适当的房子要付出相当高的租金。为了节约开支,流动人口往往居住在条件较差的住房甚至违章建筑里,卫生条件也较差,对他们的身体健康不利。花了不少钱,也只能蜗居在简陋的房子里。因此,不管是从各城市的房价收入比还是住房租金收入比来看,城市流动人口住房可支付性都低。

(二)住房保障政策包容性低

通过对20个城市住房保障政策的梳理可以发现,在流动人口数量最多的20个城市中,所有的城市保障性住房政策的条款中都为流动人口留下了空间,没有完全排斥流动人口申请保障性住房,新就业的大学生、稳定就业居住的流动人口、高技能人才、重点行业企业的职工被覆盖在政策范围里。但是申请保障性住房和补贴还有很多条件,包括长期的稳定的居住和就业、缴纳一定年限的社会保险、缴纳住房公积金、获得劳模等荣誉称号等要求,有的城市采用积分的方法,这些都加大了流动人口申请保障性住房的困难程度。此外,大多数城市还将流动人口进行了更进一步的划分,针对流动人口中符合当地人才引进计划的流动人口实施特定的住房保障政策。部分城市针对流动人口的住房保障政策更是仅限于优秀引进人才,而完全没有涉及优秀引进人才之外的普通劳动者。总之，流动人口在流入地依然难以获得保障性住房，住房保障政策包容性低。住房保障对流动人口从完全排斥发展到差序性排斥，普通的流动人口即使长期稳定居住、稳定就业也很不易得到保障性住房。

（三）住房保障政策覆盖率低

就流动人口住房公积金参与率来看，苏州流动人口住房公积金参与率为31.64%，在20个城市中处于最高水平。但城市间流动人口住房公积金参与率差异悬殊，温州流动人口住房公积金参与率仅为2.50%，从这个比例来看，参与住房公积金的流动人口寥寥无几。各城市向流动人口提供保障性住房的比例也极低。在20个城市中，部分城市的流动人口完全没有获得保障性住房，很多城市虽然有流动人口住房支持政策，但实际上流动人口真正能获得保障性住房的比例也极低。在选取的大部分城市中流动人口获得政府提供公租房和自购保障性住房的比例均不足1.00%，更有4个城市没有流动人口获得任何一种类型的保障性住房。可见，在现有的住房保障政策下，流动人口获得保障性住房的可能性极低。

六 流动人口住房保障政策建议

（一）高度重视流动人口住房保障问题

解决流动人口住房问题，事关我国的长治久安，事关我国经济社会的稳定持续发展，事关全面小康社会建设，也事关我国的现代化进程。因此，要高度重视流动人口的住房保障问题，把流动人口纳入城市住房保障体系。党的十九大提出"让全体人民住有所居"，就不能把流动人口排除在外，只有妥善解决这一问题，流动人口才能在城镇安居乐业，城镇化的目标才能顺利实现，中国也才能够顺利实现从中等收入国家向高收入国家的跨越。如果不重视这一问题，流动人口将长期处于流动状态，他们的家庭生活将长期处于城乡两栖或者城镇乡三栖状态，中国就难以解决城乡贫困问题，社会结构无法得到优化，橄榄形的社会难以形成，很难摆脱中等收入陷阱。因而，无论是中央政府的政策，还是地方政府的政策，都应该把大部分稳定就业的流动人口纳入住房保障政策的范围。

（二）取消对流动人口在城镇购买首套房的限制

中国的大城市，特别是特大、超大城市对流动人口购房都有限购政策，都设有纳税年限和缴纳社会保险年限高低不一的门槛，这就把相当部分在城镇从事个体工商业的流动人口排除在外。其他非正规就业的流动人口，即使有一定的购买能力，也在购房时受到限制。为了防止炒房采取的一刀切的政策，把流动人口中刚需的购房者的路也给堵死了。所以限购政策应该精准施政，瞄准炒房者，支持真正的刚需族，鼓励他们购房，流动人口从而能在城市安居乐业。这样才能减轻住房保障的压力，使全体人民住有所居。

（三）把流动人口纳入保障房体系

目前，很多城市已经把流动人口纳入保障房体系覆盖范围，但是大多数城市主要目的是解决引进人才的住房问题，保障房覆盖流动人口的比例很低。大多数流动人口还是被排除在住房保障的范围之外，流动人口不得不自己租赁廉价住房，多数流动人口被迫租住城中村、地下室、群租房等非正规住房。他们的住房条件恶劣，一方面存在很多安全隐患，另一方面还要承受较高的租金。中国的城镇化率已超过60%，城镇化的速度已经逐渐下降，流动人口跨省流动规模已经开始减少，多数城镇的住房压力已经开始缓解，本地户籍居民的住房保障问题已经基本得到解决，所以应该把流动人口纳入住房保障体系提上议事日程。

（四）建设集体宿舍解决未婚或已婚独自外出的流动人口的居住问题

举家迁移的已婚流动人口及其子女可以通过公租房政策解决他们的居住问题。还有大量流动人口是未婚人口或者是已婚独自外出的，把他们都纳入政府提供公租房和自购保障性住房体系有一定的难度，也会加重流动人口数量多的城市政府的财政负担。因而，为他们兴建集体宿舍是解决他们居住问题的适当途径，就可以以较低的成本解决他们的居住问题。苏州等地的实践证明这是一条比较好的解决途径，北京出台的集体宿舍政策对全国也是个示范。

实践报告

Practice Reports

B.8
流动人口社区融合测量、影响因素及对策建议[*]

李晓壮[**]

摘　要： 本报告通过国内外流动人口社会融合相关文献的综述，界定了流动人口社区融合内涵和维度，进而构建了流动人口社区融合测量指标体系，并进行了实证研究。同时，对于户籍、居住证以及政治面貌等可能影响流动人口社区融合的因素进行了分析。针对流动人口社区融合程度较低的特征，提出创新引领方式、创新服务方式、创新治理方式、创新助力方式，共同构筑促进流动人口社区融合的"同心圆"的对策建议。

---

[*] 本报告是国家卫生健康委员流动人口服务中心资助项目"流动人口社区融合实践模式与政策研究"。
[**] 李晓壮，北京市社会科学院社会学研究所副研究员，中国社会科学院社会学所博士后，主要研究方向为社会建设、城市社区治理、流动人口。

关键词： 流动人口　社区融合　户籍

国家统计局数据显示（见表1），2016年末，全国人户分离人口①为2.92亿人，比上年末减少203万人，其中流动人口②为2.45亿人，比上年末减少171万人；2017年末，全国人户分离人口为2.91亿人，比上年末减少100万人，其中流动人口为2.44亿人，比上年末减少100万人。数据表明，流动人口总量出现持续下降趋势，"留而不流"可能成为未来一个时期的常态。如此大规模的流动人口带着自身的"社会结构"（漂泊的结构）嵌入流入地的城市社会，深刻影响流入地城市社会结构。然而，作为社会结构实体性载体的社区才是其生活的落脚点。这也就是说，流动人口对流入地城市社会结构的影响主要体现在社区层面，同时，社区也是为流动人口提供各种所需服务供给的基层。这样来看，如果流动人口融入城市社区，就可以有效推进流动人口社会融合。

表1　2016~2017年中国流动人口基本情况

年份	人户分离（亿人）	比上年末减少（万人）	其中流动人口（亿人）	比上年末减少（万人）
2016	2.92	203	2.45	171
2017	2.91	100	2.44	100

资料来源：国家统计局。

一　问题的提出

（一）实践层面："半城镇化"是当前流动人口社区融合面临的主要矛盾

《中华人民共和国2017年国民经济和社会发展统计公报》显示，2017

---

① 人户分离人口，即居住地和户口登记地不在同一个乡镇街道且离开户口登记地半年以上的人口。
② 流动人口是指人户分离人口中扣除市辖区内人户分离的人口。市辖区内人户分离的人口是指一个直辖市或地级市的辖区内区与区之间，居住地和户口登记地不在同一乡镇街道的人口。

年末，全国大陆总人口为139008万人，比上年末增加737万人，其中城镇常住人口为81347万人，占总人口比重（常住人口城镇化率）为58.52%，比上年末提高1.17个百分点。户籍人口城镇化率为42.35%，比上年末提高1.15个百分点。另外，国家统计局数据显示，2017年末，全国农民工总量为28652万人，比上年增长1.7%，其中，本地农民工总量为11467万人，比上年增长2.0%；外出农民工总量为17185万人，比上年增长1.5%（见表2）。城镇化率数据表明，常住人口城镇化率、户籍人口城镇化率均以1个多百分点增长，不过户籍人口城镇化率滞后于常住人口城镇化率16.17个百分点。农民工数据表明，在流动人口总量下降的趋势下，农民工总量上升，农民工总量中本地农民工总量和外出农民工总量也上升。无论是本地农民工，还是外出农民工，他们主要流入城市，如果居住半年则成为常住城镇人口。这两组数据表明，尽管我国城镇化速度加快，但是，很多农民工被计算成为常住城镇人口，计算差值达16.17个百分点，"半城镇化"问题突出。如果户籍人口城镇化率按每年增长1个百分点计算，大约需要16年，即预计2035年我国户籍人口城镇化率达到60%。

表2　2016~2017年中国农民工基本情况

单位：万人，%

年份	农民工总量	比上年增长	本地农民工总量	比上年增长	外出农民工总量	比上年增长
2016	28171	1.5	11237	3.4	16934	0.3
2017	28652	1.7	11467	2.0	17185	1.5

资料来源：国家统计局。

（二）政策层面：积极推进以人为核心的新型城镇化

相关研究的主要局限与流动人口、农民工等概念本身所包含的这个群体最终要返回原籍的假定有着直接的关系。正是这个假定导致以往研究"只能在农民工流动的制度性限制和区域性限制的层面"来思考问题[①]，并被一些学者所实证[②]。但是，户籍制度的时代聚焦点（以往强调隔离，现今促进融合）已经发生根本性变化，"户籍新政"带有普惠性质的基本公共服务将这一群体纳入覆盖范围，倡导"农民工融入企业、家庭融入社区"，正发生由"流而不留"向"留而不流"转变，同时要在"十三五"期间推动1亿非户籍人口在城市落户。在这样的宏观背景下，重视这个假定的同时，应该更加重视宏观政策和微观实践的事实，尤其是我国农业人口占总人口一半以上，其向城市转移是社会转型的必然趋势。

（三）学术层面：作为流动人口生活的落脚点的社区应该被重视

大量流动人口，尤其是农村流动人口涌入城市，在促进城市经济社会发展的同时，将城乡二元结构性矛盾引入城市内部，由此引出"人"和"物"的"二元性"问题[③]。人的"二元性"问题尤甚，以致难以公平合理获得本地基本公共服务和福利。长期以来遭遇歧视和"边缘化生存方式"[④]，流动人口成为都市中的边缘人、城墙内的城外人[⑤]，带来一系列社会问题。因此，对于全面建成小康社会以及实现中国特色的新型城镇化来说，规模如此庞大的流动人口流入城市究竟是喜是忧，关键在于这部分人是否最终融入城市生活[⑥]。这已经得到社会各界的普遍认同，但是，相关研究的重点似乎被锁定在户籍制度的隔离下流动人口生存状态和适应性策略等社会融合问题上[⑦]，

[①] 渠敬东：《生活世界中的关系强度——农村外来人口的生活轨迹》，载柯兰君、李汉林主编《都市里的村民——中国大城市的流动人口》，中央编译出版社，2001，第43页。
[②] 林李月、朱宇：《两栖状态下流动人口的居住状态及其制约因素——以福建省为例》，《人口研究》2008年第3期，第48~56页。
[③] 李晓壮：《迈向均衡型社会——2020北京社会结构趋势研究》，中国社会科学出版社，2015，第143页。
[④] 蔡昉：《中国流动人口方式与途径》，社会科学文献出版社，2001，第319页。
[⑤] 杨菊华：《中国流动人口的社会融入研究》，《中国社会科学》2015年第2期，第61~79页。
[⑥] 李培林：《流动民工的社会网络和社会地位》，《社会学研究》1996年第4期，第42~52页。
[⑦] 马西恒、〔加〕鲍勃·谢比伯等：《中加社区治理模式比较研究——以上海和温哥华为例》，上海人民出版社，2006，第156~190页。

难以转移到流动人口生活的落脚点,即社区层面①。

"半城镇化"问题的解决、"以人为本的新型城镇化"持续的推进、户籍制度以及相关配套政策的落地,都取决于城市中社区的发展。从某种意义上来说,流动人口及其家庭融入城市,实际上首先是融入城市中社区。因为,社区是流动人口居住和生活的公共空间,是外地人与本地人互动、融合的实践场,是享有基本公共服务的实体性载体,是流动人口及其家庭融入城市的落脚点。这也就是说,社区是考察流动人口融入城市的初始点和基本点。由此,在考虑假定同时,应该在社区层面更多考虑容易导致其融入难的一些关键因素,并且分析这些关键因素有哪些起主要作用、哪些起次要作用,如何通过相关政策的调整减少副作用,在社区层面促进流动人口社会融合。

二 理论基础与框架体系

流动人口社会融合是国内外学术研究和政策实践的焦点问题,已形成比较成熟的理论分析框架,但是,关于流动人口社区融合议题或研究涉及的比较少。因此,以下内容是对国内外既有流动人口社会融合研究与实践的归纳,为本报告构建流动人口社区融合理论分析框架提供了有益参考。

(一)国外移民社会融合研究

西方发达国家人口统计学意义上的人口规模大都经历了相对的"增长—停滞"往复过程,人口增长本应缓慢或停滞期间,随着工业化的发展,其人口规模总体又呈现增长状态,而这种增长是移民造成的②。因此,在有大量移民以及移民带来不同族群的情势下,社会各界更多是研究如何促进移

---

① 杨菊华:《中国流动人口的社会融入研究》,《中国社会科学》2015年第2期,第61~79页。
② 〔法〕让—欧仁·阿韦尔:《居住与住房》,齐淑琴译,商务印书馆,1996,第40页。侨居法国的外籍侨民所占比例从1851年的1.0%上升到1896年的2.6%,1936年的5.8%,1946年的4.1%,1981年的7.7%。1983年,比利时境内的外侨所占比例为11.0%,瑞士为14.4%。1981年,加拿大人口中境外出生的人口所占比例为19.1%。

民与本国经济社会文化等多领域更好地融合。例如，Gordon 在研究美国族群之间的融合问题时提出文化融合、结构融合、婚姻融合、认同性融合、态度接受、行为接受、公共事物融合等一系列概念[1]。Alba 和 Nee 认为职业与经济是社会融合主要维度，但这一观点被 Gordon 所忽视[2]。Goldlust 和 Richmond 提出主客观两层面内容，即客观经济、文化、社会、政治四类和主观社会心理，包括认同、主观内化和满意度三类[3]。Junger-Tas 提出结构性融入、社会—文化融入以及政治—合法性融入[4]。Entzinger 和 Biezeveld 提出社会经济融合、政治融合、文化融合、主体社会对移民的接纳或排斥[5]。

综上所述，关于国外移民社会融合研究处于不断"进化"过程中，从以 Gordon 为代表提出的"二维度"移民融合模型，到以 Junger-Tas 为代表提出的"三维度"移民融合模型，再"进化"到以 Entzinger 和 Biezeveld 为代表提出的"四维度"移民融合模型[6]。从这些移民融合模型所包含的要素看，共同的要素是社会融合、经济融合、政治融合、文化融合，以及主客体之间相互作用的心理要素。

（二）国内流动人口社会融合研究

诸多学者从人口学、社会学等视角研究流动人口或新移民的社会融合问题。但是，基于社区尺度的流动人口社区融合问题并没有得到学者太多关注，而仅仅是散落在流动人口社会融合的文献中。例如，马西恒等人通过对

---

[1] Milton M. Gordon, *Assimilation in American Life: The Role of Race, Religion and National Origins* (New York: Oxford University Press, 1964), p. 164.
[2] R. Alba and V. Nee, "Rethinking Assimilation Theory for a New Era of Immigration," *International Migration Review* 4 (1999): 826 - 874.
[3] J. Goldlust and A. H. Richmond, "A Multivariate Model of Immigrant Adaptation," *International Migration Review* 8 (1974): 193 - 225.
[4] J. Junger-Tas, "Social Integration and Crime," *European Journal on Criminal Policy and Research*, 9 (2001): 5 - 29.
[5] Entzinger Han and R. Biezeveld, *Benchmarking in Immigrant Integration*, Department of Sociology 2003.
[6] 梁波、王海英：《国外移民社会融入研究综述》，《甘肃行政学院学报》2010 年第 2 期，第 18~27 页。

上海城市新移民的社区融合研究，从政策、身份、文化、隔膜四个层次分析，提出新移民与社区融合的三阶段论，即"二元社区"（排斥和歧视态度）、敦睦他者（有居留意愿，包容、合作的互动关系）和同质认同（获得居民身份和居民权，获得相关福利），其中敦睦他者是关键阶段[1]。黄匡时研究流动人口社会融合度指标体系问题时提出经济融合、制度融合、社区融合、社会保护、社会接纳，其中社区融合主要通过获取服务、自我管理、社区参与三个层面来反映[2]。杨菊华通过实证研究分析中国流动人口社会融合问题时指出，社区是流动人口生活的落脚点，流动人口良好的社区服务与接纳环境可有效推进融合进程，凸显融合的社区依赖性[3]。宋国恺在构建农民工社会融合指标体系时提出经济融合、社会关系融合、制度融合、心理融合、社区融合五个维度，其中社区融合主要通过获取服务、自我管理、参与社区活动、住房融合来反映[4]。

综上所述，有的学者纵向研究流动人口社区融合的阶段，有的学者从横向角度关注了流动人口社区融合这一个方面。从这些研究中也可以看出，社会融合与社区融合存在显著的差异：首先，两者是包含与被包含的关系，即社会融合包含了社区融合这一维度；其次，社会融合是从宏观角度来考量流动人口融合问题，而社区融合是从微观角度来考虑流动人口融合问题；最后，社会融合的宏观性与社区融合的微观性相比，难以突出流动人口的行动、意识等显著融合特点。

（三）内涵、维度及测量指标体系建构

通过国内外文献综述可以看出，国内关于流动人口社会融合的研究更多

---

[1] 马西恒、〔加〕鲍勃·谢比伯等：《中加社区治理模式比较研究以上海和温哥华为例》，上海人民出版社，2006，第156～190页。
[2] 黄匡时：《流动人口"社会融合度"指标体系构建》，《福建行政学院学报》2010年第5期，第52～58页。
[3] 杨菊华：《中国流动人口的社会融入研究》，《中国社会科学》2015年第2期，第61～79页。
[4] 宋国恺：《农民工分化视角下的城市社会融合阶段划分研究》，《福建论坛》（人文社会科学版）2016年第1期，第145～151页。

是借鉴国外移民社会融合的研究范式,并结合中国国情,提出适合中国流动人口社会融合的本土理论分析框架。国内外文献共同特征是都含有经济、社会、政治、文化等宏观维度,但也存在较大差异:一是国外移民国籍、种族等与国内流动人口身份不同;二是少量的国内研究者的流动人口社会融合构建维度文献中包含了社区融合,但并非主题性质研究,且未凸显社区这个流动人口社会综合的实体性载体的内涵,由此对社区融合这个维度的界定也带有某种程度上的随意性。如此一来,也无法展现流动人口社区融合在社区本源上实际的生活气息。

1. 社区、社区融合的内涵

在社会学领域,最早对社区进行定义的是德国著名社会学家、哲学家滕尼斯。他认为社区是与社会相区分的概念[①],指那些有着相同价值观、人口同质性较强的社会共同体,其体现的是一种亲密无间、守望相助、服务权威且具有共同信仰和共同风俗习惯的人际关系。这种共同体关系不是社会分工的结果,而是由传统的地缘、血缘和文化等自然因素造成的;这种共同体的外延主要限于传统的乡村社区。在工业化、城镇化背景下,滕尼斯关于社区在特征上的表述与实然状态下的社区出现了很大的差异,尤其在城市,实然状态下的社区不再由共同信仰、共同风俗以及血缘等自然因素造成,而是更多由地缘和社会分工后的业缘、文化等非自然因素造成。但是,滕尼斯对社区应然状态下的社会共同体愿景仍然是研究或构建社区的价值取向的终极目标。

正因工业化、城镇化进程加速,社会分工多样、个体流动性增强,个体互动的地域范围反而在缩小,需要重新确认有界限社区的存在[②]。这种社区不仅是地域单位,更是由各种相互关系构成的单位,这种相互关系存在于那些能在社会关系网中共享利益的人们之间[③]。这表明,个体互动的空间(地

---

① 〔德〕斐迪南·腾尼斯:《共同体与社会:纯粹社会学的基本概念》,林荣远译,北京大学出版社,2010,第48~76页。
② 〔英〕诺南·帕迪森编《城市研究手册》,郭爱军、王贻志等译校,格致出版社、上海人民出版社,2009,第256页。
③ 〔英〕诺南·帕迪森编《城市研究手册》,郭爱军、王贻志等译校,格致出版社、上海人民出版社,2009,第253~254页。

域单位)、个体互动的条件(共同利益)以及形成的相互关系(社会关系)构成实然状态下的社区特征。帕迪森在研究美国街坊的社会生活时认为,认同感、互动、联系这三个因素有助于区分不同的社区类型①。其中,认同感是指地域单位内邻里能够共享价值和利益,以此判断居民对所在地域单位的感情;互动是指地域单位内邻里关系的模式是什么;联系是指社区与城市其他地方的紧密关系程度,能为社区获得优势。

由此,我们可以将社区简单界定为一定地域单位范围内不同个体为共享利益而形成的相互关系的群体。在中国,一定地域单位在通常意义上是指行政辖区。社区融合也就是指这些形成相互关系的群体之间的关系,这种关系突出地体现在制度、行动、意识和网络四个层面,以区分一定地域单位范围内以及不同地域单位范围之间的融合情况。社区融合的制度层面,主要指一定地域单位范围内的不同群体能够获得均等的制度供给;社区融合的行动层面,主要指一定地域单位范围内的不同群体能动地参与制度供给决策、评价;社区融合的意识层面,主要指一定地域单位范围内的不同群体对本地区、群体的认同;社区融合的网络层面,主要指一定地域单位范围内的不同群体自身的社会交往。

2. 流动人口社区融合的维度

根据社区融合四个层面,我们认为,社区融合的制度层面在社区实然状态下主要通过社区提供或传递的公共服务来体现。因为基层公共服务的供给本身是国家或政府的制度安排(国家要求基本公共服务全覆盖),并通过社区自上而下地供给社区居民。因此,在社区服务(基本公共服务)层面,本地户籍人口与外地户籍人口(主要指流动人口)实然状态下享有均等化基本公共服务。根据基本公共服务界定范畴②,我们调研发现,在社区地域

---

① 〔英〕诺南·帕迪森编《城市研究手册》,郭爱军、王贻志等译校,格致出版社、上海人民出版社,2009,第254页。
② 国务院印发的《"十三五"推进基本公共服务均等化规划》将基本公共教育、基本劳动就业创业、基本社会保险、基本医疗卫生、基本社会服务、基本住房保障、基本公共文化体育、残疾人基本公共服务等纳入基本公共服务范畴。

单位范围内政府为流动人口提供基本住房保障，为流动人口提供基本医疗卫生，为流动人口子女提供基本公共教育，要求签订劳动合同保障流动人口平等就业权利，为流动人口提供一定的社会保险来保障其医疗卫生、养老等权利。

社区融合的行动层面在社区实然状态下主要通过社区参与来体现。社区参与是个体在社区地域单位范围内根据相关规则而表现出的主观能动性，自觉自愿地参与社区各种活动或事务。通过调研，我们总结社区参与主要分为三种类型。第一种类型为政治参与，主要表现是流动人口自觉自愿地参与工会组织、党/团组织等活动。第二种类型为社会参与，主要表现是流动人口参与志愿者协会/志愿者活动、村/居事务管理活动，例如在一些流动人口倒挂的社区，由新市民组成的志愿者服务队，形成自助互助管理与服务。第三种类型为文化参与，主要表现是流动人口参与老乡会、同学会等活动。

社区融合的意识层面在社区实然状态下主要通过社区认同来体现。通过调研，我们发现流动人口社区认同通常会在以下几个方面有所表现。一是流动人口居住时长。居住时间长，在某种程度上说明其对在流入地生活或工作的时间认同高，进而会选择留下；反之会选择离开。二是流动人口对流入地的看法。当流动人口很喜欢流入地时，在某种程度上说明其对居住地比较认同，进而会选择留下；反之会选择离开。三是若条件许可，流动人口有意愿获得本地户口，说明其具有较高的身份认同，进而会选择留下；反之会选择离开。

社区融合的网络层面在社区实然状态下主要通过社区交往来体现。通过调研，我们发现流动人口的"朋友圈"大小在某种程度上可以说明其社区网络关系或社会交往状况。有以下两种表现：一是流动人口在流入地如果愿意与本地人交往，那么说明流动人口接受本地人；二是如果本地人愿意与外地人交往，那么说明本地人接受外地人。

3. 流动人口社区融合测量指标体系

基于上述研究以及数据的可获得性，利用国家卫计委2017年开展的全国流动人口卫生计生动态监测调查流动人口问卷（A），设计了流动人口社区融合的一级、二级以及三级指标，其中根据二级指标设定了三级指标

(测量指标)，以充分说明流动人口社区融合的指标构成（见表3）。需要说明的是，一些重要的社区融合因素在量化指标中难以呈现，因此，我们在分析时会引入一些社区的实际案例作为补充。

为了能够使流动人口社区融合测量指标体系数据可操作化，根据国家卫计委2017年全国流动人口卫生计生动态监测调查数据情况对所涉及的测量指标进行评分标准确定，每项指标具体得分采用4分制，得分越高说明该测量指标下社区融合程度越高。同时，根据四个维度及各项指标的重要程度，我们采取了专家打分的方法，确定各维度及各项指标的权重。其中，社区服务、社区认同的权重分别为30分，社区参与、社区交往的权重分别为20分。基于上述研究以及流动人口社区融合实际发现，在当前阶段社区服务、社区认同是流动人口社区融合的基本阶段，即在制度上有保障，在意识上有认同，然后才能进入流动人口社区融合的行动层面，尤其是社区参与。因此，专家打分的情况与我们的前提假设基本一致。

为了分析流动人口社区融合及其各维度的得分，需要计算流动人口社区融合程度并对相关计算结果进行适当转化。我们将流动人口社区融合三级指标得分转化为0~100分的标准值，二级指标得分转化为各三级指标权重×对应的三级指标得分，一级指标得分转化为各二级指标权重×对应的二级指标得分，总分的计算方法相同，具体情况如下。

三级指标得分＝该指标实际得分×100/(4×个案数)。以三级指标中获得政府提供公租房情况为例，假设在个案数为10的样本中，选择政府提供公租房的有4项，未选有6项，实际得分＝4×4+6×0=16分，该三级指标的得分＝16×100/(4×10)=40分。又以三级指标中获得就业劳动保障情况为例，假设在个案数为10的样本中，选择209-1，209-2，209-3，209-4，209-5各有两项，按照得分标准，209-1，选择＝4；209-2，选择＝3；209-3，选择＝2；209-4，选择＝1；209-5，209-6，选择＝0；实际得分＝2×4+2×3+2×2+2×1+2×0=20分，该三级指标的得分＝20×100/(4×10)=50分。

二级指标得分＝Σ该指标下三级指标权重×三级指标对应得分。例如基

表3 流动人口社区融合测量指标体系

一级指标	二级指标	三级指标（测量指标）	是/否可量化	得分标准	对应题号	权重
社区服务 30	基本住房保障	获得政府提供公租房情况	是	308-3,选择=4,没选=0	308题	5
		获得已购政策性保障房情况	是	308-5,选择=4,没选=0	308题	15
	基本医疗卫生、基本公共教育	居民健康档案建立情况	是	403,建立=4,没建立=0	403题	
		居民接受健康教育情况	是	404,选择=4,没选=0	404题	
		流动人口子女接受教育情况	是	316-5,选择=4,没选=0	316题	5
	基本劳动就业创业	获得就业劳动保障情况	是	209-1,选择=4;209-2,选择=3;209-3,选择=2;209-4,选择=1;209-5,209-6,选择=0	209题	5
	基本社会保险	获得社会保险情况	是	505-3,选择=4,没选=0	505题	5
社区参与 20	政治参与	参与工会组织活动	是	501-A,选择=4,没选=0	501题	3
		参与党/团组织活动	是	502-E,经常=4,有时=8/3,偶尔=4/3,没有=0	502题	2
	社会参与	参与志愿者协会/志愿者活动	是	502-D,经常=4,有时=8/3,偶尔=4/3,没有=0	502题	5
		参与村/居务管理活动	是	502-A,经常=4,有时=8/3,偶尔=4/3,没有=0	502题	5
	文化参与	参与老乡会活动	是	501-D,选择=4,没选=0	501题	5
		参与同学会活动	是	501-C,选择=4,没选=0	501题	5

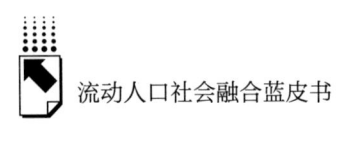

续表

一级指标	二级指标	三级指标（测量指标）	是/否可量化	得分标准	对应题号	权重
社区认同 30	时间认同	居住时间很长情况	是	315-5,选择=4;315-4,选择=3;315-3,选择=2;315-2,选择=1;315-1,选择=0;315-6,剔除	315题	10
	居住地认同	是否喜欢居住地情况	是	503-A,完全同意选择=4,基本同意选择=2,不同意和完全不同意选择=0	503题	10
	身份认同	是否有意愿获得本地户口情况	是	313-1,愿意选择=4,不愿意和没想好选择=0	313题	10
社区交往 20	流动人口接受本地人	愿意与本地人交往	是	309-4,选择=4,没选=0	309题	10
	本地人接受外地人	愿意与外地人交往	是	503-D,完全同意选择=4,基本同意选择=2,不同意和完全不同意选择=0	503题	10

本住房保障得分=50%×获得政府提供公租房情况得分+50%×获得已购政策性保障房情况得分。又如政治参与得分=(3/5)×参与工会组织活动得分+(2/5)×参与党/团组织活动得分。

一级指标得分=∑该指标下二级指标权重×二级指标对应得分。例如社区认同得分=(1/3)×时间认同得分+(1/3)×居住地认同得分+(1/3)×身份认同得分。

总分=∑一级指标权重×一级指标对应得分，即总分=30%×社区服务得分+20%×社区参与得分+30%×社区认同得分+20%×社区交往得分。

三　流动人口社区融合的人口学特征

从中国流动人口的区域分布看，由于我国东部地区自改革开放以来长期是经济活力较强、发达程度较高地区，东部地区流动人口占全国流动人口的比例在2/3左右，其中，长三角、珠三角是流动人口主要聚集地。因此，在本研究中，我们选取了长三角的无锡、苏州，珠三角的东莞、佛山作为研究典型。除流动人口规模特征用相关年份统计年鉴数据解释说明外，其余数据均来自国家卫计委2017年全国流动人口卫生计生动态监测调查数据，其中无锡样本数量为1206份，苏州样本数量为1180份，东莞样本数量为702份，佛山样本数量为776份，以下是这些地区流动人口的人口学特征分析。

（一）流动人口占比基本上超过三成，东莞流动人口是户籍人口的3倍左右

2010~2016年，在长三角和珠三角中，东莞属于严重的人口倒挂型城市，流动人口几乎是户籍人口的3倍，占常住人口近八成；佛山流动人口与户籍人口规模相当，各占一半左右，占常住人口五成左右；无锡流动人口约占常住人口三成；苏州流动人口占常住人口四成左右。从纵向看，四地在常住人口小幅增长的情况下，流动人口都出现了小幅递减趋势，但幅度都比较

小。总之，四地流动人口占常住人口比例基本上超过三成，如此大规模的流动人口必然对流入地的经济社会结构造成深刻影响（见表4）。

表4　2010~2016年长三角（无锡、苏州）、珠三角（东莞、佛山）人口变动情况

单位：万人

地区	人口构成	2010年	2011年	2012年	2013年	2014年	2015年	2016年
无锡	常住人口	—	—	646.55	648.41	650.01	651.10	652.90
	户籍人口	466.56	467.56	470.07	472.23	477.14	480.90	486.20
	流动人口	—	—	176.48	176.18	172.87	170.20	166.70
苏州	常住人口	1045.99	1051.87	1054.91	1057.87	1060.40	1061.60	1064.74
	户籍人口	637.60	642.30	647.80	653.83	661.07	667.01	678.19
	流动人口	408.39	409.57	407.11	404.04	399.33	394.59	386.55
东莞	常住人口	822.48	825.48	829.23	831.66	834.31	825.41	826.14
	户籍人口	181.77	184.77	186.05	188.93	191.39	195.01	200.94
	流动人口	640.71	640.71	643.18	642.73	642.92	630.40	625.20
佛山	常住人口	719.91	723.10	726.18	729.57	735.06	743.06	746.27
	户籍人口	370.89	374.77	377.65	381.61	385.61	388.97	400.18
	流动人口	349.02	348.33	348.53	347.96	349.45	354.09	346.09

资料来源：2011~2017年无锡统计年鉴、苏州统计年鉴、广东统计年鉴。

（二）流动人口性别结构均衡，均以新一代（80后、90后）为主

无锡、苏州、东莞、佛山四地流动人口性别中男女比例相当，其中男性流动人口略多于女性流动人口；从横向看，四地流动人口男女比例基本一致。四地流动人口以新一代（80后、90后）为主，较为明显的是东莞新一代流动人口占流动人口总量的83.00%（1980~1989年出生的占34.60%，1990~1999年出生的占48.40%）。其中，20世纪90年代出生的流动人口超过了80年代出生的流动人口，其他三地新一代流动人口分别占流动人口总量的六成左右。相比较而言，珠三角的新一代劳动力比例总体上高于长三角（见表5）。

表5 无锡、苏州、东莞、佛山四地流动人口性别和年龄层结构

单位：%

分类		无锡	苏州	东莞	佛山
性别	男	53.80	55.30	52.30	54.30
	女	46.20	44.70	47.70	45.70
年龄层	新一代	59.80	66.60	83.00	59.50
	老一代	40.20	33.40	17.00	40.50

（三）流动人口农业户口比例较高，以已婚和初中及以下受教育程度为主

从户口性质来看，四地流动人口仍以农业户口为主，无锡、东莞、佛山三地农业户口流动人口比例在九成左右，长三角非农业户口流动人口比例整体高于珠三角。从婚姻状况来看，无锡、苏州、佛山流动人口已婚比例约为九成，而东莞流动人口已婚比例未过半，这与上述流动人口年龄层结构有着紧密关系。从受教育程度来看，四地流动人口仍以初中及以下受教育程度为主，占流动人口总量的六成左右。不过从大学专科及以上受教育程度情况看，长三角流动人口大学专科及以上受教育程度比例高于珠三角（见表6）。

表6 无锡、苏州、东莞、佛山四地流动人口户口性质、婚姻状况及受教育程度

单位：%

分类		无锡	苏州	东莞	佛山
户口性质	农业户口	90.30	80.70	91.70	88.00
	非农业户口	9.70	19.30	8.30	12.00
婚姻状况	已婚	87.10	89.40	49.90	86.60
	未婚	12.90	10.60	50.10	13.40
受教育程度	初中及以下	63.80	53.60	56.80	67.90
	高中/中专	18.80	25.00	30.20	21.30
	大学专科及以上	17.40	21.40	13.00	10.80

（四）流动人口已就业比例在九成左右，职业以生产运输业人员为主，多数为被雇佣人员

从就业状况看，四地流动人口已就业比例较高，尤其是东莞九成以上的流动人口已就业，其余三地比例约为九成。从职业结构看，生产运输业人员在流动人口职业结构中所占比例较高，在四成左右，这与长三角、珠三角的制造业产业发达特征紧密相关。长三角流动人口中生产运输业人员和服务业人员以及专业技术人员比例整体略高于珠三角。从就业身份看，四地七成以上的流动人口处于被雇佣状态（见表7）。

表7 无锡、苏州、东莞、佛山四地流动人口就业状况、职业结构及就业身份

单位：%

分类		无锡	苏州	东莞	佛山
就业状况	已就业	87.40	89.20	95.90	89.20
	未就业	12.60	10.80	3.10	10.80
职业结构	专业技术人员	13.60	12.70	13.80	8.50
	经商/商贩	11.60	16.80	22.00	23.40
	服务业人员	22.20	23.90	17.50	23.60
	生产运输业人员	46.70	39.40	40.10	37.40
	其他人员	5.90	7.20	6.60	7.10
就业身份	自雇佣	22.10	23.70	25.50	29.20
	被雇佣	77.90	76.30	74.50	70.80

（五）流动人口主要以跨省务工为主，多数办理了居住证

从流动范围看，四地流动人口均以跨省为主，其中东莞流动人口跨省的比例较高，近八成。从流动原因看，四地流动人口主要以务工为主，比例分别近八成，珠三角流动人口经商比例高于长三角。从居住证办理情况看，六成以上的流动人口已办理居住证，其中长三角流动人口已办理居住证比例高于珠三角，且在九成五以上（见表8）。

表8 无锡、苏州、东莞、佛山四地流动人口流动范围、流动原因及居住证办理情况

单位：%

分类		无锡	苏州	东莞	佛山
流动范围	跨省	60.40	67.60	79.50	63.80
	省内跨市	39.60	32.40	20.50	36.20
流动原因	务工	78.80	79.60	76.60	74.70
	经商	8.50	10.80	19.40	17.40
	其他	12.70	9.60	4.00	7.90
居住证办理情况	已办理	95.40	95.80	65.70	74.20
	未办理	5.60	4.20	34.30	25.80

通过对长三角无锡、苏州以及珠三角东莞、佛山流动人口人口学特征分析，我们的发现如下。

第一，2010~2016年的7年间，尤其在2012年后，四地流动人口规模逐年小幅递减，但流动人口总体规模还是较为平稳。出现这一状况主要是由于2012年美国金融危机后，全国性的产业结构转型升级以及中西部地区经济崛起，流动人口的流速、流向发生了一定的变化。第二，流动人口已经以新一代（80后、90后）为主，尤其是东莞20世纪90年代出生的流动人口比例超过80年代出生的流动人口，为东莞经济社会发展注入活力；而长三角受流动人口老龄化、流动人口置换能力较低（长三角省内跨市流动人口比例超过珠三角）等因素影响，80年代前出生的流动人口比例高于珠三角。第三，就流动人口结构而言，长三角流动人口学历结构、职业结构优于珠三角。由此，在面临产业结构转型升级的关键期，占有流动人口年龄优质资源的珠三角，不仅需要保持青壮年劳动力数量优势，还需要提高其质量。第四，就户籍制度而言，长三角的非农业户口流动人口比例整体上稍高于珠三角。第五，长三角流动人口已办理居住证的比例高于珠三角。因此，珠三角需要进一步深化户籍制度改革，推进居住证服务管理体制机制改革，保障流动人口获得均等化基本公共服务。

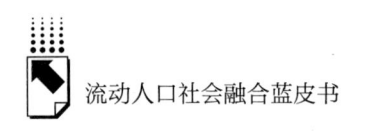

四 流动人口社区融合的实证研究

根据国家卫计委2017年全国流动人口卫生计生动态监测调查数据,依据已构建的流动人口社区融合测量指标体系,测算长三角的无锡、苏州和珠三角的东莞、佛山四地的流动人口社区融合程度。

(一)流动人口社区融合总体得分在40分以下,社区融合程度较低

从流动人口社区融合总体得分来看,无锡得分为38.30分,苏州得分为38.91分,东莞得分为35.05分,佛山得分为39.54分,总体得分比较低,流动人口社区融合程度较低,得分均未过半。如此低的得分实际上在我们的预期中,因为总体上流动人口"半城镇化"特征并未得到根本改变,而且具体到流动人口社会融合落脚点的社区层面,"半城镇化"特征更为明显。假设将流动人口"半城镇化"特征计算为流动人口融入城镇一半的程度,那么,流动人口在社区层面的融合总体得分为近40分,也属"情理之中"。在对流动人口社区融合四个维度得分进行分析时,发现流动人口社区融合呈现"高社区服务、高社区交往、低社区参与、高社区认同"的特征,表明流动人口对社区服务表示认可,与本地居民交往意愿也尚可,对社区的认同也较高,但是很少参与社区相关活动(见表9)。

表9 无锡、苏州、东莞、佛山四地流动人口社区融合得分情况

单位:分

地区	社区服务(30%)	社区参与(20%)	社区认同(30%)	社区交往(20%)	社区融合总体得分
无锡	40.34	10.52	53.74	39.86	38.30
苏州	37.62	13.27	59.79	35.17	38.91
东莞	46.21	15.18	41.55	28.40	35.05
佛山	46.56	15.64	52.48	33.48	39.54

（二）流动人口社区认同得分最高，但获得本地户口意愿不强

流动人口社区融合的四个维度中，社区认同得分最高，具体体现在以下几方面（见表10）。在时间认同方面，长三角无锡、苏州流动人口居住时间较长，得分处于及格以上；而珠三角东莞、佛山流动人口流动性较强，居住时间相对而言较短，得分不高，其中，东莞得分为33.30分，我们认为流动人口年轻化和未婚特征，影响了其居住的时长。在居住地认同方面，四地流动人口对居住地都比较喜欢，得分均处于及格以上，尤其是长三角无锡、苏州和珠三角佛山流动人口居住地认同的得分在67.00分以上，而东莞为60.11分。在身份认同方面，我们考虑了是否有意愿获得本地户口的情况，得分并不十分理想，得分最高的苏州为47.81分，最低的东莞为31.25分。这一项结果的影响因素较多，一是可能流动人口不愿意舍弃自身户口；二是没有能力获得本地户口；三是可能本地户口不具有足够的吸引力；四是流动人口流入本地只为赚钱，并未考虑户口问题。

表10 流动人口社区认同得分情况

单位：分

地区	时间认同	居住地认同	身份认同	社区认同
无锡	60.47	67.71	33.05	53.74
苏州	64.39	67.16	47.81	59.79
东莞	33.30	60.11	31.25	41.55
佛山	54.74	67.95	34.74	52.48

（三）流动人口社区服务得分次之，但住房问题尚未纳入保障体系

在不同维度上，流动人口社区融合也有很大差异，其中，社区服务得分次之（见表11）。从流动人口社区服务二级指标看，流动人口基本劳动就业创业得分最高，其次是基本社会保险，再次是基本医疗卫生、基本公共教

育，基本住房保障得分最低。从此情况分析，流动人口经济立足的保障性条件较好，社会保险条件尚可，住房保障条件最差。流动人口住房问题并未纳入当地政府的保障体系，或者是"有政无策"，仍然需要流动人口通过租住住房的市场行为来解决。比较来看，珠三角东莞、佛山的社区服务得分整体上高于长三角无锡、苏州的社区服务得分，尤其是居民健康教育、就业劳动保障等方面的服务工作做得较好。

表11 流动人口社区服务得分情况

单位：分

地区	获得政府提供公租房情况	获得已购政策性保障房情况	基本住房保障	居民健康档案建立情况	居民接受健康教育情况	流动人口子女接受教育情况	基本医疗卫生基本公共教育	获得就业劳动保障情况	基本劳动就业创业	获得社会保险情况	基本社会保险	社区服务
无锡	0.68	0.73	0.71	21.40	67.70	27.79	38.96	66.48	66.48	57.98	57.98	40.34
苏州	0.43	1.25	0.84	13.22	55.80	22.34	30.45	76.94	76.94	56.58	56.58	37.62
东莞	0.00	0.07	0.04	20.96	82.20	11.80	38.32	88.31	88.31	73.97	73.97	46.21
佛山	0.00	0.00	0.00	57.63	83.20	25.32	55.38	62.96	62.96	50.27	50.27	46.56

（四）流动人口社区交往得分排第三，但本地人接受外地人得分明显高于流动人口接受本地人

流动人口社区融合的四个维度中，社区交往得分排第三，具体体现如下（见表12）。流动人口接受本地人方面，考虑流动人口是否愿意与本地人交往，得分比较低，其中无锡得分最高，为21.38分，东莞最低，为6.84分，长三角总体稍好于珠三角。本地人接受外地人方面，考虑本地人是否愿意与外地人交往，得分较高，无锡、苏州、佛山得分接近及格。这样的结论有点意外，表现出流动人口双向性选择，即反向考察，流动人口不愿意与本地人交往，但又认为本地人愿意与外地人交往。但是，这两方面的结果都符合实际情况，一方面，流动人口的"朋友圈"主要集中在自己的老乡、亲友等范围内；另一方面，其因工作、生活等不得不与本地人交往，而后在交往中，本地人并没有让其产生被排斥的感觉。

表 12　流动人口社区交往得分情况

单位：分

地区	愿意与本地人交往	流动人口接受本地人	愿意与外地人交往	本地人接受外地人	社区交往
无锡	21.38	21.38	58.35	58.35	39.86
苏州	13.37	13.37	56.96	56.96	35.17
东莞	6.84	6.84	49.96	49.96	28.40
佛山	11.58	11.58	55.38	55.38	33.48

（五）流动人口社区参与得分最低，政治参与和社会参与尤为突出

流动人口社区融合的四个维度中社区参与得分最低，具体体现在以下几个方面（见表13）。在政治参与方面，流动人口参与工会组织活动得分最高是东莞14.19分，最低是佛山8.04分。这表明，流动人口就业单位一方面可能不具备组建工会条件，另一方面即使组建了工会，其运行尚未规范，在某种程度上导致流动人口参与工会组织活动不多。四地流动人口参与党/团组织活动得分均未超过5分，表明流动人口中具有党员等政治身份的数量较少，其参与党/团组织活动的机会自然较少。由于流动人口"身份"及"流动"标签，流动人口尽管久居流入地，也难以实现有效的社区参与。在社会参与方面，四地流动人口参与志愿者协会/志愿者活动的得分在13.00~19.05分。在实际调研中发现，流动人口自身参与社区组织的文体、治安、环保等志愿者活动对促进流动人口社区融合起到了一定的效果，但是，活动并不普遍，效果也不够明显。流动人口参与村/居事务管理活动得分均在5分以下，表明流动人口尽管生活在社区中，但是，其与本地人在相关权利方面还有很大的差距，流动人口很少有机会参与村/居事务管理。在文化参与方面，四地流动人口文化参与得分在17.00~34.16分，珠三角得分高于长三角。这主要是因为珠三角跨省流动人口多于长三角跨省流动人口，更需要老乡的支持与帮助。

表13 流动人口社区参与得分情况

单位：分

地区	参与工会组织活动	参与党/团组织活动	政治参与	参与志愿者协会/志愿者活动	参与村/居事务管理活动	社会参与	参与老乡会活动	参与同学会活动	文化参与	社区参与
无锡	9.70	1.30	6.34	13.84	3.89	8.86	21.77	14.21	17.99	10.52
苏州	12.07	1.95	8.02	15.79	3.14	9.47	28.21	24.04	26.12	13.27
东莞	14.19	2.11	9.36	16.64	4.26	10.45	34.04	26.84	30.44	15.18
佛山	8.04	1.43	5.40	19.05	3.95	11.50	38.69	29.63	34.16	15.64

五 户籍、居住证及政治面貌对流动人口社区融合的影响分析

上述流动人口社区融合测量指标体系建构以及实证研究过程中并未涉及流动人口户籍、居住证以及政治面貌等因素，但通常意义下这些因素可能对流动人口社区融合产生较大影响。例如政治面貌对流动人口社区融合的影响已经在上述实证研究中的政治参与方面得到验证。又如流动人口自身是农业户口还是非农业户口，对于其社区融合也具有一定影响。对于流动人口而言，户籍是不可忽视的变量。再如流动人口是否办理居住证对于其是否能够均等享受到基本公共服务以及是否拥有其他方面与本地人均等化的便利条件具有一定影响。因此，此部分中，我们使用户籍、居住证以及政治面貌三个变量对流动人口社区融合影响做如下假设。

假设1：非农业户口的流动人口更容易实现社区融合。

假设2：已办理居住证的流动人口更容易实现社区融合。

假设3：政治面貌是党员的流动人口更容易实现社区融合。

（一）非农业户口的流动人口社区融合得分高于农业户口的流动人口，户籍影响较为显著

非农业户口的流动人口社区融合各维度得分均高于农业户口的流动人口

社区融合各维度得分。这表明，流动人口自身所带的户口身份，仍然对流动人口融入社区具有一定影响，且非农业户口具有一定优势。因此，加快流动人口户籍改革，加快推进流动人口流入地的新型城镇化，改变流动人口户口身份，对于流动人口更好融入社区具有促进作用（见表14）。

表14 分户籍的流动人口社区融合得分情况

单位：分

地区	户口身份	社区服务	社区参与	社区认同	社区交往	总分
无锡	农业	40.63	11.18	55.63	39.88	39.09
	非农业	48.63	14.67	70.73	53.21	49.38
苏州	农业	38.06	14.31	62.64	37.21	40.51
	非农业	45.74	16.40	71.82	42.32	47.01
东莞	农业	46.53	16.00	44.81	29.39	36.48
	非农业	47.23	17.74	52.87	37.07	40.99
佛山	农业	48.00	17.12	54.70	35.60	41.36
	非农业	51.38	21.02	69.54	46.84	49.85

（二）已办理居住证的流动人口社区融合得分总体上高于未办理居住证的流动人口，但是影响效果并不十分明显

已办理居住证的流动人口社区融合得分总体上高于未办理居住证的流动人口，但是影响效果并不十分明显（见表15）。这表明，流动人口尽管已办理居住证，但是可能并未真正利用居住证，未发挥居住证的真实功能；也可能是流入地的居住证在实现基本公共服务及其他服务时有一定的限制。

表15 分居住证的流动人口社区融合得分情况

单位：分

地区	居住证办理情况	社区服务	社区参与	社区认同	社区交往	总分
无锡	已办理	34.79	11.49	57.02	40.83	38.01
	未办理	30.71	12.22	58.63	48.21	38.89
苏州	已办理	36.00	14.74	64.77	38.53	40.89
	未办理	35.05	13.93	56.12	30.61	36.26

续表

地区	居住证办理情况	社区服务	社区参与	社区认同	社区交往	总分
东莞	已办理	36.72	18.05	47.69	30.04	34.94
	未办理	33.67	12.51	41.25	29.98	30.97
佛山	已办理	38.49	19.00	58.61	38.06	40.54
	未办理	33.16	13.40	49.92	33.38	34.28

（三）党员流动人口社区融合得分总体上高于非党员流动人口，政治面貌影响较为显著

政治面貌是党员的流动人口社区融合得分总体上高于政治面貌是非党员的流动人口，而且差异较为显著。政治面貌对流动人口社区融合影响较为显著，当流动人口是党员时，具有一定政治资本，其社区融合与非党员相比，具有一定优势（见表16）。

表16 分政治面貌的流动人口社区融合得分情况

单位：分

地区	政治面貌	社区服务	社区参与	社区认同	社区交往	总分
无锡	党员	49.40	22.67	66.58	38.75	47.08
	非党员	41.17	11.14	69.80	30.57	41.63
苏州	党员	44.33	25.31	74.91	36.27	48.09
	非党员	39.34	14.23	75.13	37.73	44.73
东莞	党员	43.06	21.94	51.07	44.44	41.51
	非党员	46.67	15.99	53.70	23.39	37.99
佛山	党员	54.06	26.20	67.61	60.00	53.74
	非党员	48.18	17.27	64.18	29.09	42.98

六 结论与对策建议

（一）结论

从以上几个方面分析，我们大致可以得出流动人口以下几个方面基本特征。

在人口学特征方面，（1）2012年后，流动人口规模出现拐点，逐年小幅递减，但总体呈现稳定态势；（2）珠三角流动人口规模大于长三角流动人口规模，活力也较强；（3）当前流动人口主要以新一代（80后、90后）为主，其中，东莞90后流动人口规模超过80后流动人口；（4）流动人口仍以农业户口、已婚和初中及以下受教育程度为主；（5）流动人口基本充分就业，且主要根据流入地的产业结构特征从事生产运输业，占比较高，多数为被雇佣状态；（6）流动人口主要以跨省务工为主，多数已办理居住证。

在流动人口社区融合方面，（1）流动人口社区融合得分较低，融合状况不佳，长三角总体上略好于珠三角；（2）各维度中流动人口社区认同得分最高，但获得本地户口意愿不强；（3）各维度中流动人口社区服务得分次之，但住房问题尚未纳入保障体系；（4）流动人口社区交往得分排第三，但本地人接受外地人得分明显高于流动人口接受本地人得分；（5）流动人口社区参与得分最低，政治参与和社会参与尤为突出。

在户籍、居住证以及政治面貌方面，（1）流动人口社区融合仍然受到户籍的影响，非农业户口的流动人口社区融合得分高于农业户口的流动人口；（2）已办理居住证对于流动人口社区融合具有一定影响，但影响效果并不十分明显；（3）党员流动人口社区融合得分总体上高于非党员流动人口社区融合得分，政治面貌影响流动人口社区融合较为显著。

（二）对策建议

我们对流动人口的形势要有清楚认识，一是在未来一段时期，珠三角、长三角仍是流动人口主要流入地和居住地；二是随着流动人口家庭化特征明显，流动人口在流入地城市居住逐渐趋于稳定，"流转为留"或"流而不动"将成为常态；三是随着成熟型城市本地人口老龄化加剧，流动人口作为劳动力补充的事实已经呈现；四是流动人口自身需求将不断提高，对流入地各方面的供给提出较高要求。针对流动人口社区融合中存在的问题以及所面临的形势，我们提出以下对策建议，供有关方面参考。

1. 创新引领方式

我们发现户籍和居住证仍然是影响流动人口社区融合的主要变量，因此提出具体措施如下。第一，大量的流动人口仍是农业户口，解决这一问题的根本在于深化户籍制度改革，全面落实和推进以人为本的新型城镇化战略，着力解决流出地农业户口群体的身份、待遇等转变问题。第二，居住证制度是流动人口享有均等化基本公共服务的重要保障。流动人口在流入地已办理居住证比例较高而社区融合贡献率不高，原因可能是流入地的居住证功效尚未有效发挥。为此，亟须深化流入地居住证制度改革，在深入分析流动人口自身实际条件的前提下，合理设置居住证门槛，使居住证可及、方便、可用。此外需加大宣传，使流动人口知晓居住证的功效。

2. 创新服务方式

让流动人口享有均等化基本公共服务仍然是流动人口社区融合的主轴，也是国家政策要求基本公共服务常住人口全覆盖的基本要求。针对流动人口社区融合维度中社区服务得分不高的问题，需不断创新服务方式，具体措施如下。第一，认清流动人口情势以及本地人口老龄化趋势加剧、劳动力资源短缺情况，彻底扭转保障本地人，有条件保障外地人的传统观念，均等保障流动人口享有基本公共服务的权利。将流动人口纳入地方国民经济和社会发展规划，促进流动人口基本公共服务的有效供给，满足流动人口基本公共服务底线需求。第二，尽管房子是当今最具价值的商品，政府需要制定规则，长远性地考虑流动人口居住问题。首先，政府根据一定条件为一部分流动人口提供政策性住房，科学设置进退机制。其次，动员企业为流动人口有条件地提供住房，鼓励企业建设企业社区。最后，一部分有能力、有条件的流动人口可以通过市场租赁的方式解决自身居住问题。流动人口安居才能乐业，尤其是在当前住房作为最为昂贵的商品的时代，更要创新流动人口住房供给方式，由政府、企业、市场三方共同解决，其中政府、企业解决大头，市场解决小头。这样做的好处较多，不仅可以增加政府、企业住房长久收益，而且可以避免大量城中村的出现，因为城中村的治理成本远远高于政府或企业为流动人口有条件提供住房的成本。第三，流动人口以初中及以下学历为主的问题仍然涉及流出地的教育体制改革。首先，人口多，尤其是农业人口多，教育资源又不充裕，必然导致大量的失学或高等教育升学率低的情况。因此，要加大流出地的教育体制改革，加大教育资源投入，均等配置教育资源，提高高等教育升学率，保障流出地的人口素质得到根本提升。其次，流入地，尤其是流动人口占相当高比例的地区，应该科学合理改革教育体制，保障流动人口子女享受均等化的义务教育，提高流动人口增量素质。最后，结合产业转型升级，建立劳动力就业素质提升工程，加大流动人口人力资源的培训力度，以支撑和保障流入地的产业转型升级，着力提高流动人口存量素质。

3. 创新治理方式

在保障流动人口在流入地具有底线公平的条件下，创新流动人口治理方式，构建社区共建共治共享机制，有效引导流动人口进行社区参与，具体措施如下。第一，针对流动人口多于本地人口或人口严重倒挂的村/社区，探索建立以流动人口为主体的自治性群众组织，创新治理的组织方式。例如凤凰村因地制宜，于2010年4月建立杭州市首个流动人口集中居住建制社区——创业新村社区，累计投入6300万元，建设占地35亩。创业新村社区正式挂牌后，凤凰村从"以外（流动人口）管外，以外调（调解）外，居民自治"方面积极探索和创新社会治理，启动新凤凰人"自治和谐园"平台建设项目，通过居民代表投票，选举产生党支部、居民委员会、计生协会等组织机构流动人口"当家人"7名，衙前镇人民政府向这7名外来人员颁发了当选证书，使他们成为新凤凰人"自治和谐园"平台的主力军。凤凰村每年拨款不低于100万元，确保居民自治，增进新凤凰人的社区参与，帮助流动人口融入当地社会。第二，构建多层次的社区自治组织载体，形成社区、小区、楼院、楼门的多层次社区自治体系，发挥楼门长、居民楼院议事会等自治机制作用，将流动人口全面纳入不同层次自治组织载体，有效组织、动员流动人口，促进流动人口有效参与楼门、楼院、小区、社区不同自治组织载体事务，打通服务流动人口"最后一公里"。第三，针对流动人口流动性特征，创新互联网＋治理的方式。通过建立社区微信群、App等平台，探索互联网＋X项目，为流动人口提供就业、子女教育、社会保障、政策解读等服务管理，不断拓宽流动人口参与社区渠道，满足流动人口合理化诉求，将需求送到流动人口身边去，促进流动人口社区融合。第四，通过多层次自治组织载体、互联网＋服务等多种方式，不断培育流动人口社区参与意识和能力，促进流动人口在意识和行动上融入社区生活。

4. 创新助力方式

针对流动人口社区融合维度中社区认同、社区交往存在的问题，需不断创新助力方式，具体措施如下。第一，发挥工青妇以及计生协等群团组织作用，助力流动人口社区融合。通过组建工会，发挥工会作用，维护流动人口中就业群体的劳动权益。通过共青团组织，建立流动人口青年联合会，为青年流动人口提供服务。通过妇联组织，建立具有地域特点的流动人口妇女联合会，为流动人口中的妇女群体提供服务。通过计生协，建立具有地区特点的流动人口服务组织，为流动人口提供服务。例如大连市西岗区卫生计生局、计生协联合人民广场街道桥东社区共建河南人流动人口协会，为河南籍流动人口服务。第二，发挥社会组织桥梁作用，助力流动人口社区融合。通过政府购买社会组织服务的方式，构建多元化的服务供给体系，培育和扶持社会组织并使其在服务流动人口社区融合中发挥更大作用。一方面通过非流动人口类的社会组织为流动人口提供服务，同时，培育和扶持具有一定共性特征的流动人口群体并使其逐渐成立社会组织。另一方面，通过流动人口成立的社会组织服务自身群体，流动人口在互助中共同成长。第三，大力扶持社区社会组织发展，着力培育社区服务福利类、社区治安民调类、社区医疗计生类、社区文体科教类、社区环境物业类、社区公益类等社区社会组织，同时注重吸纳流动人口作为组织成员，面向所有社区居民提供丰富多样的服务。总之，流入地的各种组织要不断吸纳流动人口，促进流动人口在组织上融合，进而推进流动人口社区融合，不断增强流动人口社区交往能力，不断增强流动人口社区归属感和认同感，共同构筑流动人口的"同心圆"。

B.9
社会融合视野下国际反贫困的经验与启示
——以欧盟为例

黄匡时 贺 丹*

摘　要：　本报告从社会融合视野研究了欧盟在反贫困方面的政策实践，发现欧盟将反贫困的相关政策基本整合在社会融合政策框架内。欧盟的反贫困政策属于高收入国家的反贫困政策，但是对我国脱贫和社会建设具有重要的启示，因此，建议适时提出更高质量、更可持续的脱贫政策，聚焦我国社会建设领域，有针对性地解决贫困问题，加快婴幼儿照料服务体系建设，成立社会建设基金或者社会服务基金，加大社会投资，促进社会融合。

关键词：　社会融合　反贫困　欧盟　社会建设

社会融合（Social Integration）是欧洲社会模式（European Social Model）和欧洲价值观的核心，已经庄严地写入了欧洲《里斯本条约》。社会融合也是欧洲社会权利支柱（European Pillar of Social Rights）的基石（Cornerstone），也是联合国可持续发展目标（United Nations Sustainable Development Goals）

---

* 黄匡时，中国人口与发展研究中心副研究员，主要研究方向为人口与发展战略；贺丹，中国人口与发展研究中心主任、研究员，主要研究方向为人口与发展战略。

的优先事项。可见，社会融合政策在欧洲社会建设和联合国可持续发展目标中具有优先和核心的政策地位。那么，社会融合与反贫困有何区别，欧洲在促进社会融合中有何最新实践。本报告将以欧盟为重点，梳理社会融合视野下的欧盟反贫困的经验，并结合中国反贫困的发展趋势提供政策参考。

一 社会融合是高收入国家反贫困的升级版

（一）欧盟基本是一个高收入国家俱乐部

截至2019年8月，欧盟有28个成员国，分别是法国、德国、英国、意大利、瑞典、比利时、奥地利、保加利亚、克罗地亚、塞浦路斯、捷克、丹麦、爱沙尼亚、芬兰、希腊、匈牙利、爱尔兰、拉脱维亚、立陶宛、卢森堡、马耳他、荷兰、波兰、葡萄牙、罗马尼亚、斯洛伐克、斯洛文尼亚和西班牙。

根据世界银行2018年的分类，欧盟28个成员国中，26个为高收入国家，保加利亚和罗马尼亚则为中等偏上收入国家。保加利亚2018年的人均GNI为8860美元，而罗马尼亚2018年的人均GNI为11290美元，接近高收入国家的下限。2018年，欧盟28个成员国中，人均GNI最高的是卢森堡，为77820美元，28个成员国人均GNI的平均值为32642美元。可见，欧盟基本是一个高收入国家俱乐部。

（二）社会融合是高收入国家反贫困的升级版

从贫困人口分布来看，无论采用哪个贫困线标准，欧盟大多数国家的贫困人口占比不高，只有罗马尼亚的贫困人口占比略高，这些国家基本消除了绝对贫困。也正是因为如此，欧盟进入了反贫困的新阶段，即根除导致陷入贫困的各种社会排斥，也就是促进低收入人群的社会融合。也就是说社会融合是反贫困的升级版，是在消除了绝对贫困后，进一步根除导致陷入贫困的各种因素，尤其是导致陷入贫困的社会排斥。因此，反贫困依旧是社会融合的应有之义。只不过，因为社会经济发展水平的提高，社会保障制度的健全，单纯意义上的绝对贫困并不存在。因此，社会融合在政策内容上、政策范围上比反贫困更加宽泛。

比较社会融合和反贫困的异同，大致可以发现四个方面的相同点：一是两者都具有反贫困的政策目标，二是两者的政策内容都包括经济政策，三是两者都以低收入人群为目标人群，四是两者的政策效果都包括了降低贫困人群占比。

当然，两者也存在明显的不同（见表1）：第一，反贫困更侧重消除绝对贫困，而社会融合更侧重根除形成贫困的社会因素，比如劳动力市场的准入机会、社会参与等各个方面；第二，反贫困更注重收入因素，而社会融合关注包括经济、就业、健康、参与等更为广泛的内容；第三，反贫困关注的是低收入群体，而社会融合不仅关注低收入群体，还关注弱势群体，比如老年人、婴幼儿、未成年人和残疾人等；第四，反贫困重点在治标，即消除贫困现象，而社会融合重在治本，即根除生成贫困的各种社会因素。因此，相较于反贫困，社会融合更为综合、深刻、全面和可持续。

表1　社会融合与反贫困的异同

方面	相同点	不同点	
		社会融合	反贫困
政策目标	反贫困	根除形成贫困的社会因素	消除绝对贫困
政策内容	包括经济政策	包括经济、就业、健康、参与等更为广泛的内容	更注重收入因素
目标人群	低收入人群	范围更宽，包括弱势人群	低收入人群
政策效果	降低贫困人群占比	重在治本	重在治标

二　欧盟层面的反贫困政策实践

（一）主要反贫困政策实践

为了建设一个更加包容和公平的欧盟，欧洲社会权利的三大支柱

(European Pillar of Social Rights）被构建出来，这三大支柱分别是在劳动力上具有平等的机会和通道（Equal Opportunities and Access to the Labour Market）、公平的工作环境（Fair Working Conditions）和社会保护和融合（Social Protection and Integration）。也就是说，社会保护和社会融合是欧盟三大支柱之一。

欧洲2020战略（Europe 2020 Strategy）提出，到2020年将有2000万人口脱离贫困和社会排斥，并将20~64岁人口的就业率提高到75%，这主要通过反贫困和社会排斥平台（Platform against Poverty and Social Exclusion）和新技能与新工作计划（Agenda for New Skills and Jobs）来实现。欧盟委员会支持并补充成员国在社会包容和社会保护领域的政策，通过社会投资服务包（Social Investment Package）向成员国提供指导，使其福利制度现代化，实现终身社会投资。欧盟层面的反贫困政策实践主要包括七个方面的内容，具体如下。

1. 积极融合（Active Integration）

积极融合意味着让每一个公民，特别是最弱势群体，充分参与社会，包括有工作。具体而言，积极融合具有三个方面的内容：（1）提供充足的收入支持，帮助人们找到工作，这可以通过将工作外福利和工作内福利联系起来，帮助他们获得应有的福利来实现；（2）包容性劳动力市场（Inclusive Labour Markets）使人们更容易加入劳动力市场，解决工作中的贫困问题，避免贫困陷阱和阻碍工作；（3）获得优质服务，帮助人们积极参与社会，包括重返工作岗位。

积极融合旨在应对贫困（Poverty）、社会排斥（Social Exclusion）、工作贫困（In-work Poverty）、劳动力市场分割（Labour Market Segmentation）、长期失业（Long-term Unemployment）、性别不平等（Gender Inequalities）等挑战。积极融合的政策主要通过社会投资服务包（Social Investment Package）来实现。社会投资服务包强调了激活和启用服务的重要性，包括工作培训和搜索协助、享有基本银行账户、能源融合、适当的收入支持（根据适当的参考预算）。社会投资服务包强调了通过"一站式商店"等机制减轻行政负担和简化福利体系的重要性。服务提供者和参与者之间的个人合同,规定了他们的权利和义务,赋予个人权力,并为发展人力资本做出贡献。

2. 社会创新(Social Innovation)

社会创新指的是开发新的理念、服务和模式,以更好地解决社会问题。它邀请包括民间社会在内的公共和私人行动者提供意见,以改善社会服务。社会创新将在解决几个关键问题方面发挥关键作用,比如如何在紧缩的预算内有效解决社会挑战,战略社会投资是什么样子的,社会政策如何支持它,如何支持人们终身学习以确保在变化的世界中有足够的生计,创新伙伴关系如何将私人和非政府资源用于补充国家资金,如何加强决策和改革中的循证知识(Evidence-based Knowledge)。社会创新是社会投资方案的一部分,必须嵌入政策制定,并与社会优先事项有关,例如执行国家具体建议(包括通过使用欧洲社会基金)。

社会政策实验通过收集有关措施对人们实际影响的证据,来检验新的创新政策的有效性。这些实验可以:(1)为社会需求提供创新的答案;(2)是用来测试影响的小规模的探索性干预;(3)在能够测量其影响的条件下进行;(4)扩大规模,如果结果令人信服的话。

欧盟各国政府除提供足够的财政支持外,还需要改善监管环境,以促进和鼓励社会创新和社会经济。国家层面的权威机关可以委托社会企业提供社会服务,发展社会企业。它们还可以提升企业的社会责任感。欧盟委员会的作用是提供以下方面的指导:(1)在执行国家具体建议时如何利用社会政策创新;(2)如何使用欧洲结构和投资基金(European Structural and Investment Funds)。

3. 投资儿童(Investing in Children)

在贫困中长大的儿童在未来更容易受到社会排斥和健康问题的困扰,也不太可能在以后的生活中发挥其全部潜能。在早期打破弱势循环(Cycle of Disadvantage),通过预防性的方法投资于儿童,可以降低贫困和社会排斥的风险。由于经济复苏,欧洲的儿童贫困率虽然下降了,但仍高得令人难以接受。2017年,24.9%的儿童面临贫困或社会排斥的风险。而对儿童的投资可以解决阻碍父母工作、儿童或家庭福利的低效或不足、优质儿童保健服务的不足等问题。

2013年，欧盟提出的《投资儿童的建议：打破不利因素循环》中强调早期干预和综合预防方法的重要性。该报告呼吁欧盟国家：（1）支持父母进入劳动力市场，确保工作有报酬；（2）增加获得负担得起的幼儿教育和护理服务的机会；（3）提供足够的收入支持，如儿童和家庭福利，且这些收入应在收入群体之间重新分配，但应避免陷阱和耻辱；（4）支持儿童参与课外活动和能积极影响他们的法律决定。

2017年，在提出欧洲社会权利支柱时，欧盟委员会和欧洲社会政策网络专家对关于投资儿童的建议的执行情况进行了评估，发布了两个评估报告：《欧盟委员会工作人员工作文件——评估2013年关于投资儿童的建议（2017年）》和《ESPN报告——2013年欧盟投资儿童建议（2017年）在欧洲实施进展情况》。欧洲社会权利支柱中第11项原则表示，儿童有权：（1）享受负担得起的幼儿教育和优质护理；（2）被保护以免遭受贫困；（3）享受特定的措施来提高平等机会。

欧盟委员会监督和支持2013年实施的《投资儿童的建议》和欧洲社会权利支柱的执行，具体表现在：（1）借助指标记分板观察整个欧洲学期关键政策的演变；（2）对如何最好地利用欧盟基金投资儿童提出建议，例如欧洲援助最贫困国家基金或欧洲社会基金；（3）通过欧洲儿童投资平台（the European Platform for Investing in Children，简称EPIC）传播创新实践观点。

整个欧盟有近1/4的儿童面临贫困或社会排斥的风险。2015年，欧洲议会要求提供儿童担保（Child Guarantee），以确保欧洲面临贫困或社会排斥风险的每个儿童都能获得免费医疗、免费教育、免费的幼儿教育和护理、体面的住房和充足的营养。2017年，欧盟议会要求欧洲委员会实施一项关于建立可能的儿童担保计划（Child Guarantee Scheme）的筹备行动。在这方面，委员会委托进行了一项关于为易受伤害儿童提供儿童担保的可行性研究。

4. 关注无家可归者（Focus on Homelessness）

无家可归不仅包括糟糕的睡眠，而且包括生活在临时、不安全或质量差的住房中等情况。无家可归的典型原因是：（1）失业和贫困；（2）迁移；（3）年迈；（4）健康问题；（5）关系破裂；（6）缺乏可供出租和出售的经济适用房；（7）对离开护理设施、医院、监狱或其他公共机构的人员的支持不足。无家可归者可能面临预期寿命缩短、健康受损、歧视、隔离以及获得基本公共服务和福利的障碍等问题。

针对无家可归者，欧盟面临的挑战包括：（1）欧洲大部分地区最近无家可归者数量有所上升，问题加剧；（2）无家可归者的情况一直在变化，现在更多的年轻人和儿童、移民、罗姆人和其他弱势少数民族、妇女和家庭越来越面临无家可归的风险；（3）缺乏能够监测欧盟无家可归者情况的全面数据；（4）若不解决无家可归者问题，卫生和司法服务使用方面的社会成本将会较高。

欧盟的社会投资计划内容有：（1）在国家、区域和地方一级采取以住房为导向的长期综合无家可归者战略；（2）引入有效的政策以防止驱逐无家可归者。有效应对无家可归者问题的战略还包括：（1）预防和早期干预；（2）提供优质无家可归者服务；（3）快速重新安置；（4）系统数据收集、监控和使用共享定义（方法类型学）。

欧盟支持成员国的行动包括欧洲社会基金（ESF）、欧洲区域发展基金（ERDF）和欧洲援助最贫困国家基金（FEAD）的资助。一套欧盟政策，如社会包容、区域发展、移民、金融监管、卫生和人权政策，有助于解决无家可归者的复杂问题。欧盟委员会提供了在社会投资方案中面对无家可归者问题的指导。它探讨了无家可归者的趋势、成员国的良好做法以及综合无家可归者战略的核心要素，强调了欧盟的支持作用。

5. 反贫困和社会排斥（against Poverty and Social Exclusion）

打击贫困和社会排斥是欧洲2020年智能、可持续和包容性增长战略的核心。2008年，欧盟有超过1.2亿人面临贫困或社会排斥的风险，欧盟领导人承诺到2020年至少使2000万人脱离贫困和社会排斥。

欧盟国家的经济正在复苏，相关状况的改善也有利于最弱势人群。与

2008年危机前的水平相比，2017年，欧盟面临贫困或社会排斥风险的人口减少了440万。这意味着自2012年达到峰值以来，该类人口减少了1000多万。这仍然未达到欧洲2020战略中规定的目标，但一些指标状况有所改善，如2017年的统计数据所示：（1）22.4%的欧盟人口面临贫困或社会排斥的风险；（2）6.7%的欧洲人口仍然生活在严重的物质匮乏中，尽管他们的数量显著减少；（3）17.0%的欧洲人口的家庭收入在他们国家平均家庭收入的60.0%以下；（4）9.3%的欧洲人口的家庭成员都没有工作。

然而，欧盟每个国家的公民并没有平等地从经济复苏中获益，主要表现在：（1）平均而言，最富裕的20.0%欧盟家庭的收入是最贫穷的20.0%家庭的5倍；（2）生活在失业家庭中的人口很少，但他们的贫困水平仍然很高或正在提高，在欧盟为60.0%左右；（3）许多成员国的贫困人口比例正在增加，在欧盟达到9.6%；（4）欧盟30.1%的残疾人面临贫困或社会排斥的风险，而非残疾人的风险为20.9%；（5）欧盟不同国家的福利制度并非同样有效，最有效的将贫困风险降低了57.0%，最不有效的降低了16.0%（欧盟平均水平为34.0%）。

为了应对这些挑战，欧盟的社会权利支柱（European Pillar of Social Rights）覆盖了为欧盟各国公民提供新的和更有效的权利的20项原则。这些原则有三个主要的领域：（1）平等的机会，尤其是进入劳动力市场的机会；（2）公平的工作条件；（3）社会保护和包容。

各国政府、欧盟机构和主要利益攸关方共同承诺，在积极包容战略（Active Inclusion Strategy）和社会投资方案（the Social Investment Scheme）中规定的政策目标的基础上，打击贫困和社会排斥。

6. 积极老龄化（Active Ageing）

积极老龄化意味着帮助人们尽可能长时间地管理自己的生活，并在可能的情况下为经济和社会做出贡献。

在欧盟，由于出生率低、婴儿潮一代的老龄化和预期寿命的提高，社会中老年人的比例正在快速增长。2016~2060年，65岁以上人口的比例将从总人口的19.3%增长到29.0%，80岁以上的人口比例将达到12.1%。与此同时,欧盟工作年龄(15~64岁)人口比例预计将下降11.6%。迄今为止的经济增长在很大程度上受到劳动力增长的推动,规模较小的劳动力可能对欧洲经济和社会体系产生不利影响。养老金、医疗保健和长期护理系统有可能在经济上变得不可持续,因为不断减少的劳动力可能不再能够满足日益增长的老年人的需求。

欧盟出台了一系列政策应对相关问题,主要包括以下几点。(1)应对老龄化挑战并将其转化为机遇,取决于延长工作寿命、发展补充养老金以及确保所有工人都能获得适当的社会保护,包括享有养老金。欧盟委员会支持成员国在这方面的行动。(2)欧盟在2012年致力于促进积极老龄化,以此作为各代人团结一致的基础。在这方面,社会保障委员会和就业委员会制定了积极老龄化指导原则。(3)已制定了积极老龄化指数,以评估老年人尚未开发的潜力。在过去的6年中,该指数已成为一个经过良好测试和应用的政策改革工具。(4)欧洲积极和健康老龄化创新伙伴关系正在促进创新,以提高健康预期寿命。(5)社会保护委员会正在寻找在老龄化社会中提供充分和可持续的长期护理的方法,通过投资于预防性护理、康复、适合年龄的环境以及更多更好地适应人们需求和现有能力的提供护理的方法。(6)欧盟计划(如EASI和ESF)资助了开发和应用全面主动老龄化战略的项目。

7. 投资社会服务(Social Services of Investment)

在欧盟,社会服务在提高生活质量和提供社会保护方面发挥着至关重要的作用。这些社会服务包括社会保障、就业和培训服务、社会住房、儿童护理、长期护理、社会援助服务。这些服务是实现欧盟社会、经济和领土凝聚力,高就业率,社会包容和经济增长等基本目标的重要手段。欧盟鼓励欧盟国家之间的合作和良好实践交流,以提高社会服务质量,并为它们的发展和现代化提供资金支持(例如来自欧洲社会基金会)。

欧盟的社会投资服务包(Social Investment Package)与就业服务包(the Employment Package)、养老金白皮书(the White Paper on Pensions)和年轻人就业服务包(the Youth Employment Package)一起构成了欧盟社会保护和社会融合的政策服务体系。

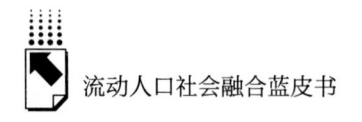

（二）欧盟反贫困政策的效果

欧盟反贫困政策的效果应该说是显而易见的，2003~2015年的GNI系数就可以清晰地发现欧盟反贫困政策的效果。2003~2015年，欧盟成员国中大部分国家的GNI系数有了明显的下降，比如葡萄牙2003年的GNI系数为38.7，到2015年时已经下降到35.5；英国2004年的GNI系数为36.0，2015年下降到33.2[①]。

三 欧盟反贫困政策效果监测指标

（一）监测指标

欧盟社会开放协调方法（OMC）的主要成就之一是在社会融合和社会保护（养老金、医疗保健和长期护理）领域制定欧盟指标。欧盟社会指标适用于各种情况，包括：(1) 监测2020年欧洲贫困和社会排斥目标，确定欧盟需要关注的主要社会趋势；(2) 准备欧洲学期（European Semester）并为评估欧盟国家面临的具体社会挑战提供证据；(3) 作为欧盟国家在国家改革方案和国家特定/专题调查中报告社会政策的一部分；(4) 关于欧盟养老金充足、儿童贫困和福利等相关主题的专题报告；(5) 欧盟层面的社会政策分析工作。

（二）监测方法

欧盟的监测方法主要采用同行评议（Peer Review）的方式。社会保护和社会融合方面的同行评议促进了公开讨论和相互学习。每次同行评审会议由一个国家主持，该国提出了选定的良好做法（例如方案、政策改革、体制安排），有来自欧盟委员会、同行国家和提供反馈的相关利益相关者的专家参加。同行评议是一个有用的工具来评估实践是否值得讨论。同行评议非

---

① 资料来源：世界银行估计。

常有效，能促进欧盟目标的实现，可以有效地将方法转移到其他国家。主办国（东道国）还可以举行一次同行审查会议，收集其他国家的专家意见，以通报在社会保护和社会融合领域制定重大政策改革（或新方案或体制安排）的过程。同行评议是社会开放式协调方法（Open Method of Coordination，简称OMC）的关键工具。

四 欧盟反贫困政策主要经验与教训

欧盟反贫困政策是高收入国家反贫困的成功尝试，内容丰富，既有成功的经验，也有一些不足和值得汲取的教训。

（一）主要经验

欧盟的社会融合政策尤其是反贫困政策的经验总结，可以归纳为五个方面，具体如下。

1. 设定反贫困目标是关键

提出目标是成功的开始。欧洲2020战略就明确了欧盟到2020年的脱贫目标，即到2020年将有2000万人口脱离贫困和社会排斥，并将20~64岁人口的就业率提高到75%。这一目标的提出为整个社会融合政策以及反贫困政策提供了重要的目标导向，成为推动整个行动进程的关键和牵引。

2. 定期监测过程是有效方法

欧盟每年要求成员国自行提供社会融合监测报告，然后在整个欧盟层面进行整体评估。基本上是每年开展一次监测过程的评估。这是成功推动整个社会融合进程的有效方法。

3. 三大法宝发挥核心作用

欧盟社会融合进程主要通过社会投资服务包（Social Investment Package）、反贫困和社会排斥平台（Platform against Poverty and Social Exclusion）和欧洲社会基金（European Social Fund）这三大法宝来推动。这三大法宝相辅相成，互相促进，共同推进社会融合政策目标。社会投资服务包是三大法宝的

政策包，囊括了主要的社会投资领域，而反贫困和社会排斥平台是一个合作的组织网络，欧洲社会基金则为整个社会投资提供保障。

4. 通过开放式协调方法（OMC）加强政治合作

欧盟委员会通过社会保护委员会与欧盟国家合作，在社会融合、医疗保健、长期护理和养老金领域采用开放式协调方法。社会 OMC 是一个自愿的政治合作过程，其基础是商定共同目标，并使用共同指标衡量实现这些目标的进展情况。该过程还涉及与利益相关者（包括社会伙伴和民间社会）的密切合作。

5. 成立指标工作小组，开发监测指标

欧盟社会保护委员会于 2001 年成立了指标体系的工作小组（the Indicators' Sub-group）。这个指标工作小组的主要工作是：（1）制定和定义欧盟社会指标，以监测成员国实现共同商定目标的进展情况，以支持社会保护和包容的开放协调方法；（2）根据商定的指标开展分析工作，并制定分析框架，以支持最高法院进行的政策审查；（3）改善欧盟一级的社会统计数据，特别是通过制定欧盟收入和生活条件调查（EU-SILC）。

指标工作小组由来自欧盟国家和欧盟委员会的社会融合、养老金、医疗保健以及长期护理领域的国家专家组成，得到委员会政策分析师（DG 就业、社会事务和包容）和统计学家（欧盟统计局）的支持，通过研究和具体贡献发挥学术专长。

（二）主要教训

当然，欧盟的社会融合政策也存在一些不足，这些不足可以视为教训，具体而言主要有三个方面的不足。

1. 目标执行情况不容乐观

欧盟提出到 2020 年完成的脱贫目标可能难以实现，原因是多方面的，既有经济社会环境的影响，也有欧盟管理方面的影响。

2. 协调机制相对松散

欧盟的开放式协调方法是一个相对松散的政治合作协调机制，在具体执行上缺乏惩罚和监督，即使某个国家拖了后腿，欧盟事实上也很难改变这种状况。

3.受到很多突发因素的干扰

欧盟受到很多新的突发因素的干扰,比如英国脱欧,经济社会方面的突发事件。

五 欧盟实践对我国脱贫和社会建设的启示

总结欧盟在社会融合政策以及反贫困实践中的经验和教训,结合我国目前脱贫的发展阶段及其未来趋势,提出了针对我国脱贫和社会建设的政策建议,主要建议如下。

1.适时提出更高质量、更可持续的脱贫政策

根据我国政府的部署,到2020年我国基本消灭绝对贫困。届时,我国将进入新的发展阶段,全面建成小康社会,我国人均GDP预计超过一万美元,当然,距离高收入国家预计还有距离。尽管如此,我国脱贫将进入一个新的发展阶段。如何巩固脱贫成果,并在此基础上提出更高质量、更可持续的脱贫政策是当前亟须完成的课题。参照欧盟实践,结合我国国情,应该着力于完善和丰富我国脱贫政策,打造脱贫2.0,对我国脱贫政策进行升级拓展。

2.聚焦我国社会建设领域

欧盟经过数十年的精心经营,成功地形成了独特的社会模式。社会权利已经成为欧盟社会模式的核心内容。欧盟提出的社会权利的三大支柱和20项原则,是欧盟社会模式的鲜明特征。尽管欧盟的社会建设代表了高收入国家在社会建设领域的基本经验,欧盟的社会模式建设经验依然值得很多中等偏上收入国家借鉴。欧盟的社会模式覆盖面广又有针对性,主要聚焦在社会创新、"一老一小"、积极融合和基本社会服务领域,而且有完备的运行机制,比如有负责社会投资服务包的欧洲社会基金。这些都是值得我国学习的地方。因此,建议我国在社会建设领域有所聚焦,整合各个部委涉及民生的重点工程,形成社会建设服务包,从而有针对性地杜绝贫困的主要来源,打破贫困循环圈,跳出贫困循环。

3.有针对性地解决贫困问题,加快婴幼儿照料服务体系建设

欧盟社会融合政策极具特色的是,将婴幼儿照料、老年护理、健康和工

作生活平衡等都纳入社会融合框架体系。因为这些方面是贫困、不平等的主要根源。因此，从民生入手，可以有效地找到贫困的源头，从而有针对性地解决贫困问题。欧盟在婴幼儿照料方面正在发挥作用的是欧盟投资儿童平台（European Platform for Investing in Children，简称 EPIC），此外，欧盟议会要求实施一个新的项目，即弱势儿童的担保（Child Guarantee for Vulnerable Children），目前正在评估该项目的可行性。建议深入研究欧盟在婴幼儿照料方面的基本政策，为国家卫生健康委加快婴幼儿照料服务体系建设提供决策参考。

4. 成立社会建设基金或者社会服务基金，加大社会投资，促进社会融合

社会投资是欧盟社会模式成功的法宝，也是推动社会融合、反贫困的重要资金平台。欧盟的社会投资包括七个方面的主要内容，涉及社会创新、婴幼儿照料、老年护理、社会参与、社会基本服务等方面。负责执行欧盟社会投资服务包的是欧盟社会基金。该基金是欧洲促进就业和社会融合的主要工具，帮助人们找到工作（或更好的工作），让弱势群体融入社会，确保所有人都有公平的生活机会。它通过投资欧洲人民，无论是年轻人还是老年人，无论是就业者还是失业者和他们的技能来做到这一点。每年，该基金会帮助约 1000 万人找工作，或提高他们的技能以便将来找到工作。这在短期内可以缓解当前经济危机，尤其是遏制失业率和贫困水平的上升。从长远来看，该基金作为欧洲重塑经济战略的一部分，不仅创造就业机会，而且创造一个包容性社会。欧盟社会基金预计在 2014～2020 年提供 800 亿欧元（当前价格）的资金，用于培训员工并帮助他们开始工作，促进社会包容，改进教育和培训，提高成员国的公共服务质量。因此，建议我国成立社会建设基金或者社会服务基金，加大社会投资，促进社会融合。

参考文献

安东尼·吉登斯、潘华凌：《欧洲社会模式的反思与展望》，《开放时代》2007 年第 6 期。

黄匡时、嘎日达：《"农民工城市融合度"评价指标体系研究——对欧盟社会融合指标和移民整合指数的借鉴》，《西部论坛》2010年第20期。

黄匡时：《流动人口社会融合指数：欧盟实践和中国建构》，《南京人口管理干部学院学报》2011年第27期。

彭华民：《社会排斥与社会融合——一个欧盟社会政策的分析路径》，《南开学报》2005年第1期。

田德文：《欧洲社会模式的深刻困境与未来方向》，《人民论坛·学术前沿》2012年第1期。

肖子华：《促进流动人口社会融合的行动指南——学习习近平流动人口社会融合思想的体会》，《人口与计划生育》2017年第1期。

肖子华：《促进流动人口社会融合的战略思路》，《中国领导科学》2018年第2期。

肖子华：《习近平流动人口社会融合思想研究》，《人口与社会》2016年第3期。

徐水源、黄匡时：《流动人口社会融合指标体系内在关系研究》，《统计与信息论坛》2016年第31期。

徐水源：《解除流动人口进城后顾之忧的关键点》，《中国人口报》2019年8月26日，第3版。

徐水源：《提升城市流动人口的社会接纳水平》，《21世纪经济报道》2019年6月3日，第3版。

徐水源：《德国城镇化进程中加强公共服务均等化制度建设与启示》，《人口与计划生育》2016年第2期。

Derek Hawes, "European Social Models from Crisis to Crisis: Employment and Inequality in the Era of Monetary Integration," *Journal of Contemporary European Studies* 26 (2) (2018).

Matilde Lafuente-Lechuga, Úrsula Faura-Martínez, Olga García-Luque, "European Social Models in Times of Crisis: Sapir's Contribution Reviewed," *International Journal of Sociology and Social Policy* 38 (3/4) (2018).

Pelucha Martin, Kveton Viktorand Potluka Oto, "Using Mixed Method Approach in Measuring Effects of Training in Firms: Case Study of the European Social Fund Suppor," *Evaluation and Program Planning* 73 (4) (2019).

Romana Xerez, "The European Social Model in Crisis: Is Europe Losing Its Soul?" *Social Policy and Administration* 51 (5) (2017).

Tony Gore, "European Social Models from Crisis to Crisis: Employment and Inequality in the Era of Monetary Integration," *Journal of Common Market Studies* 56 (5) (2018).

附 录

Appendices

B.10 评估指标体系

在参考国内外最新研究成果的基础上,经过多领域专家多次研究论证,最终形成城市流动人口社会融合评估指标体系(见表1)。该指标体系包括随迁子女教育、社会保障、卫生健康和住房保障4个维度,设立16个一级指标和24个二级指标。

表1 城市流动人口社会融合评估指标体系

维度	一级指标	二级指标	指标解释	数据来源
随迁子女教育 25%	幼儿教育	幼儿入学	3~6岁孩子入学情况	2016年流动人口动态监测数据
	义务教育入学	入学基本要求	就学前是否有预防接种、幼儿园证明、就学联系函等相关资料要求	各省、区、市教育部门发布的关于随迁子女义务教育入学的相关文件

续表

维度	一级指标	二级指标	指标解释	数据来源
随迁子女教育 25%	义务教育入学	监护人要求	是否拥有居住证、合法稳定就业、合法稳定住所、社会保险	各省、区、市教育部门发布的关于随迁子女义务教育入学的相关文件
	异地中考	学生基本要求	学籍、就读年限	各省、区、市教育部门发布的关于随迁子女在本地参加中考的相关文件
		监护人要求	居住证、合法稳定就业、合法稳定住所、社会保险	各省、区、市教育部门发布的关于随迁子女在本地参加中考的相关文件
	异地高考	学生基本要求	学籍、就读年限	各省、区、市教育部门发布的关于随迁子女在本地参加高考的相关文件
		监护人要求	居住证、合法稳定就业、合法稳定住所、社会保险	各省、区、市教育部门发布的关于随迁子女在本地参加高考的相关文件
社会保障 25%	养老保险	养老保险	流动人口参加城镇职工养老保险或城镇居民养老保险的比例	2016年流动人口动态监测数据
	医疗保险	医疗保险	流动人口参加城镇职工基本医疗保险或城镇居民基本医疗保险和公费医疗保险的比例	2017年流动人口动态监测数据
	生育保险	生育保险	流动人口参加生育保险的比例	2016年流动人口动态监测数据
	失业保险	失业保险	流动人口参加失业保险的比例	各省、区、市统计局年度统计数据;2016年流动人口动态监测数据
	工伤保险	工伤保险	流动人口参加工伤保险的比例	各省、区、市统计局年度统计数据;2016年流动人口动态监测数据

续表

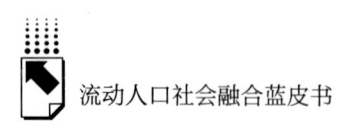

维度	一级指标	二级指标	指标解释	数据来源
卫生健康 25%	成人健康	健康档案	居民健康档案建立比例	2017年流动人口动态监测数据
		健康教育	接受健康教育的比例（职业病防治、性病/艾滋病防治、生殖健康与避孕、结核病防治、控制吸烟、心理健康、慢性病防治、妇幼保健/优生优育、突发公共事件自救）	2017年流动人口动态监测数据
	儿童健康	儿童保健手册	建立《0～6岁儿童保健手册》的比例	2015年流动人口动态监测数据
		免费健康检查	接受免费健康检查的比例	2015年流动人口动态监测数据
		儿童计划免疫	流动儿童在流入地接种国家规定疫苗的比例	各省、区、市卫生计生委年度统计数据；2016年流动人口动态监测数据
	孕产妇健康	孕产妇服务	孕妇产前检查比例、产后访视比例、产后健康检查比例	各省、区、市卫生计生委年度统计数据；2016年流动人口动态监测数据
		免费孕优	接受免费孕前优生健康检查的比例	各省、区、市卫生计生委年度统计数据；2016年流动人口动态监测数据
		计划生育	流动人口在本地获得免费计划生育技术服务的比例（孕/环情检查、避孕套/药、人工流产、上环手术、取环手术、皮埋放置、皮埋取出、结扎）	各省、区、市教育部门年度统计数据；2016年流动人口动态监测数据

续表

维度	一级指标	二级指标	指标解释	数据来源
住房保障 25%	住房性质	住房性质	住房属于何种性质	2017年流动人口动态监测数据
	住房支出占总支出的比例	住房支出占总支出的比例	住房支出占总支出的比例	2017年流动人口动态监测数据
	参加住房公积金的比例	参加住房公积金的比例	流动人口在流入地参加住房公积金的比例	2017年流动人口动态监测数据
	房租收入比	房租收入比	房屋月租金占流动人口家庭月收入的比例	禧泰全国房地产市场数据库;2017年流动人口动态监测数据

B.11 评估对象

一 评估城市的选择标准

1. 城市类别

把直辖市、省会或首府、计划单列市和地级市列入评估对象。

2. 流动人口总量

根据2000年全国第五次人口普查、2005年全国1%人口抽样调查、2010年全国第六次人口普查结果，把流动人口总量最多且在20万人以上的前60个城市列为评估对象。

3. 国家卫生健康委示范试点城市

把国家卫生健康委流动人口基本公共卫生计生服务均等化40个重点联系城市和流动人口社会融合20个示范试点城市优先列为评估对象。

二 评估城市的构成

2019年拟评估城市名单如下（见表1）。

表1 2019年拟评估城市名单

单位：万人

序号	城市类别	城市	全市常住人口	全市户籍人口
1	计划单列市	深圳	1252.83	445.74
2		青岛	929.05	783.09
3		宁波	800.50	596.90
4		大连	698.80	594.89
5		厦门	401.00	229.98

续表

序号	城市类别	城市	全市常住人口	全市户籍人口
6	省会或首府	成都	1604.50	1435.30
7		广州	1449.84	897.87
8		武汉	1089.29	853.65
9		石家庄	1087.99	1028.84
10		郑州	988.10	810.47
11		西安	961.67	845.09
12		哈尔滨	955.00	954.99
13		杭州	946.80	753.90
14		南京	833.50	662.79
15		沈阳	829.40	736.95
16		合肥	796.50	742.76
17		长沙	791.81	680.36
18		福州	766.00	693.35
19		长春	753.80	748.90
20		济南	723.12	632.83
21		南宁	715.33	756.87
22		昆明	678.30	563.00
23		南昌	546.35	524.66
24		贵阳	480.20	408.31
25		太原	437.97	367.39
26		兰州	372.96	325.55
27		呼和浩特	311.48	241.00
28		海口	227.21	59.22
29		乌鲁木齐	222.61	267.87
30	直辖市	重庆	3075.16	3371.84
31		上海	2418.33	1455.13
32		北京	2170.70	1359.20
33		天津	1556.87	1049.99

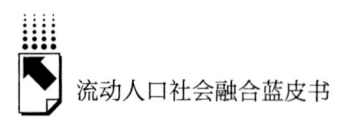

续表

序号	城市类别	城市	全市常住人口	全市户籍人口
34	地级市	保定	1169.05	1202.20
35		苏州	1068.36	678.20
36		温州	921.50	824.50
37		泉州	865.00	742.33
38		东莞	834.25	211.31
39		唐山	789.70	759.63
40		佛山	765.67	419.59
41		烟台	708.94	654.23
42		无锡	655.30	493.05
43		台州	611.80	600.17
44		金华	556.40	481.15
45		绍兴	501.00	444.53
46		惠州	477.70	369.24
47		廊坊	474.09	469.90
48		常州	471.73	378.80
49		嘉兴	465.60	356.37
50		江门	456.17	396.37
51		咸阳	437.60	528.57
52		肇庆	411.54	445.65
53		柳州	400.00	386.60
54		榆林	340.33	385.04
55		中山	326.00	170.47
56		威海	282.56	254.75
57		大庆	277.80	273.10
58		鄂尔多斯	206.87	160.85
59		珠海	176.54	118.87
60		三亚	76.42	58.23

资料来源：2000年全国第五次人口普查、2005年全国1%人口抽样调查、2010年全国第六次人口普查结果。

B.12
评估数据来源

一 调查数据

原国家卫生计生委组织开展的全国流动人口动态监测调查数据。

二 统计数据

全国性统计年鉴和公报，如 2017 年国民经济与社会发展统计公报、2017 年中国省市经济发展年鉴数据、2017 年中国城市统计年鉴数据等；各省（自治区、直辖市）、市包括被评估城市各类统计年鉴和公报，如各省（自治区、直辖市）、市包括被评估城市统计局年度统计数据、教育部门年度统计数据、卫生计生委年度统计数据。

三 政策性文件

全国、各省（自治区、直辖市）、市包括被评估城市政府及相关部门发布的关于流动人口在流入地城市落户、就业、子女入学、住房保障、医疗制度改革等最新政策文件、规章制度、实施方案以及相关数据信息等。

B.13
计算方法

一 指标权重的确定方法

1. 专家赋权法

在评价指标的四个维度上，由专家根据各维度指标在现阶段的重要程度进行打分，根据打分的结果分别赋予不同的权重。赋权结果如下：随迁子女教育融合（25%）、社会保障融合（25%）、卫生健康融合（25%）、住房保障融合（25%）。

2. 等权法

对于一级指标及以下的指标主要采取"逐级等权法"进行权数的分配，即各领域的权数均为$1/t$（t为领域个数）；在某一领域内，指标对所属领域的权重为$1/n$（n为该领域下指标的个数）；因此，指标最终权数为$1/tn$。

3.（模糊）层次分析法(AHP法)

对于个别指标如户籍制度的开放性，由若干一级指标和二级指标构成，本研究采用（模糊）层次分析法（AHP法）对其一级指标和二级指标的权重进行划分。

二 数据的标准化方法

采用极性变换方法对指标数据进行无量纲化处理，以解决各指标数值不可综合性问题。设第i个城市的第j个评价指标为x_{ij}。在数据收集整理过程中，存在效益型指标和成本性指标两类。对于效益型指标，数值越大，评价结果越好；对于成本性指标，数值越小，评价结果越好。由于数据存在极性不一致的情况，因此需要进行极性变换。

对于数据中的极大值极性序列指标，$y_{ij} = \dfrac{x_{ij}}{\max x_{ij}}, 1 \leqslant i \leqslant m, 1 \leqslant j \leqslant n$；

对于数据中的极小值极性序列指标，$y_{ij} = \dfrac{\min x_{ij}}{x_{ij}}, 1 \leqslant i \leqslant m, 1 \leqslant j \leqslant n$。其中，$\max x_{ij}$ 与 $\min x_{ij}$ 分别表示第 j 个指标下样本的最大值和最小值。

三 评估分值的计算方法

1. 先标准化再等权加和

在计算得到二级指标分值的基础上，采用先标准化再等权加和的方法，合成一级指标。

$$Z_{il} = \sum_{j} Z_{ilj}$$

其中，Z_{il} 表示各一级指标，Z_{ilj} 表示各二级指标。

2. 等权加和

在得到一级指标分值的基础上，采用等权加和的方法，合成各个维度。

$$Z_{i} = \sum_{l} Z_{il}$$

其中，Z_{i} 表示各个维度，Z_{il} 表示各二级指标。

3. 权重加和

在得到各个维度分值的基础上，采用权重加和的方法，得到流动人口社会融合评估综合分数。

$$Z = \sum_{i} w_{i} Z_{i}$$

其中，Z 表示评估综合分数，Z_{i} 表示各个维度分值，w_{i} 表示各个维度权重。

社会科学文献出版社

皮 书

智库报告的主要形式
同一主题智库报告的聚合

❖ 皮书定义 ❖

皮书是对中国与世界发展状况和热点问题进行年度监测，以专业的角度、专家的视野和实证研究方法，针对某一领域或区域现状与发展态势展开分析和预测，具备前沿性、原创性、实证性、连续性、时效性等特点的公开出版物，由一系列权威研究报告组成。

❖ 皮书作者 ❖

皮书系列报告作者以国内外一流研究机构、知名高校等重点智库的研究人员为主，多为相关领域一流专家学者，他们的观点代表了当下学界对中国与世界的现实和未来最高水平的解读与分析。截至2020年，皮书研创机构有近千家，报告作者累计超过7万人。

❖ 皮书荣誉 ❖

皮书系列已成为社会科学文献出版社的著名图书品牌和中国社会科学院的知名学术品牌。2016年皮书系列正式列入"十三五"国家重点出版规划项目；2013~2020年，重点皮书列入中国社会科学院承担的国家哲学社会科学创新工程项目。

中国皮书网

（网址：www.pishu.cn）

发布皮书研创资讯，传播皮书精彩内容
引领皮书出版潮流，打造皮书服务平台

栏目设置

◆ **关于皮书**
何谓皮书、皮书分类、皮书大事记、
皮书荣誉、皮书出版第一人、皮书编辑部

◆ **最新资讯**
通知公告、新闻动态、媒体聚焦、
网站专题、视频直播、下载专区

◆ **皮书研创**
皮书规范、皮书选题、皮书出版、
皮书研究、研创团队

◆ **皮书评奖评价**
指标体系、皮书评价、皮书评奖

◆ **互动专区**
皮书说、社科数托邦、皮书微博、留言板

所获荣誉

◆ 2008年、2011年、2014年，中国皮书网均在全国新闻出版业网站荣誉评选中获得"最具商业价值网站"称号；
◆ 2012年，获得"出版业网站百强"称号。

网库合一

2014年，中国皮书网与皮书数据库端口合一，实现资源共享。

权威报告·一手数据·特色资源

皮书数据库
ANNUAL REPORT(YEARBOOK) DATABASE

分析解读当下中国发展变迁的高端智库平台

所获荣誉

- 2019年，入围国家新闻出版署数字出版精品遴选推荐计划项目
- 2016年，入选"'十三五'国家重点电子出版物出版规划骨干工程"
- 2015年，荣获"搜索中国正能量 点赞2015""创新中国科技创新奖"
- 2013年，荣获"中国出版政府奖·网络出版物奖"提名奖
- 连续多年荣获中国数字出版博览会"数字出版·优秀品牌"奖

成为会员

通过网址www.pishu.com.cn访问皮书数据库网站或下载皮书数据库APP，进行手机号码验证或邮箱验证即可成为皮书数据库会员。

会员福利

- 已注册用户购书后可免费获赠100元皮书数据库充值卡。刮开充值卡涂层获取充值密码，登录并进入"会员中心"—"在线充值"—"充值卡充值"，充值成功即可购买和查看数据库内容。
- 会员福利最终解释权归社会科学文献出版社所有。

卡号：335377284467
密码：

数据库服务热线：400-008-6695
数据库服务QQ：2475522410
数据库服务邮箱：database@ssap.cn
图书销售热线：010-59367070/7028
图书服务QQ：1265056568
图书服务邮箱：duzhe@ssap.cn

S 基本子库
SUB DATABASE

中国社会发展数据库（下设12个子库）

整合国内外中国社会发展研究成果，汇聚独家统计数据、深度分析报告，涉及社会、人口、政治、教育、法律等12个领域，为了解中国社会发展动态、跟踪社会核心热点、分析社会发展趋势提供一站式资源搜索和数据服务。

中国经济发展数据库（下设12个子库）

围绕国内外中国经济发展主题研究报告、学术资讯、基础数据等资料构建，内容涵盖宏观经济、农业经济、工业经济、产业经济等12个重点经济领域，为实时掌控经济运行态势、把握经济发展规律、洞察经济形势、进行经济决策提供参考和依据。

中国行业发展数据库（下设17个子库）

以中国国民经济行业分类为依据，覆盖金融业、旅游、医疗卫生、交通运输、能源矿产等100多个行业，跟踪分析国民经济相关行业市场运行状况和政策导向，汇集行业发展前沿资讯，为投资、从业及各种经济决策提供理论基础和实践指导。

中国区域发展数据库（下设6个子库）

对中国特定区域内的经济、社会、文化等领域现状与发展情况进行深度分析和预测，研究层级至县及县以下行政区，涉及地区、区域经济体、城市、农村等不同维度，为地方经济社会宏观态势研究、发展经验研究、案例分析提供数据服务。

中国文化传媒数据库（下设18个子库）

汇聚文化传媒领域专家观点、热点资讯，梳理国内外中国文化发展相关学术研究成果、一手统计数据，涵盖文化产业、新闻传播、电影娱乐、文学艺术、群众文化等18个重点研究领域。为文化传媒研究提供相关数据、研究报告和综合分析服务。

世界经济与国际关系数据库（下设6个子库）

立足"皮书系列"世界经济、国际关系相关学术资源，整合世界经济、国际政治、世界文化与科技、全球性问题、国际组织与国际法、区域研究6大领域研究成果，为世界经济与国际关系研究提供全方位数据分析，为决策和形势研判提供参考。

法律声明

"皮书系列"(含蓝皮书、绿皮书、黄皮书)之品牌由社会科学文献出版社最早使用并持续至今,现已被中国图书市场所熟知。"皮书系列"的相关商标已在中华人民共和国国家工商行政管理总局商标局注册,如LOGO( )、皮书、Pishu、经济蓝皮书、社会蓝皮书等。"皮书系列"图书的注册商标专用权及封面设计、版式设计的著作权均为社会科学文献出版社所有。未经社会科学文献出版社书面授权许可,任何使用与"皮书系列"图书注册商标、封面设计、版式设计相同或者近似的文字、图形或其组合的行为均系侵权行为。

经作者授权,本书的专有出版权及信息网络传播权等为社会科学文献出版社享有。未经社会科学文献出版社书面授权许可,任何就本书内容的复制、发行或以数字形式进行网络传播的行为均系侵权行为。

社会科学文献出版社将通过法律途径追究上述侵权行为的法律责任,维护自身合法权益。

欢迎社会各界人士对侵犯社会科学文献出版社上述权利的侵权行为进行举报。电话:010-59367121,电子邮箱:fawubu@ssap.cn。

社会科学文献出版社